国际文化版图研究文库

颜子悦 主编

帝国权威的档案

帝国、文化与冷战

〔美〕安德鲁·N. 鲁宾 著

言予馨 译

2014年·北京

Andrew N. Rubin
Archives of Authority
Empire, Culture, And The Cold War

Copyright © 2012 by Princeton University Press

This Chinese version (simplified characters) is arranged through Bardon Chinese Media Agency. Simplified Chinese Translation Copyright © 2014 by Beijing Yanziyue Culture & Art Studio. All Rights Reserved.

本书简体中文翻译版权归北京颜子悦文化艺术工作室所有,未经版权所有人的书面许可,不得以任何方式复制、摘录、转载或发行本书的任何部分。

国际文化版图研究文库总序

人类创造的不同文明及其相互之间的对话与沟通、冲突与融合、传播与影响乃至演变与整合，体现了人类文明发展的多样性统一。古往今来，各国家各民族皆秉承各自的历史和传统、凭借各自的智慧和力量参与各个历史时期文化版图的建构，同时又在总体上构成了人类文明发展的辉煌而璀璨的历史。

中华民族拥有悠久的历史和灿烂的文化，已经在人类文明史上谱写了无数雄伟而壮丽的永恒篇章。在新的历史时期，随着中国经济的发展和综合国力的提升，世人对中国文化的发展也同样充满着更为高远的期待、抱持着更为美好的愿景，如何进一步增强文化软实力便成为摆在我们面前的最为重要的时代课题之一。

为此，《国际文化版图研究文库》以"全球视野、国家战略和文化自觉"为基本理念，力图全面而系统地译介以20世纪为主的人类历史进程中各文化大国的兴衰以及诸多相关重大文化论题的著述，旨在以更为宏阔的视野，详尽而深入地考察世界主要国家在国际文化版图中的地位以及这些国家制定与实施的相关文化战略与战术。

烛照着我们前行的依然是鲁迅先生所倡导的中国文化发展的基本思想——"明哲之士，必洞达世界之大势，权衡较量，去其偏颇，得其神明，施之国中，翕合无间。外之既不后于世界之思潮，内之仍弗失固有之血脉，取今复古，别立新宗。"

在这一思想的引领下，我们秉持科学而辩证的历史观，既通过国际版图来探讨文化，又通过文化来研究国际版图。如此循环往复，沉潜凌空，在跨文化的语境下观照与洞悉、比较与辨析不同历史时期文化版图中不同文明体系的文化特性，归纳与总结世界各国家各民族的优秀文化成果以及建设与发展文化的有益经验，并在此基础上更为确切地把握与体察中国文化的特性，进而激发并强化对中国文化的自醒、自觉与自信。

我们希冀文库能够为当今中国文化的创新与发展提供有益的镜鉴，能够启迪国人自觉地成为中华文化的坚守者和创造者。唯其如此，中国才能走出一条符合自己民族特色的文化复兴之路，才能使中华文化与世界其他民族的文化相融共生、各领风骚，从而更进一步地推进人类文明的发展。

中华文化传承与创新的伟大实践乃是我们每一位中国人神圣而崇高的使命。

是为序。

颜子悦
2011 年 5 月 8 日于北京

中译本序

上个世纪中叶之全球地缘政治格局的彻底改变导源于第二次世界大战。在德、意、日轴心帝国的战争废墟上，盟军凯旋的身影伴随着难以言状的身心重创。作为盟军的苏联和英国等国，环顾各自破碎的家园，元气急需恢复，百废更待振兴。然而，在那些参战国尚未驱散各自心头上的烽火硝烟之际，它们凝神定睛，远眺大洋彼岸，美利坚合众国那个政治、经济和军事实力异常坚挺的帝国身影，在诸国疲惫的视野中更趋清晰更显明朗。它们猛然醒悟，那是一个正在美滋滋地尽享渔翁之利的美利坚帝国。

直面战争涂炭的生灵，直面战争击碎的山河，各大国的领袖们似乎愈加清醒地意识到，传统意义上凭借武力侵占和掠夺而获得领土的殖民统治时代将一去不复返了。如同英国前首相丘吉尔所言："未来的帝国将是头脑的帝国！"

是的，未来的帝国也是俘获人们的心灵、征服人们的精神的帝国。

事实上，自二战临近终结时起，在英美之间、美苏之间、美国与法国等欧洲列强之间，一场没有硝烟的文化战争悄然打响，一场登顶帝国权力巅峰的角逐无声开启。

尽管早在20世纪初，以爵士乐和好莱坞电影为代表的美国大众文化已经在英国、法国等欧洲帝国及其殖民地颇受民众的欢迎，而伴随着电视业在美国的兴起，截止上世纪50年代，美国大众文化在世界市场中已然占据了相对主导的地位。

但是，面对这样的胜利成果，以阿瑟·施莱辛格为代表的美国知识精英们却产生了一种强烈的"文化劣势感"。对于当时只有不到200年历史的美国而言，仅仅赢得大众文化市场，显然难以撼动具有丰富的帝国统治经验的英国、法国等老牌帝国在它们本土及其殖民地拥有的影响既深且巨的文化权威，更不用说在意识形态领域围绕着心灵和思想的斗争中，战胜拥有普希金、莱蒙托夫、列夫·托尔斯泰、陀思妥耶夫斯基等文学大师的强大的苏维埃社会主义共和国联盟。

正是在此背景之下，美国的知识精英和战略精英们开始策划并实施旨在确立美国在全球的文化霸权地位的战略和战术。在这些战略和战术的指导下，经过各个历史时期持续不断的调整，美国不仅在世界范围内逐渐完成了与以法国、英国为主的帝国文化权力的交接，并且在与以苏联为首的共产主义阵营的较量中，最终以苏联解体的结局而取得了冷战的全面胜利。

文学作为最重要的文化形式，无疑成为美国策划并实施其全球文化战略和战术过程中加以重点"控制和管理"的领域。美国业已确立的文化霸权地位在某种程度上说明，如今的世界文学版图格局的形成正是上述重点"控制和管理"的必然结果。

然而，关于这一点，诚如本书作者尖锐指出的那样，却几乎没有得到世界文学研究界的高度关注和悉心探究。长期以来，越来越多的相关文学领域的学术探讨往往注重于跨国文学史的研究，"许多最具雄心的叙述，越过巨大的时间和地理跨度，而将文学文本加以挪用并且互文性地并列在一起","忽略了它的历史的决定因素",也就是"作者的历史环境和状况、构成它们态度的框架、形成它们传播的历史模式、决定它们翻译的文化力量,以及构成公共读者结构的社会和政治现实等"。

事实上,"许多这样的作品助长了一种世界主义的幻想,这种世界主义不顾其自身历史地位的变迁,没有对作品意欲表现的那个世界所暗示的虚假统一提出质疑"。

在恩师爱德华·萨义德思想的启发之下,作者对冷战以及非殖民化时期的文学和文化相关的大量文献资料,尤其是解密档案进行了全面而深入的分析和研究,揭示出这段历史时期世界文学版图形成的真相,并且提出了"旨在发展以重新思考'世界文学'的理想为目标的新的比较文学史料的编纂框架"。

本书引用了大量不为人知的文献资料,犹如"一部冷战间谍小说一样跌宕起伏、波澜壮阔"。在书中,读者会难以置信地发现,诸如T. S. 艾略特、W. H. 奥登、阿瑟·凯斯特勒、伊格纳齐奥·斯隆以及以赛亚·伯林等众多知名的世界级的文学家、批评家和学术研究专家们,都曾经被英国文化协会、文化自由代表大会等组织机构招募,加入了一个特殊的战后公共作家团体,并作为美国和英国的文化使节被派往海外。这些作家的散文、诗歌以及短篇小说皆以极其快捷的速度被翻译,并几乎同时刊登在巴黎、罗马、伦敦、柏林、新德里、墨西哥和贝鲁特等城市的多家期刊上,从而得到世界各国读者的广泛认知乃至持续关注。

通过对大量相关领域的历史资料进行的理性而缜密的分析,作者认为,广播、机械复制等现代传播技术的发展,以及英国文化协会、文化自由代表大会、美国新闻署、英国情报研究处、洛克菲勒和福特基金会等政府和非政府组织的出现,促使这些作家及其作品得以到达国外更为广阔的空间。这不仅从根本上重塑了作家与其公众读者之间的关系,而且重新定义了支配、征服与从属的模式。

譬如,由美国中情局资助的冷战期间最具影响的文化机构之一的文化自由代表大会,在世界各地发行了一系列文化和政治类的国际月刊,诸如《笔记》(墨西哥城)、《巴西笔记》(里约热内卢)、《邂逅》(伦敦)、《论坛》(越南)、《月份》(柏林)、《证据》(巴黎)、《象限》(悉尼)、《探索》(孟买)、《当前时刻》(罗马)以及《过渡》(坎帕拉)等。这些期刊以类似蒙太奇的手法,将原本不可能等量齐观而并列的不同国籍和不同定位的作家安置在一起。例如,将德国作家托马斯·曼的散文与墨西哥作家胡安·鲁尔福的短篇小说排列在一起,并以几种语言在多种刊物和不同地点同时发表。正是通过这种方式,那些被事先选定的作家们迅速获得他们意想不到的如同世界级作家那样的辨识度和知名度。不仅如此,借助这些期刊,"使他们作为世界级作家的身份在他们不同迭代的作品中达到规律化和正常化的程度"。

作者揭示,包括汉娜·阿伦特、雷蒙·阿隆、W. H. 奥登、丹尼尔·贝尔、阿尔伯特·加缪、西里尔·康诺利、蕾斯莉·费尔德、罗伯特·洛厄尔、克里斯托弗·伊舍伍德、卡尔·贾斯珀斯、塞西尔·戴—刘易斯、阿瑟·凯斯特勒、埃德温·缪尔、赫伯特·里德、莱昂内尔·特里林、雅克·巴尔赞等在内的诸多世界级作家都曾经是文化自由代表大会的参与者。

正是在这种崭新的文化传播模式之下,帝国的领土占领目标"被文学与文化空间的占领所取代"。通过世界文学所建立起来的新的文化秩序取代了传统的公然暴力的殖民管理模式,帝国得以在文学影响力所遍及的地区保留其帝国的身份，实施其帝国的文化权力，最终为帝国在该地区的贸易顺理成章地铺平道路。

作者认为，在貌似总体化的世界文学体系中，哪些国家和地区的哪些作家及其作品以何种方式、在哪些地区以何种语言进行传播，并非是在全球经济背景下国家与市场相互影响的自然而然的产物。尽管诸如J. M. 库切、加夫列尔·加西亚·马尔克斯、艾赫达芙·苏维夫、纳丁·戈迪默、萨尔曼·拉什迪、石黑一雄、迈克尔·翁达杰、谢默斯·希尼、德里克·沃尔科特以及沃莱·索因卡等世界级的著名文学家，看起来都属于所谓世界文学的领域，但他们所获得的世界范围内的广泛认知度，实则为美国在全球建立起来的新的文化秩序的组成部分，属于被"控制和管理"的战术成果。仔细想想，作家奥尔罕·帕慕克为何被特别强调比其他任何作家能够更好地代表"土耳其作家"，使得像哈桑·阿里·托帕斯这样的优秀作家的作品得不到翻译而被边缘化，正是这些不被看到的"缺席"作家导致美国时代的"世界文学"成为可能。

本书为读者揭示的冷战时期的大量史实，犹如悬疑小说般惊心动魄，扣人心弦，同时也颠覆了大多数读者多年形成的固定的概念，颠覆了各国世界文学研究者既有的定见。譬如，乔治·奥威尔竟然藏有一本记录了"秘密共产党员和共产党同路人"的笔记本，上面罗列了135名他自认为可能加入英国共产党或者同情苏联者的名字。他曾经选出其中35人的名字并将此清单发给了英国情报研究处，从而彻底改变了这些被列入"奥威尔清单"的人的命运。

作者指出，在英国文学史上，鲜有像《动物庄园》这样的书以如此多的语言得到如此迅速的传播。而奥威尔作品的传播恰恰记录了美英两国在"第三世界"建构权威的过程。当然，在此过程中，两国政府都根据当地的文化环境对奥威尔的作品进行了改编和重写，令人莞尔的是，拿破仑竟然变成了英国人。也就是说，只要战略目标地区的宣传需要，适当地篡改历史也成为必要的战术手段。

正是在美英帝国文化战略思想的主导下，本书所论及的众多帝国权威们的代表作在当今各个国家和地区皆有权威的本土译本，而这些译本多年来毫无例外地雄踞美国锁定的战略目标国的主流媒体书评栏目的"畅销排行榜"或者年度好书榜。与此同时，这些译著皆毫无例外地成为这一目标国的文学乃至文化研究的重要的参考和援引资料，而许多专家学者的权威和名望又皆建立在对这些帝国权威们的作品的本土化诠释之上。

作者为了厘清在冷战和非殖民化早期权力与文化相互交织的关系，希望能够"全面了解文化自由代表大会与美国政府之间的关系，了解哪些作家由于何种原因曾经被选为边缘化作家，了解构成文化自由代表大会种种努力的关系、团体和组织的整个网络"。由于斯蒂芬·斯彭德曾经担任《邂逅》杂志的编辑，因此作者向中情局提出披露关于斯彭德的信息的请求，以便能够更好地理解其档案的历史决定因素。

但中情局基于对1947年《国家安全法》的解释而拒绝了作者的请求。作者随后向美国联邦区法院提出申诉，认为中情局不当扣留有关斯彭德的信息违反了《信息自由法》的规定。但法院的判决支持了中情局不提供信息的决定。为此，作者不得不感慨："我们距离信息的自由、开放和民主的传播还很遥远，但却近到足以看清国家权力及其权威档案的真实意义"。

在世界范围内的文学以及文学批评的研究历史上，本书或许是第一部作者为了一个至关重要的细节查询而与闻名遐迩的中央情报局对簿公堂的著作。

反观美国锁定的最为重要的战略目标国的境况，美国国家安全委员会麾下的中情局等机构，仍然依循本书揭露的旨在强化美利坚帝国霸权的极端明晰的战略框架下的隐蔽而巧妙的战术手段，在文化艺术的几乎所有领域，对那些心仪的、在知与行的层面上足以贯彻其帝国价值理念的文化精英，实施持之以恒的三包政策，亦即"包养、包装、包庇"的政策。运用美国早在二战时期就已经趋于成熟的人类学和心理学等领域的研究成果，充分满足那些崇尚个性、追求自由、标榜独立的文化精英的强烈的心理需求，并以某些基金会赞助等各种隐秘而迂回的形式使这些文化精英心安理得地名闻利养。当然，在获得全方位的名闻利养的同时，这些文化精英也将美国的价值观念和思维方式作为他们唯一的评判标准和方式，对所在国的各个领域的理论和实践进行美国式的评价和批判。极具讽刺意味的是，他们已然皈依的"文化宗主国"本身并无真正的自由和独立可言，而是受控于那些代表极少数人的利益的集团（参见《思想的锁链——世俗与宗教如何改变美国人的思维》，〔法〕苏珊·乔治〔Susan George〕著，法亚尔出版社2007年版）。

作者依据确凿的史料以及相关的解密档案，以他那严谨缜密、举重若轻的笔力，洞穿历史的重重迷雾，揭示出形成当今世界文学版图的事实真相。而这一事实真相又恰似柏拉图的《理想国》中"洞穴之喻"的现代翻版：那些世代被禁锢于洞穴的囚徒们，将洞壁上各种影像视为真实的存在，他们全然不知这是身后有人刻意点火以各类雕像来映照和投射所致，更不知洞穴之外还有普照广袤大地的灿烂阳光……

那些深谙这一"柏拉图密码"的美国战略精英们，一直在孜孜以求地试图建立一个全球民众虽不能至而心向往之的"美托邦"（Ameritopias）（参见《被美国化的英国——娱乐帝国时代现代主义的兴起》，〔美〕吉纳维芙·阿布拉瓦内尔〔Genevieve Abravanel〕著，牛津大学出版社2012年版）。

本书无疑将会引发读者关于文学的社会功能的再思考。对于文学的这一社会功能，孔子在《论语·阳货》中已作出高度的概括，即"兴、观、群、怨"。然而，当今世界的文学格局滥觞于美国旨在确立其帝国霸权的战略设计这一历史事实，又在客观上增添了文学的功能，这就是"兴、观、群、怨、谋"。

正是在这个意义上，我国的读者如果结合二战之后国际文化版图的世纪变迁，重新悉心地解读本书提及的帝国权威们的那些作品，定会对刘勰在《文心雕龙·体性》中论及的"笔区云谲、文苑波诡"一语产生更新的体悟。

谨为序。

颜子悦
2013年9月于北京

献给爱德华·W. 萨义德

目 录

鸣　谢	1
前　言	5
第一章　权威档案	**19**
档案与司法	21
例外状态	23
国家批判	27
第二章　奥威尔与文学的全球化	**37**
共产主义地穴	43
"共产主义威胁"	52
权威翻译	57
翻译与统治模式	68
第三章　跨国文学空间的战争	**71**
日不落的英国作家	71
翻译时代	89
伦敦呼唤	92
文学外交	99
第四章　批判理论的档案	**111**
调　和	120

第五章　人文主义、领土和问题技巧 …………………… 129
　　语文学领域 ……………………………………………… 134
注　释 …………………………………………………………… 159
参考文献 ………………………………………………………… 223
索　引 …………………………………………………………… 277

鸣　谢

在冷战期间，美国与英国政府支持和推广了众多外国作家、诗人和知识分子，写一本关于这一题材的书的想法源自爱德华·W.萨义德（Edward W. Said）的鼓励。对于乔治·奥布赖恩（George O'Brien）、马克·麦克莫里斯（Mark McMorris）、卡洛琳·福歇（Carolyn Forche）、乔纳森·阿拉克（Jonathan Arac）、亚米利·阿尔卡（Ammiel Alcalay）、艾米丽·阿普特（Emily Apter）、诺曼·伯恩鲍姆（Norman Birnbaum）、艾瑞克·福纳（Eric Foner）、简·佛朗哥（Jean Franco）、安德里亚斯·胡塞恩（Andreas Huyssen）以及布鲁斯·罗宾斯（Bruce Robbins），我要对他们渊博的知识和建设性的批判表示感谢。我要向我的编辑汉娜·威纳尔斯基（Hanne Winarsky）致以特别的感谢，她的耐心和理解使得本书在许多方面成为可能。我也要感谢艾米丽·阿普特，她这些年来给予我的支持和批判是绝对不可缺少的。同样，我要感谢凯利·莫洛伊（Kelly Malloy）在本项目中给予我的全面协助、提醒和热情。对于佩恩·西特亚（Penn Szittya）、杰森·罗森布拉特（Jason Rosenblatt）以及凯瑟琳·坦普尔（Kathryn Temple）而言，我要特别感谢他们这些年来在乔治敦给予我的支持、鼓励和理解。最后要感谢的是玛丽·塔夫拉斯（Mary Taveras）、伊丽莎白·吉本斯（Elizabeth Gibbens）、艾米·马戈林（Amy Margolin）、布伦达·沃思（Brenda Werth），尤其是凯茜·斯洛文斯基（Cathy Slovensky），他们的一丝不苟使本书增姿添彩。

我得到了许多机构的善意和慷慨。我要特别感谢兰纳基金会（Lannan Foundation）的慷慨支持，为我提供了时间和空间写作本书的大部分内容。尤其是我希望感谢帕特里克·兰纳（Patrick Lannan）、乔·查普曼（Jo Chapman）、克里斯·阿巴尼（Chris Abani）、迪诺·孟格苏（Dinaw Mengetsu）以及玛莎·杰瑟普（Martha Jessup）给予本项目的慷慨和热心。感谢乔治敦大学研究所给予我的慷慨协助。乔治敦大学英语学院给我提供了非常宝贵的时间进行研究和完成本书许多内容的写作，感谢他们多次给我这样的帮助。哥伦比亚大学巴特勒图书馆的工作人员在特里林论文查阅方面给予了我极大的帮助。芝加哥大学约瑟夫·鲁宾斯坦图书馆在文化自由代表大会的文献查阅方面给我帮助良多。如果没有斯特恩研究协会的支持，在伦敦大学学院关于奥威尔的研究将无法进行。

我必须向对本研究项目表示了极大兴趣的同事、朋友和学生表示诚挚的谢意，他们提出的问题和展开的讨论在相当大的程度上使本书更加深刻。乔治·奥布赖恩和马克·麦克莫里斯在帮助我润色整部书稿时发挥了很大作用。他们是极佳的交谈对象，我实在难以言表他们在本书完成过程中给予的不知疲倦的关注和投入。我也要对布鲁斯·罗宾斯、乔纳森·阿拉克、艾瑞克·福纳、罗伯·尼克松（Rob Nixon）、阿吉尔·比尔格拉米（Akeel Bilgrami）、乔纳森·科尔（Jonathan Cole）、佳亚特里·斯皮瓦克（Gayatri Spivak）以及玛丽亚姆·萨义德（Mariam Said）表示特别感谢，在爱德华不在的情况下，他们给予了我许多的鼓励。对于研究助理朱莉娅·洛维特（Julia Lovett）和凯瑟琳·刘易斯（Kathryn Lewis），我必须对他们不知疲倦的工作表示感谢，他们在许多方面都是无可替代的。同时，我还要向克里斯蒂娜·弗罗霍克（Christina Frohock）表示感谢，她慷慨地同意代表我无偿获得了本书第一章所要讨论内容的许多资料。

我衷心感谢萨亚·亚历山大（Zaia Alexander）、亚历克斯·福曼（Alex Forman）、莱西娅·罗森塔尔（Lecia Rosenthal）以及马修·斯佩克特（Matthew Specter）给予我的令人难以置信的友情和理解，他们帮助我对本书的主要论点进行完善。本研究项目得以坚持下来，还得益于菲利斯·本尼斯（Phyllis Bennis）、杰奎琳·罗斯（Jacqueline Loss）、布伦达·沃思（Brenda Werth）、路易斯·伯纳德（Louis Bernard）、萨比娜·泽福勒（Sabina Zeffler）、凯蒂·博辛克（Katy Bohinc）以及阿雅·赛哈提（Aiyah Saihati）的鼓励和友情。我的一次灾难性的损伤使本书的写作曾被迫中断，此后，我的父母哈丽雅特·鲁宾和艾伦·鲁宾（Harriet and Allen Rubin），还有莱斯利·鲁宾（Leslie Rubin）、约瑟夫·维罗斯拉夫（Joseph Viroslav）、诺曼·伯恩鲍姆、杰奎琳·洛斯（Jacqueline Loss）、莱西娅·罗森塔尔（Lecia Rosenthal）以及我最重要的已经过世的祖父查尔斯·希夫林（Charles Shifrin）一直都在鼓励我。

爱德华·W. 萨义德虽然未能在有生之年见证本研究项目的完成，但本书的灵感源自于他。他的鼓励、投入和榜样给我带来力量，促使本书最终得以完成。他渊博的知识、对发现新知识的激情以及幽默、智慧和友谊，才使这一页页的稿纸得以装订成书。我感到最遗憾的是他永远都没有机会完整地阅读本书。书中的许多篇幅，尤其是最后一章，都寄托了我对他的怀念，我希望以我自己的方式让他的思想可以永葆活力。

华盛顿特区
2011年8月

前 言

在一艘驶往欧洲的轮船的甲板上，T. S. 艾略特（T. S. Eliot）与几位旅客互相斜倚在甲板的座位上，背后是蓝天，脚下是铁板。"对于你来说，"我问道，"你是如何看待中情局（CIA）对诗歌的控制的？毕竟，詹姆斯·安格尔顿（James Angleton）不是你的朋友么？难道他没有向你透露他振兴西方知识结构以对抗所谓的斯大林主义者的计划吗？"艾略特听得很仔细——我对于他没有走神感到很惊讶。"嗯，许多家伙力争对政治与文学的控制权……比如你们的古鲁和通神论者、相信桌灵者、辩证法者、看茶叶测祸福者以及空想家们。我相信中年时候的我，也是这些人中的一员。然而，是的，我确实知道安格尔顿的文学阴谋，我认为它们也还有些意义，但是这对于文学并不重要。""我认为它们具有一定的重要性，"我说，"因为它秘密支持了太多的广场派知识分子的事业，为影响西方知识风格的那些学术界的思想家们提供了生计……最后，……政府通过基金会支持了'战争学者'的整个领域……给诸如以艾略特风格作为复杂度和能力试金石的《邂逅》

> （*Encounter*）等众多杂志提供补贴……失败之处在于未能创造其他自由的、至关重要的、去中心化的个人主义文化。"
>
> ——"T. S. 艾略特进入我的梦乡"，艾伦·金斯伯格[1]（Allen Ginsberg）

本书对冷战以及非殖民化这段关键历史时期的文学和文化进行了探究。通过分析占据主导地位的文学形式出现时特定的历史和文化的决定因素，越来越多的学术研究重新将重心放在跨国文学史方面，本书力图融入笔者新近的研究成果，旨在发展以重新思考"世界文学"（*Weltliteratur*）的理想为目标的新的比较文学史料的编纂框架。世界文学这一概念由约翰·沃尔夫冈·冯·歌德（Johann Wolfgang Goethe）于1827年在与他的秘书约翰·彼得·埃克曼（Johann Peter Eckermann）的一次谈话中首次提到。歌德的这一术语并不是将世界文学视为世界级杰出作品的集合；而是指可以使各国传达其所包含的特殊经验和独特性的多种表达方式的出现。当歌德首次使用这一表达时，他作出的评论认为世界文学仅仅处于"形成的过程"中。[2]《爱丁堡评论》（*Edinburgh Review*）、《生态》（*Eco*）、《外国评论》（*Foreign Review*）、《斯塔尔女士的德国》（*Mme de Staël's De l'Allemagne*）以及《地球报》（*Le Globe*）等刊物的广泛发行，逐渐在欧洲各国为不同的认知模式、理解方式和宽容度建立了基础。这些刊物共同重塑了一个历史上特殊的限制性模式和以欧洲为中心的世界主义的总体轮廓和界限。譬如，《地球报》就歌德为针对沃尔夫冈·门泽尔（Wolfgang Menzel）的恶毒的、超民族主义的攻击所作的辩护给予热烈回应。这些刊物不仅仅是歌德创作新的多元视角作品的平台，而且也是熟悉其他用英语、法语以及意大利语等语言的作家作品的途径。

即使"世界文学"可以一直保持不被集权主义、国家主义、地方主义、种族主义和帝国主义所侵蚀，歌德所谓的"世界文学"也绝不意味着倡导全面彻底地实现文学上的统一，因为纵然有一天这种模式的文学可以实现，正如歌德所理解的那样，"世界文学"也将被废除。无论如何，作为不同国家之间相互理解和共存的一种模式，"世界文学"是一种难以实现的可能。歌德看到了这些模式的发展，意识到它们的形成是一个"渐进"的过程。他试探性地谈及"世界文学"；他说出"关于它的讨论"。他"斗胆说出来"。他看到了出现"它的希望"。它处于"形成的过程中"。[3]正如未知的现在预示着未来，"世界文学"终究只是历史上一种特定的文化传播模式，它在德国浪漫主义的独特研究课题中得以清晰地表述，同时也受限于这一特定课题。如果地域仅限于欧洲的话，表明了一种翻译和传播过程的"世界文学"既依赖于国家之间差异化的特性，同样它也使得对国家之间共同却又各异的经验的认识得以增强。

尽管"世界文学"在过去的两个世纪遭遇了各种历史的障碍和挑战，然而，对于比较文学的探寻而言，它仍然经常保持着毫无争议的中心地位。[4]虽然地理局限性已经遭到广泛的摒弃，但它作为一种为合并与占用方面的实践进行辩护的概念仍然具有其影响力，这种合并与占用已经形成威胁而削弱后殖民地时期研究在历史与文化方面的贡献和成就。其中许多最具雄心的叙述越过巨大的时间和地理跨度而将文学文本加以挪用并且互文性地并列在一起，显然试图将它们自己与一种想象中的世界主义前卫思想联系在一起，但却像歌德曾经使用这一概念那样忽略了它的历史的决定因素。许多这样的作品助长了一种世界主义的幻想,这种世界主义不顾其自身历史地位的变迁,没有对作品意欲表现的那个世界所暗示的虚假统一提出质疑。[5] 它们试图不做其他任何事,只是对新自由主义的假设进行重新描述,这个假设维持着世界文学具有真实性这一幻像,使得世界文学可以和谐地伴随它所尽职协调的全球化的节奏。[6] 这些论述中显然没有清晰关注的地方在于作者的历史环境和状况、构成它们态度的框架、形成它们传播的历史模式、决定它们翻译的文化力量,以及构成公共读者结构的社会和政治现实等。[7]

然而,如果将所谓的世界文学理解为一种传播模式,我们经常不禁会想如今所指的"世界文学"是何种确切的模式?[8] 这些模式如何交会、重叠和相互影响?这些模式如何通过各种形式的理解和认知成为表达的手段?还是说"世界文学"的模式已经被"世界文化"的模式所取代?通过这些模式,文字被传达以及不被传达的前提条件是什么?我们如何考虑这些地点的多样性?什么才是由语言转换所带来的真正局限,而这些局限又体现在何处?[9] 这些局限帮助隐藏了何种沉默?乍看起来,在全球经济的新自由主义旋律中,国家与市场似乎相互影响从而产生了著名的世界级文学家。那些作家包括 J. M. 库切(J. M. Coetzee)、加夫列尔·加西亚·马尔克斯(Gabriel Garcia Marquez)、艾赫达芙·苏维夫(Ahdaf Soueif)、纳丁·戈迪默(Nadine Gordimer)、萨尔曼·拉什迪(Salman Rushdie)、石黑一雄(Kazuo Ishiguro)、迈克尔·翁达杰(Michael Ondaatje)、谢默斯·希尼(Seamus Heaney)、德里克·沃尔科特(Derek Walcott)以及沃莱·索因卡(Wole Soyinka)等,看起来都属于所谓世界文学的领域。然而,由于强调奥尔罕·帕慕克(Orhan Pamuk)比其他任何作家能够更好地代表"土耳其作家",使得像哈桑·阿里·托帕斯

前言

(Hasan Ali Toptaş)这样的作家的作品得不到翻译因而被边缘化。[10]世界文学貌似总体化的系统使得许多作家不被看到,通过进一步审视而变得清晰可见的是,这些作家的缺席正是"世界文学"成为可能的条件。

许多近期的且富有独创性的精美模式都为文学史提供了最为广泛而经常在理论上又相当复杂的描述,但都几乎没有揭露或者发掘出任何被米歇尔—罗尔夫·特鲁约(Michel-Rolph Trouillot)描述为"北大西洋统一"所产生的沉默。[11]诸如马克·布洛赫(Marc Bloch)以及后来的费尔南·布罗代尔(Fernand Braudel)等历史学家,迷失在了各种抽象理论和从年鉴学派历史学家那里借鉴的模式的混沌里,他们的理论和方法的传播结果只能淹没在一整套的规则和律条之中,数不清的作者的文本被诸如"长期"(longue durée)这样的概念所隐藏、忽视或者淹没,"长期"极大地扩大了对持续数个世纪的时间片断进行历史分析的范围。[12]在人们普遍的愿望中,部分的想法是试图提供一种理论能够为文学形式的演变作一个统一描述,这些充满雄心的研究被一种总体性的向往、一种要提供一个整体历史的愿望以及要用一个简短故事(une histoire tout court)来讲述的想法驱使着。[13]并非自卢卡奇(Lukács)的《小说理论》(Theory of the Novel)开始才有了旨在提供一种"新的文学普遍性"叙述的理论想法。[14]然而,甚至卢卡奇都承认,文学形式所对照的历史和哲学的现实并不足以将他的总体性理论与其所向往的文学形式的历史发展综合起来。[15]尽管如此,关于一种"世界文学空间"——拥有自己时间的文学空间的"平行地域"——的实际存在的抽象断言,形成于如此势不可挡的跨越历史界限的运动之中,以至于难以看出这个文学领域与世俗人类历史,或者甚至是人类经验和现实的独特性有

帝国权威的档案

何关联。[16]结果是，文化的互相重叠与混合的部分——那些相互共享又存在差异的经验，亦即产生互相理解和共存的新模式的基础——受到削弱。[17]在萨义德的《东方主义》（*Orientalism*）和《文化与帝国主义》（*Culture and Imperialism*）之后的相当多的理论著作基本上都被摒弃、边缘化、忽视或者遗忘。[18]然而，所留下的是对文化与权力纠缠在一起的方式的一种否定，即使其中许多方法都运用了控制和边缘化的隐喻。对于其他文化的解释被看作是在一个非历史的真空领域进行的——一个弹性大到足以允许代表一种缺乏任何真实社会依附的普遍主义解释的领域。萨义德强调的对位批判——如此至关重要地有助于认识宗主国的历史与那些占据主导地位的话语行为的历史是对立的——面临着新的挑战，新观点认为一种理论制高点的存在源于摆脱自身与世界的接触和纠缠。[19]我们必须提醒自己"我们处于，可以这么说，联系之中，而不是联系之外或者超越于联系"（是在原著中强调的）。[20]

帝国正在进行的提供一个文化质询清单的活动遭到了帕斯卡尔·卡萨诺瓦（Pascale Casanova）最为直接的质疑。她试图发展一种可以将文学文本的特殊性与文学作为一个世界的概念联系起来的理论，卡萨诺瓦希望我们明白，为了恢复文学、历史与世界之间"失去的联系"，我们必须抛弃以文本为基础的批判主义（其构成了文本与世界之间的破裂），与此同时，必须抵制文学与历史是完全相同的这种思想。她断言，后殖民主义所带来的局限性在于，"假定了文学与历史之间的直接联系，这是绝对政治性的。"她说，以文本为基础的批判主义是内在的；它过于狭隘地集中于文本之上，将其视为世界的一部分。后殖民批判主义是外在的，它广泛地将文学与历史合并起来。最初出现的问题是，从特殊文本与整个世界普遍概念之间的关系的角度来看，忽然发现自己面对着一个不同的系列范畴：内在与外在之间一种不可调和的冲突。卡萨诺瓦没有说明为什么这两种批判主义实践不能作为一个整体共同发挥作用。[21]

欲从现在的环境及其与过去的联系中剥离开来的驱动力，导致世界文学被削弱为"世界文化"的一个重要模式，在特殊情况下，它对于战区和翻译区的建立起到一种决定性的作用。自 2005 年起，美国国防部开始在部队设置文化人类学家小组，其功能是作为针对那些军事占领下的国家的文化分析师。被描述为"人文地域系统"（HTS；现在也称为 HTS 计划）的行动招募动员了若干组的社会科学家，为阿富汗以及之后伊拉克的人口和文化的相关信息建立档案，为军事指挥提供更为有效的策略，从而监督、管理和控制其国民。国防部最初计划的动力源于少数伪科学研究，他们宣称获取敌方的文化信息可以使军事参与成为一种更加高效和充分的手段去征服动荡而顽抗的群体。[22]2008 年，《联合部队季刊》（*Joint Force Quarterly*）发表题为"关于敌方文化的军事认知"的文章，声称：

战争本质的变化要求对于敌对方文化有更为深刻的理解。对手越是不遵循传统，就越背离西方准则，我们越是需要理解对方的社会及其相关的文化动态。为了击败范围上跨越国界、结构上不分等级、方法隐蔽并且在外民族国家活动的非西方对手，我们需要加强我们对于外来文化的理解。[23]

主题变成了一个"地带"，那是一个有待分析、调查、记录并转化为非人性的人类学、社会学以及文化知识的对象。奥迪纳尔上将（General Odierno）在 2008 年 10 月发行的《平叛指导资料》（*Coun-*

terinsurgency Guidance Source）上宣称，"伊拉克人民是'决定性的地带'……我们的作战环境是复杂的，"他写道，"并且需要我们运用我们武库中的每一件武器，无论是静态的还是非静态的。为了充分利用每一种手段，我们必须了解当地的文化和历史。"[24]

自拿破仑征服埃及以后，就再也没有调动过如此多的科学家和学者来记录、分析和研究一个民族的文化、地理和历史，而这个民族并没有邀请来自外国的此种审查和入侵。根据他统治埃及的计划，拿破仑派遣军队的同时，还派遣了多队外科医生、考古学家、语言学家、化学家和古文物学家作为庞大工作的一部分，以融合埃及的价值观并使之与拥有荷马（Homer）、莱库古（Lycurgus）、梭伦（Solon）、毕达哥拉斯（Pythagoras）以及柏拉图（Plato）的传统相连接。这次周密调查的结果被记录在了《埃及记述》（*Description de l'égypte*）中，这部 23 册的学术巨著撰写于 1808 年至 1828 年。拿破仑的计划是与权力密不可分的一种学科学术实践、一种认知模式以及一种理解模式，如同爱德华·萨义德所说：

> 为了创立一个新的专业领域；为了建立新的学科；为了划分、部署、系统、制表、索引、记录所看到的每一样东西（以及未看到的）；对于"东方"的本质、脾气、秉性习俗或者风格中的每个能被观察到的细节进行概括，由此得到永恒不变的规律；并且，最为重要的是将活生生的现实变为文本的内容并作为现实去拥有（或者认为一个人拥有）它，这主要因为在东方似乎没有什么可以抵抗一个人的权力：这些东方主义计划的特征都在《埃及记述》中得到了实现，从而使拿破仑以西方知识和力量为工具的完全东方主义的吞并埃及的计划本身成为可能并且得到了强化。[25]

前　言

但是立足于战争地带的东方主义与萨义德所指的文本上的东方主义存在很大不同。虽然这两种形式关于"他者"的知识都服务于权力，国防部的 HTS 计划意味着知识的军事化以及某种特定的生命权力技术的细化——控制人类生命本身的一门学科和权力。[26] "作战地带"成为一个非人性化的地方，一个充满参考文献、语录名言、观察资料以及引述例证的老生常谈——基本上比喻式的解释用以预先使权力的行使合理且合法化，用以建立秩序并且为将人类主体转化为被殖民、被改造以及被占领的一个"地带"提供一个逻辑基础；然而，与此同时，它也成为承认或者否认暴力的非常手段。根据美国人类学协会 2009 年的一份报告，其顾问们利用

> 广泛的传统人种学的活动和技术采集数据。因此，被报告的数据采集至少包含以下技术：问卷调查，雪球式抽样，对"普通伊拉克民众"（或者假设其为阿富汗人）和精英阶层进行半结构化的个人和小组的访谈，整理口述历史记录、亲属关系、宗谱分析以及各种"评估"，以上所有活动的翻译人员全程作为研究伙伴。根据不同的情况和目标，这些技术以不同比例和不同程度得以应用。有时候，如同所有的田野调查一样，某项给定技术是根本不切实际或者无法使用的。[27]

此项战略形成了自身认识论的框架，通过这一框架将"叛乱地带"制造成一个实体，美国相信自己拥有某种天赋之权去支配、控制和统治它。分析生活在异族统治下的国民的文化性情的战略，使得人类行为的各个方面能够被简化和客观化成可以被管理、观察、控制以及掌握的各种类别。这些民族学家和社会科学家是全部观察的执

行者,尽管他们所生产出来的几乎只是一些刻板的人物,他们拥有某种心理定式,可以被测量、记录、存档、储存以及客观化,从而成为最终将人类社会活动领域转化为一个军事征服区域的一种力量。在这方面,如果没有"反叛乱"的话语的话,就不可能有持续、连贯且容易理解的"对手",由此生命权力学科不仅消灭生命同时也规范生命。

在这个重要方面,不无关系的是,配置了由 HTS 计划招募的人类学家的小组所形成的看法,间接表明了军事指挥链中的各种决定。这些战争人种论研究者不仅参军到部队从而提供以权力为目的的知识,这些当然绝不是新鲜事,[28] 而且他们已经以全新的方式融入暴力技术中。服务于生命权力的人类学的学科实践的军事化,在这些致命的文化翻译区域的语境下,对于谁允许被谋杀而谁被允许存活的决定负有间接责任。从其自身目的出发,如果人类学的使命是创造知识和理解的话,那么军事化的人种学技术则产生了各种被战斗性地应用于武装冲突区域的知识。"终究在以共存和人文主义视野拓展为目的的理解愿望,与以控制和外部视野拓展为目的的支配愿望,以及以控制和外部统治为目的的支配愿望之间存在着深刻的区别"。[29]

笔者在此强调这些迭代的军事化的东方主义,以及它继续服务于这些经历着快速文化变化的军事区域的功能,因为它不仅显示了在我们文化中权力与知识的关系是多么厚颜无耻,而且还因为它表明各种理解方式变成了权力的工具如何意味深长。在许多方面,本书是对这种现实在某种程度上的一种参与,因为本书将对这一观点的谱系追溯至冷战早期,描述其间的文化统治的强大结构和紧要局面,以及美国通过反共产主义的机构和话语来重新阐释英国殖民主义话语的文化机制。这两方面的力量对于什么被认为是"世界文学"

都具有极其真实的影响。诸如文化自由代表大会（CCF）（Congress for Cultural Freedom）等美国资助的冷战机构，并没有让世界文学的准则不受影响，而是帮助塑造它、定义它、规范它、管理它、增选其中的部分，并且在某些情况下，使作者沉默和边缘化，尤其是那些人持反对意见的行为可能威胁、削弱作为冷战基础的认识论——一场看似无情的"集权主义"与"自由世界"之间的冲突。[30] 1952年，语文学家埃里希·奥尔巴赫（Erich Auerbach）看起来已经抓住了问题的大体轮廓：

> 所有的人类活动要么被集中于欧美模式，要么是俄国—布尔什维克模式；但是无论它们看上去是多么巨大，与伊斯兰、印度或者中国传统所蕴含的基础模式相比，两者之间的区别是相当微小的。人类应该成功抵挡住如此强力而又迅速的过程所带来的冲击——对此，精神准备一直是贫乏的——然后，人类将不得不使自己适应于在这个标准化的世界里存在，适应于一种单一的文学文化，仅有几种文学语言而且甚至可能是一种单一的文学语言。"世界文学"因此将会立即得以实现和摧毁。[31]

歌德的"世界文学"的概念——奥尔巴赫所理解的是意味着"人类作为文化之间富有成效的交流的一种产物"——因此假定了一种在二战之后的退化形式。正如他所观察的那样，政府、机构以及其他冷战组织的文化活动有效地阻碍和限制了互相理解和共存的话语："现在不再有谈论——像曾经有过的那样——关于民族之间的精神交流，关于习惯的细节以及种族之间的和解。某些杰出的个人、拥有极高教养的人组成的一些小团体一直乐于并将继续这样做下去。但

帝国权威的档案

是此类活动对于文化或者民族之间的和解影响甚微：它无法承受既得利益的风暴——因此它的成效转瞬间被消磨。"32

通过诸如英国文化委员会与文化自由代表大会等组织，英国和美国政府招募了一个特殊的战后公共作家团体，并将他们作为文化使节派到海外。诸如 T. S. 艾略特（T. S. Eliot）、W. H. 奥登（W. H. Auden）、阿瑟·凯斯特勒（Arthur Koestler）、伊格纳齐奥·斯隆（Ignazio Silone）以及以赛亚·伯林（Isaiah Berlin）等人占据了多个跨国职位。他们发现自己的散文、诗歌以及短篇小说以极快的速度被翻译，并刊登在巴黎、罗马、伦敦、柏林、新德里、墨西哥和贝鲁特等城市的多家期刊上。文化自由代表大会作为冷战期间美国政府资助的最有影响的文化机构之一，发行了一系列深奥的国际月刊，譬如《笔记》（墨西哥城）、《巴西笔记》（Cadernos Brasileiros）（里约热内卢）、《邂逅》（Encounter）（伦敦）、《论坛》（Forum）（越南）、《月份》（Der Monat）（柏林）、《证据》（Preuves）（巴黎）、《象限》（Quadrant）（悉尼）、《探索》（Quest）（孟买）、《当前时刻》（Tempo Presente）（罗马）以及《过渡》（Transition）（坎帕拉）等。一个虚伪的世界主义蒙太奇，这些文化和政治杂志将不可能并列的不同国籍和定位的作家放在一起，譬如德国作家托马斯·曼（Thomas Mann）的散文旁边是墨西哥作家胡安·鲁尔福（Juan Rulfo）的短篇小说，不仅是以一种语言而是以几种语言，在多种刊物和不同地点同时发表。

诸如英国文化协会和英国广播公司（BBC）等跨国机构的出现有助于动员国外的民族文学作家，而且这样做在根本上改变了公共作家与他们的读者之间的关系。R. P. 布莱克默尔（R. P. Blackmur）与莱昂内尔·特里林（Lionel Trilling）等批评家的文章重新讨论了美国权力的扩张，同时表达了一种强调国家的似乎无界限的观点。诸如《邂逅》、《过渡》(*Transition*)、《黑琴师》(*Black Orpheus*)、洛克菲勒基金会的《透视美国》(*Perspectives USA*)，以及英国广播公司的"非洲和加勒比之音"(*African and Caribbean Voices*)和"第三套节目"(*Third Programme*)等的冷战杂志和机构建立了新的圣化管理体制——一种文学与文化的秩序，以此使某些作家如同世界作家那样，在一个新的国际文学体制中变得特别易于辨认。传播的新技术将作者与读者都置于完全不同的流通秩序之中。整个意识形态和世界文学的模式在冷战期间经历了决定性的历史转型。

无论那些经验可能是多么不同，二战后随之产生的占据主导地位的结构和文化环境并不是由对于民族之间错综复杂的历史和经验的相互认识来定义的，而主要由新的且越来越高效的传输、翻译和传播模式进行定义。作为对冷战及其与非殖民化相交集的一个研究谱系，本书对于使众多可用的传播方式与作家之间建立关系的力量提供了一种批判和解释性的叙述，这些作家被吸收、动员并在有些时候被增选为冷战的部门、阶层以及认识论实践的一部分。一群占据主导地位的主流作家欣赏由20世纪中期新的表达方式所形成的：短篇小说和散文的加速传播和在多个传播地点翻译出版。对于这些实践的分析不仅有助于研究全球化显现的文化特征及其与现代性历史的关系，也有助于研究由文化自由代表大会等组织管理和塑造的非对称性翻译的总体情况。在这方面，在全球化的早期阶段（以及标志其新阶段的非殖民化进程中），"世界文学"的概念主要由冷战的框架进行定义，这不仅在欧洲而且也在非洲、亚洲和拉丁美洲。[33]

如果说本书对处于技术复制时代的公共作家的传播提供了一种叙述，那么这样做就是为了让我们记录下作为"世界文学"可能性

帝国权威的档案

条件的缺失的文化决定因素。如果这些缺失迫使我们以否定的方式想象"世界文学"的话，那么对"世界文学"的沉默所处的特殊历史条件的独特分析，则让我们在最唯物主义的意义上理解"世界文学"的概念——作为一种"在自我实现过程中的思想"。正如斯拉沃热·齐泽克（Slavoj Žižek）所认为的那样：

> 作为使其自身变得可见的一种产品，这一思想观念是……并非自我形成的过程，而是唯物主义的事实，即思想仅存在和贯穿于参与其中并由其激发的个体活动之中。我们这里有的不是一个历史主义/进化主义的立场……，而是某种更为激进的东西：对于历史现实自身如何的一种洞察并不是一种正排列，而是指向其自身未来的一种"非全部"排列。正是这种将作为产生后来"非全部"的现在排列中的缺口的未来的纳入，在本体论上是不完整的，同时因此而破除了历史主义/进化过程的自我封闭。[34]

作为一部研究性的批评以及文化与文学史学的论著，笔者的首要意图是通过对二战后文化权力得以实施的方式的分析，形成一个对"世界文学"如何与一个由人类创造同时又可以被人类毁灭和再造的历史世界发生牵连的重要认识。

第一章　权威档案

我曾经惊讶在一本合上了的书中的文字在夜晚的时候没有变得模糊或者迷失。

——豪尔赫·路易斯·博尔赫斯（Jorge Luis Borges）

2000年5月，我给美国中央情报局写了一封信，这是写给中情局的数封信中的第一封，在信中我要求中情局根据《信息自由法》的规定，公布其所持有的关于英国诗人斯蒂芬·斯彭德（Stephen Spender）（1909—1995年）的所有信息。虽然我没有确切的证据来证明斯彭德曾经是一名特工，但我坚信他在冷战前期出现的各个组织中发挥过直接的作用。自1953年至1967年间，斯彭德曾经担任《邂逅》杂志的联合编辑，这是文化自由代表大会出版的旗舰杂志。作为冷战时期最重要的机构之一，文化自由代表大会由中央情报局资助，从根本上管理和控制冷战的各种话语。[1]

当递交申请的时候，笔者依赖于一个新兴的学术团体，它研究美国战后优势地位与冷战早期和非殖民化时期的"文化外交"之间的关系。[2]当现在许多研究聚焦于美国政府如何通过文化自由代表大会资助交响乐、演出、音乐比赛、文学奖项、展览、节日以及许多学者和作家的时候,³ 却鲜有研究考虑它的经济资助如何重新构建和塑造了全球的文学景观，改变了作者与其公众之间的关系，并使得它所支持的那些人变成比其他人更加易于识别的人物。⁴ 尽管许多这样的努力是在缺乏一个将美国战后优势合法化的确定的文化战略的情况下进行的,⁵ 但这些活动仍被视为一个精心策划的旨在占领全球大众空间的帝国努力的一部分，这个大众空间截止1948年一直都被持有社会主义论调的共产党和工人党情报局（the Communist Information Bureau, Cominform）主导着。

1948年，《国家安全指示》（National Security Directive）（NSC—10）授权中央情报局制定一个文化战略，以削弱苏联的"和平攻势"，因此文化自由代表大会很快成为两个超级大国之间帝国较量中最重要的项目和机构之一。通过其任意数量的期刊——《笔记》（*Cuadernos*）（1956年至1965年在巴黎出版却在拉美发行）、《巴西笔记》（1959年至1970年在里约热内卢出版）、《邂逅》（1953年至1974年在伦敦出版）、《论坛》（1954年至1965年在维也纳出版）、《月份》（1949年至1971年在慕尼黑出版）、《证据》（1951年至1975年在巴黎出版）、《象限》（1956年至1967年在悉尼出版）、《探索》（1955年至1976年在孟买出版）、《当前时刻》（1956年至1967年在罗马出版），《过渡》（1961年至1967年在堪培拉出版）——文化自由代表大会自1950年至1967年对人文实践不断变化的环境具有重要影响，当时《纽约时报》（*New York Times*）和《堡垒》（*Ramparts*）杂志报道了中情局一直秘密资助文化自由代表大会，以及它的展览、演出、诗人、小说家、剧院公司、舞蹈剧团和学生社团。报道揭示，使用所有这些力量和资源都是为了使二战后帝国权力从欧洲转移到美国的合法化，以及在文化上对这种权力

第一章　权威档案

转移的支持，重塑和改造世界文学的思想。

档案与司法

2000 年春，在根据《自由信息法》（Freedom of Information Act, FOLA）提交了信息披露请求之后，笔者期待一个能对主导文化自由代表大会相关文化战略的成员的选择、吸收和排除流程进行完整描述的答复，尤其因为关系到《邂逅》杂志，斯彭德是该杂志更具影响力且年纪更长的编辑（比欧文·克里斯托尔〔Irving Kristol〕年长）。笔者原本以为，如果这些信息得以披露的话，就可以更全面地了解在冷战和非殖民化早期，权力与文化相互交织的关系。全面了解文化自由代表大会与美国政府之间的关系，将不仅解释新技术和新表达模式如何从根本上重新定义了大众作家在战后文化中的地位，而且揭示了哪些作家曾经被选为边缘化作家，他们如何被选择，又为何种原因。譬如，我们知道很少关于文化自由代表大会如何败坏和非法化巴勃罗·聂鲁达（Pablo Neruda）、约翰·伯杰（John Berger）、弗朗茨·法农（Frantz Fanon）以及让—保罗·萨特（Jean‐Paul Sartre）等作家。积极的文化战略的缺位是否延伸至其他作家？这些信息还将揭示在全球结盟与协调中一种更大的转变：作为二战之后帝国权力从英法向美国转移的一部分的文化战略，其历史一直被极大地忽视。[6] 了解构成文化自由代表大会种种努力的关系、团体和组织的整个网络，将为发展新形式的非支配性知识创造条件，因为它将记录导致"世界文学"沉默的历史条件。由于斯蒂芬·斯彭德是《邂逅》的编辑，而且是当时相当具有流动性的一位编辑，因此笔者提出的信息披露请求聚焦于斯彭德，是为了获得关于被称作隐秘的占据主导地位文化的机构和学科机制（*institutional and disci-*

plinary mechanism of dominant culture）的相关知识，从而能够更好地理解其档案的历史决定因素。[7]

在提交请求几个月之后，中情局要求笔者提供证据证明斯蒂芬·斯彭德实际上已经死亡。在提交了刊登于《纽约时报》上关于他的讣告之后没多久，笔者便收到了一封简短的信。在信中，中情局表示，鉴于"国家安全"的理由，它将"既不确认也不否认"关于斯蒂芬·斯彭德的任何可用信息的"存在或者不存在"。[8] 对于这个结果，笔者不是毫无思想准备，然而，这个结果似乎提醒我们，那些二战之后很快就开始执行的文化政策在半个世纪之后可以想象仍然是保密的。柏林墙在1989年11月已经倒塌了，苏联也已然不复存在，一个全新的思维方式已经取代了冷战的认识论。中情局参与国际和国内文化政治以及文化自由代表大会的诸多活动源头的错综复杂的关系，由《堡垒》杂志于1966年进行了披露，然后《纽约时报》在1967年也公开了相关信息。[9] 汤姆·布雷登（Tom Braden）等情报官员已经公开撰写和谈论了有关中情局对于文化自由代表大会的管理。布雷登以一种强硬而不含歉意的防御性姿态写了下面一段话，但他似乎没有注意到他所隐含的讽刺意味：

当波士顿交响乐团在巴黎为美国赢得了比约翰·福斯特·杜勒斯（John Foster Dulles）或者德怀特·D. 艾森豪威尔（Dwight D. Eisenhower）的100次演讲更多的赞誉时，我记得当时我所获得的巨大喜悦。那时候还有《邂逅》杂志，这本杂志在英国出版，致力于宣扬文化成就和政治自由之间是相互依存的这一主张。乐团巡回演出和杂志出版的资金都来自中央情报局，而中情局以外很少有人知道这一点。我们在设立于欧洲的一个名为文化自由大会的知识分子组织中安插了一名特工。另外一名特工则成为《邂逅》的编辑。[10]

例外状态

中情局基于其对1947年《国家安全法》的解释拒绝了笔者的请求，而正是这一法案使中情局得以成立的。《国家安全法》规定，中情局没有义务确认可能透露其收集情报的"来源和方法"的任何材料是否存在。[11]安全法规定，中央情报局不同于证券交易委员会或者劳工部等其他政府机构，可以免于公布可能被"合理地"解释为"导致损害国家安全"的任何资料：

> 对于你的请求，中央情报局可以既不承认也不否认我们所持有的相关记录的存在或者不存在。根据《12958号行政命令》1.5（c）条款（情报来源和方法）和1.5（d）条款（外交关系）的规定，出于国家安全的原因，包含下列信息记录的存在或者不存在的事实——除非已经被官方正式承认——将被列为机密。此外，中央情报局局长有责任和权限根据1947年《国家安全法》103（c）（6）款和1949年的《中央情报局法案》第6条的规定，保护这些信息，防止在未被授权的情况下泄露……在此，我们既不承认也不否认存在或者不存在这样的记录。[12]

针对政府在2001年春给出的上述答复，笔者向纽约南区的美国区法院提出了申诉，认为中情局不当扣留有关斯彭德的信息违反了《信息自由法》的规定。考虑到这个查询的历史特征及其模糊性，笔者认为有很大的机会说服法院相信这一请求的重要性。毕竟，为什么要让一位英语文学的学者费尽周折请求政府公开关于一位已故英国诗人的历史文本？至少在笔者看来，政府的诡辩是显而易见的。笔者以为任何有判断力的法官都会同意，在此案件中政府向公众隐瞒了信息，因此违反了《信息自由法》。

《自由信息法》于1966年成为联邦法律。后来在1970年代进行了修订，此项修订就在教会委员会（the Church Committee）的听证会上披露了中央情报局各种海外行为的范围及其残酷之前不久（当时秘密推翻了危地马拉、伊朗、智利和刚果政府；针对贾瓦哈拉尔·尼赫鲁〔Jawaharlal Nehru〕和菲德尔·卡斯特罗〔Fidel Castro〕的蓄意暗杀；对印尼苏加诺的失败罢免；以及对意大利1948年选举的操纵等），[13]《信息自由法》规定可以查询美国政府的记录、文件、电报、文本、决定以及备忘录。[14]然而，作为规范官方知识形式的披露或者保密的一项法律，该法律包含了九项条款使政府免于维持该法律普遍精神的责任。尤其是在笔者的案件中，中情局辩称，为了维护国家安全利益，该法律可以暂不适用。[15]

该机构援引了两项豁免条款，声称由于国家安全的原因，相关信息仍然被列为机密，如果披露该信息的话，将透露情报的获取程序和来源，中情局局长根据《国家安全法》有责任对此予以保密。[16]第一项豁免条款依据的是时任总统比尔·克林顿签发的一项行政命令，认为该信息被列为机密是因为该信息"存在或者不存在"的事实本身就是机密。因此，"根据《12958号行政命令》，当其存在或者不存在的事实本身是机密时"，该机构有权"拒绝确认或者否认请求披露的信息的存在或者不存在"。[17]第二项豁免条款基于的原则是信息的披露——它的"存在或者不存在"，根据克林顿的行政命令，该机构坚持认为将削弱"国家安全"——属于中央情报局局长的责任，

第一章　权威档案

他有义务"保护（这些知识）免于未经授权的泄露。"换句话说，法律强调中央情报局局长负有义务防止任何"未经授权的"泄密行为——一种由他而且只能由他授权的行为。如果这一原则是说《国家安全法》要求中情局局长有责任保护它的信息记录的话，这也暗示了披露这些信息属于仅仅逃过了局长注意力的一类未经授权的泄露。

这两项豁免条款之间的关系提出了与理解权力机制有关的问题。首先，属于"不存在"领域的信息怎么能得到保护？什么样的权力可以声称具有超越不存在和存在的权威？虽然存在一个防止信息来源和获取方式在未经授权情况下被泄露的基本原理，中央情报局局长如何才能防止不泄露任何信息呢？如果被保护的东西实际上不存在而是空的，如果有这样的情况的话，那又有什么需要保护的呢？何种权力在这个无动于衷的领域组织其机构呢？既不确认也不否认它拥有或者不拥有的权力是一种表明所有形式的知识都可能在其控制之下的权力吗？或者揭示这一权力的可及范围可能会揭示更多关于国家所依赖的这一权力性质的某些东西吗？既然它不仅仅是一件关于法律暂停适用的事情，而是对一个无动于衷领域的掩盖，这种无动于衷首先已经成为权力可能性的前提，那么，档案的不确定性就是国家权力所依赖的档案的缺失或者空白吗？[18]这很像卡夫卡的"法律面前"（*Before the Law*）中的人物，他想进入法律，但他不能确定在许多被把守的大门之后自己如何开始，他唯一能看到的法律是要求他停留在法律"面前"。[19]

2001年11月，纽约联邦地区法院没有质疑豁免的合法性，也没有质疑两个豁免条款之间关系的逻辑是否合理或者是否适用。法院的判决支持中情局不提供信息的决定，认为中情局有令人信服的理

帝国权威的档案

由来保护"机密出现",这对于美国在国外发挥其影响力是"必要"的。[20]联邦地区法院裁定,至于为什么拒绝确认或者否认与笔者的请求相关的事实"存在或者不存在",美国中央情报局已经给予了一个"合理而详细的解释"。尽管无论斯彭德可能做过或者参与过什么事情,那都是半个世纪之前的事情,联邦地区法院仍然认定中情局的做法遵守了《信息自由法》的规定。法院认为,"对于为何披露这些信息可能干扰中央情报局现在收集信息的行为,中央情报局已经给出了合理的解释,包括其在'保护机密出现'上'令人信服的利益',这对于我们国外情报业务的有效运作至关重要。"[21]

联邦地区法院的判决所依据的是一系列重新解释 1947 年《国家安全法》的判例,这些案例强调了中央情报局局长有义务"保护有关情报来源和方法的秘密免于未经授权的泄露。"法官在裁定中提到,在中央情报局诉西姆斯一案中,最高法院已经从根本上扩展和重新解释了《国家安全法》的适用范围。在此案例中,最高法院对《国家安全法》的解释给予中央情报局"非常广泛的权力,以防止任何情报信息的来源被泄露。"[22]如果说 1947 年的《国家安全法》最初将防止"未经授权的泄露"的责任赋予了中情局局长,那么在中央情报局诉西姆斯一案中,最高法院宽泛地将这一权力扩展到保护"情报信息的所有来源免于未经授权的泄露"(着重号为作者强调),无论信息属于哪个保密级别,没有准确定义一个"来源"是谁或者是什么。[23]

援引这一案例,区法院判定,政府履行了"保护"情报来源和获取方法以防"未经授权的泄露"的职责,法院同时认为将进一步适用无动于衷区域原则来管理其"来源":根据《信息自由法》请求披露的文件的"存在或者不存在"。不仅《自由信息法》受制于例外状态，而且信息——国家对此有权"防止泄露"[24]——甚至不必存在，就可以适用并且执行这种例外状态。国家安全的抽象理论因此依赖于这样一个矛盾：确定一个"情报来源"将揭示用以确定一种是否属于来源的各种方法——这本身就违反了赋予中央情报局局长的权力。[25]因此我们距离信息的自由、开放和民主的传播还很遥远，[26]但却近到足以看清国家权力及其权威档案的真实意义。

国家批判

在美国文化与帝国主义的各种讨论中，二战后帝国权力从英国和法国转移到美国的文化进程极少得到关注。转移的合法性并不是帝国权力从一个地方转移到另一个地方的简单过程，相反，整个文化关系发生了重构，这对于作家在社会中的地位、人文实践的环境、世界文学的意识形态以及作家与不断占据主导地位的新型高效的大众传播之间的关系都产生了巨大的影响。截至1950年代初，不断变化的文学生产环境已经在根本上成为一个全球性的过程，不是简单的文化再现而是文化复制，这种文化生产是由文化自由代表大会监督的。虽然其参与者（诸如汉娜·阿伦特〔Hannah Arendt〕、雷蒙·阿隆〔Raymond Aron〕、W. H. 奥登、丹尼尔·贝尔〔Daniel Bell〕、阿尔伯特·加缪〔Albert Camus〕、西里尔·康诺利〔Cyril Connolly〕、蕾斯莉·费尔德〔Leslie Fiedler〕、罗伯特·洛厄尔〔Robert Lowell〕、克里斯托弗·伊舍伍德〔Christopher Isherwood〕、卡尔·贾斯珀斯〔Karl Jaspers〕、塞西尔·戴—刘易斯〔Cecil Day - Lewis〕、阿瑟·凯斯特勒、埃德温·缪尔〔Edwin Muir〕、赫伯特·里德〔Herbert Read〕、莱昂内尔·特里林，等等）不知道文化自由代表大会的资金来源，但是文化自由代表大会使他们的作品通过以前不可能的、他们意想不到的且富有影响力的方式得以传播。通过文化自由代表大会的数个期刊，作家们被令人惊讶地关联在一起而且有规律地反复出现在它们的各种期刊上，就像托马斯·曼（Thomas Mann）和胡安·鲁尔福（Juan Rulfo）那样，有时候甚至同时出现，从而达到使他们作为世界级作家的身份在他们不同迭代的作品中变得规律化和正常化的程度。

"民主"与"文化自由"的话语涵盖了一套惩戒机制和举措，以此将奥登、阿伦特、加缪、福克纳、凯斯特勒、斯隆、赖特以及其他一些作家的文本同时在各种语言的诸多出版物上发表——包括阿拉伯语、英语、法语、德语、意大利语、日语、韩语和西班牙语。通过这种方式，文化自由代表大会以及类似的组织重构了人文实践的环境。文化自由代表大会巩固并且重新塑造了作家协会及其附属机构；它获得了一些声誉；它试图毁掉其他组织；[27]它宣扬文学世界是在政治之外的，而这本身就是一种错觉；它认可一些人物；[28]并使他们获得了巨大的知名度。文化自由代表大会以及其他机构有效地将文化世界作为一种伪装，以此授权特定的大众作家们政治地参与一种社会体制，而其他作家则从该体制中被隐形地——有时候显性地——排除出去。

在冷战时期的最初几年，英国与美国的作家和知识分子的作品被送往国外不同的甚至是一些不太可能去的地方；他们的文章与不同国籍的作家的文章并列在一起发表，这些不同国籍的作家从德国人（托马斯·曼）到美国人（威廉·福克纳〔William Faulkner〕），从法国统治的阿尔及利亚人（阿尔伯特·加缪）到俄罗斯裔英国人（以赛亚·伯林），从英国人（金斯利·埃米斯〔Kingsley Amis〕）到波兰人（切斯瓦夫·米沃什〔Czesław Miłosz〕）。冷战——经常被视

第一章 权威档案

为极权主义与民主之间无休止的口水战，在这种绝对的对立中，一种全新而强大的认识论在这些新兴力量的交汇中得以诞生。这种新的知识组织有着名目繁多的、广泛的和全球的影响力。这些组织包括推动了艺术展览、舞蹈表演、交响乐、作家代表大会以及学术会议的众多政府机构和组织，这导致了二战之后知识文化构造的转变。伴随着这些转变而产生的，是语言表达、复制和再生的新形式和新模式。在所有被广泛使用的大众传播形式中，收音机作为一种集中的传播方式，极大地改变了作家与其读者之间的关系。随着收音机文化的扩张，听众再也不可能直接与作家对话；取而代之的是作家通过麦克风向听众说话。听众再也不听了。而是麦克风在听，收音机喇叭传送着收听不见身影的作家的声音的状态。[29]

第二次世界大战结束以后，战后世界在文化和知识领域经历了巨大的转变，更新颖且更有效的语言表达以及重复和传播模式的不断发展，改变了作家与公众之间的关系。对新的全球联盟的迫切需要——第二次世界大战后出现了将近100个脱离殖民地状态的独立国家——导致语言和文学研究重点的一个重要转变：[30]学科被切割、拆分成"研究的领域"，这甚至发生在1958年《国防教育法》确立"区域研究"之前。[31]被文化和政治期刊的新形式以及文学组织及其附属机构的新命令管理和监督着，文化自由的话语为持续确立和巩固占据主导地位的观点和参照系的结构提供了无数的机会，思想最终失去了多样性、差异性和历史性。新的国际联盟产生了人格化的国家："我们的朋友"和"我们的兄弟"。按照乔治·凯南（George Kennan）的说法，社会生活重组的复杂概念有可能在"克里姆林宫"的授意下得以"传播"。[32]作家与评论家们的旅行不再是为了获得人生体验或者宣传自己的书籍，而是在英国文化协会或者文化自

帝国权威的档案

由代表大会等组织的指示下进行的。这些被安排的各种活动包括不同的、范围更广的以及不可得知的观众，使得作品原先仅仅局限在国内的作家们在国外变得易于辨识。事实上，西里尔·康诺利的杂志《地平线》（*Horizon*）（1940年至1949年）直至战后才出版了一期"全美专刊"。

"伦敦来信"、"莫斯科来信"、"肯尼亚来信"等等，往往代表着毫无个性的西方观察家在家里写下的，似乎总是手写的，用以分享他或者她个人的但又是一般性的国外社会生活的经历，作为几大通用传统之一而得以广泛传播，使得这个"外国"以越来越快的频率被呈现、同化和传播。传播技术的发展使得东方主义的传统朝向发展和现代化的话语进行调整。《邂逅》中不乏诸如此类的标题：《寻找印度》、《挪威来信》、《俄罗斯友人的小宴会》、《感伤者在日本的旅行》以及《世界城市：加尔各答》等。[33]当时，随着像《邂逅》这样的月刊的问世，形式和经济的压力进一步加快了小型现代主义杂志的消失。其他的发展确保了思想传播的同步、对称和持续。期刊和期刊的跨国运输的船运方式被更为快捷的空运方式取代。在遥远的地方工作的作家与读者在时间和空间上的距离更近了，新的传播和复制手段克服了地理上的距离。乔治·奥威尔（George Orwell）1939年在《新写作》上发表了《马拉喀什见闻》一文，他在文中写道："当你穿行在这样的一个城镇——20万居民中至少有2万人除了一身聊以蔽体的破衣烂衫之外一无所有——当你看到人们是如何生活，又如何动辄死亡时，你永远难以相信自己是行走在人类之中。"[34]

诸如《笔记》、《邂逅》、《月份》、《证据》、《当前时刻》以及其他一些新月刊，它们的翻译、发行、复制以及以更为缩略的形式

第一章 权威档案

用多种语言进行的几乎同步的复制，开启了写作的新的历史阶段：国外的文章形式成为世界的一种社会和政治分析的模式，这个世界的生产力和大规模的破坏性力量缩小了人类价值观的不同，将时间的过程重构成总是即将变为紧急的状态，而这套说辞却根本不符合人类的现实生活和真实体验。那些杂志的标题是寓言性的：英国不得不面对《邂逅》中的新词；在巴黎他们需要《证据》；意大利被返回到了现在（《当前时刻》）；在墨西哥，作家们写满了他们的笔记本（《笔记》）；在柏林，他们记录了苏联和美国占领德国的那些月份（《月份》）；而非洲正在《过渡》中。

势力范围、铁丝网、空运物资、地带、加密共产党人、同路人、炸弹、秘密行动、宣传、中立、不结盟、自由世界、非美国活动、人造卫星、军备竞赛、和平红利——一整套全新的语言和修辞的组合重新构造了看似最不可救药的帝国对抗之一，其暴力影响以及对人类和环境的破坏正在由第三世界经历并忍受着，如同维杰·普拉沙德（Vijay Prashad）在《颜色更深的国家》中所描述的那样。[35] 新的想象地理的词汇出现了。在亚洲出现了"地区"；地带被距离和方向的新信号而空间化；"近东"和"远东"被"中东"、"东南亚"、"南亚"以及"东亚"所取代。

英国文化协会、文化自由代表大会、美国新闻署、情报研究处（IRD，英国外交部的一个秘密部门）、洛克菲勒和福特基金会等政府和非政府组织的出现，对于公众作家与读者之间的关系有着历史的决定性的影响。这些新的文化形态不仅使作家到达了国外广阔的地方，这不仅从根本上重塑了作家与其公众读者之间的关系，而且重新定义了支配、征服和从属的模式。实际的领土占领不再是帝国的目标，它被文学与文化空间的占领所取代。[36] 一个全球公共空间取代了物理学的殖民地存在；公共空间充满了能够与新的文化秩序互换的信号。

后面的章节将阐述情报研究处、文化自由代表大会、英国文化协会、福特基金会和洛克菲勒基金会等组织的出现及其相互之间的合作，如何在构建新的管理和统治模式中发挥重要作用。这些章节将展示，面对有组织的民族独立和解放浪潮时，美国如何通过新的战略和方法来抑制和消除异议，从而借此确立美国战后的优越地位。不同调和形式的传播——不断增强的电台的跨国重要性，以及作家出现在英国广播公司的第三频道上；英国文化协会的全球扩张；新型文化和政治期刊的出现（《透视美国》〔Perspectives USA〕和《邂逅》）；伴随这些实践而产生的复制翻译版本的新的策略和技术；以及公众作家面临的不断变化的现实，某些作家担负起了海外文化使者的角色——笔者认为，这些有效方式成为冷战早期新的人文与文学实践的基础。下面的章节还将阐释那些所谓的世界作家如何屈从于新的控制和权力体制，而这一体制决定了一些作家超过另一些作家的知名度。帕斯卡尔·卡萨诺瓦认为战后出现了不受政治束缚的国际文学规则，本书不认同他的观点，同时还详细分析了一些作家与英美帝国的文化活动之间的关系。[37]笔者将这些关系视为一种可以分析的结构，认为这种档案关系为文学史学的研究实践赋予了新的重要需求，尤其是在目前的研究框架之中。

本书分为五章十二节，旨在阐述二战后不断变化的人文实践基础。如果说本章是从历史的和主题的维度对这一主旨进行概述的话，那么，第二章"奥威尔与文学的全球化"则是从档案的主要哲学和政治学角度，回顾战后被用于对奥威尔的《一九八四》和《动物庄园》进行表述、改编、翻译及其语境的重新定义的特定传播方式的

第一章　权威档案

发展，从而描述赋予奥威尔作品的跨国传播新动力的一系列设备和技术。第三章"跨国文学空间的战争"表现了二战后作家们所经历的新的关系和环境，它强调战后环境中出现的不仅是简单的新的文学"繁衍"形式，还有新的而且更为高效的"文学复制"的出现，即出现了更快捷、更高效、越来越瞬时和同步的翻译行为，读者因此可以看到 T. S. 艾略特的一篇文章挨着豪尔赫·路易斯·博尔赫斯的短篇小说，而且不仅是以一种语言出现在一种月刊上，而是以几种语言同时出现在几种月刊上。乔治·奥威尔、托马斯·曼、W. H. 奥登、阿瑟·凯斯特勒、伊格纳齐奥·斯隆、切斯瓦夫·米沃什、斯蒂芬·斯彭德、理查德·赖特（Richard Wright）、玛丽·麦卡锡（Mary McCarthy）以及以赛亚·柏林等作家的文本可以几乎瞬时被翻译成各种语言，发表在多家相互关联的刊物上，包括《邂逅》（伦敦）、《月份》（柏林）、《证据》（巴黎）、《当前时刻》（罗马）、《象限》（悉尼）、《过渡》（坎帕拉）、《黑色奥菲斯》（尼日利亚首都拉各斯），《自由》（*Jiyu*）（东京）以及《对话》（*Hiwar*）（贝鲁特）——有效地将这些作家、评论家和知识分子变成易于辨识的跨国人物，而排除其他具有特殊性的和持不同政见的人物。笔者着重强调的是，新的传播媒介的出现从根本上改变并且重新定位了冷战和非殖民化时期作家与公众之间的关系，同时还以无线电广播为例，详细地阐述了文学、文化与人文实践的这个决定性的新的历史阶段。广播不仅是一种相对较新的大众传播和单向传输模式，也是一种保护和建立知识分子、公众作家以及文学运动的权威、知名度和认可度的方式。这种分析的目的当然不是为了削弱笔者提及的那些组织、政府、基金会和机构的努力所产生的影响，也不是说政府完完全全地管理着文化生活，而是要集中关注那些在二战后的数年内已经发生了翻天覆地的变化、却一直几乎没有加以研究的文化与文学领域。

第四章"批判理论的档案"回到了政治档案的话题，详述了联邦调查局对西奥多·阿多诺（Theodor Adorno）的监视以及像阿多诺和霍克海默那样的作家的作品中的修辞密码，霍克海默的《启蒙辩证法》与阿多诺的《最低限度的道德》都是在他们流亡期间写成的。本章在强调对阿多诺的监视的同时，也强调了阿多诺在流亡美国的背景下，对经验式的无线电广播的研究的厌恶以及他对经验主义和实证主义批判背后的逻辑，笔者强调了美国国内的反共背景对阿多诺思想的束缚，从而说明在国外宣扬的文化自由话语是其国内一个审查与监视相互联系的过程的一部分。在探讨了阿多诺的作品之后，在第五章"人文主义、领土以及技术的麻烦"中，笔者认为阿多诺发展了一种批判性的模式，这成为爱德华·萨义德的根植于哲学中的一种人文主义的消极辩证观的基础。正是基于这种人文主义观点，笔者终于确定是什么使本书成为一部调查式的文学史学论著，本书对于挑战权威档案的认识论的局限性至关重要，而这种权威档案正愈来愈多地定义现代性的条件。

本书的观点是，这些知识分子与国家及其相关机构之间的机构性关系，不仅对于一系列文化作品的认同产生了深远的影响，正如爱德华·萨义德在《人文主义与民主批判》（*Humanism and Democratic Criticism*）中提出的那样，也对人文实践的基础产生了深远的影响。尽管政府并没有完全规划文化生活，但大部分在国外推广的作品都是美国国内大肆渲染反共产主义和审查的对象。[38]实际上，一次决定性的转变是通过使"世界文学"的思想具有重要影响这一方式产生的，世界文学思想所具有的重要影响不仅由一群知识分子与各种反共机构之间的关系决定，也由交流、翻译与传播的跨国模式的发展决定,而后者从根本上改变了文学与文化生产的基础。如果说政府对文化档案的操纵在一定程度上阻止了对文化、国家以及人文实践关系的严格审视的话,那么评论家与知识分子的责任就是对于民主的需求以及对于民主批判的需求。这并不意味着像阿兰·巴迪欧(Alain Badiou)认为的那样,要与国家保持距离,[39]与此相反,权力的地方是空的,它被中情局拒绝"确认或否认存在或不存在"的权力痕迹掳走了。通过揭示这种权力的空白与实施关于这种空白主张的权威之间的差距,下面的章节将对权力的接替进行对症分析,从而让我们更好地理解权力在冷战和非殖民化期间所发挥的作用。

第二章 奥威尔与文学的全球化

也许帝国时代的晚期没有哪位英国作家像乔治·奥威尔一样，对随后几代的文学与政治意识产生了如此深刻的影响。[1]他的作品，尤其是《向加泰罗尼亚致敬》（*Homage to Catalonia*），因为其知识的诚实性和历史的敏锐度而备受推崇。[2]他为《论坛报》（*Tribune*）撰写的关于大众文化的专栏，为英国文化研究的产生作出了贡献。[3]他在1930年代的小说——《牧师的女儿》（*A Clergyman's Daughter*）、《保持叶兰繁茂》（*Keep the Aspidistra Flying*）、《上来透口气》（*Coming Up for Air*）——影响了之后的1950年代的苦涩风格的男性作家。[4]他关于语言的论著继续影响着许多正在进行的关于作家责任和语言问题的争论。[5]他的关于殖民地的作品和故事，像《缅甸岁月》（*Burmese Days*）和"射象"（*Shooting an Elephant*）等被视为殖民主义自由批判的典范。[6]

奥威尔后期的小说《动物庄园》（*Animal Farm*）（1945年）和《一九八四》（*Nineteen Eighty-Four*）（1949年）定义和构建了西方对极权主义政治和文化的概念。[7]像乔治·凯南这样的冷战建筑师（architects of the Cold War）就曾断言，奥威尔在《一九八四》中对极权主义的描述，在某种程度上比他这位前任美国驻苏联大使在莫斯科所了解的现实更能代表苏联的生活。"由奥威尔……创作的虚构和象征性的形象,"凯南写道,"我从骨子里知道",它比苏联图片更充分地代表了极权主义。在《禁锢的心灵》(*The Captive Mind*)一书中,切斯瓦夫·米沃什也评价说,奥威尔精辟地理解了俄罗斯的文化与政治。"即使是那些只能通过别人的话知道奥威尔的人,"米沃什写道,"也惊讶于一位从未在俄罗斯生活过的人却能对它的生活具有如此敏锐的洞察。"在《党派评论》(*Partisan Review*)上,评论家菲利普·拉甫(Philip Rahv)写道,《一九八四》是"迄今为止所有作家的作品中,对极权疾病最好的解药"。[8]

约翰·罗登(John Rodden)在他关于乔治·奥威尔作为文化标志的建构的两本主要著作中认为,《动物庄园》与《一九八四》的作家已经成为一个完全具体化的形象。[9]以鲍勃·迪伦(Bob Dylan)的"瘦人"(1965年)及其歌词作为开始,"因为某件事情正在这里发生/但你不知道它是什么/你知道吗,琼斯先生?"奥威尔的《动物庄园》已经被改编成几乎每一个可能的媒介形式。音乐家大卫·鲍伊(David Bowie)创作了两首关于《一九八四》的歌曲,"一九八四"和"老大哥";未来派反乌托邦电影《巴西》的原片名为《1984 1/2》;英国皇家歌剧院在2005年推出了《1984》,歌剧脚本由J. D. 麦克拉奇(J. D. McClatchy)和托马斯·米汉(Thomas Meehan)编写,音乐由洛林·马泽尔(Lorin Maazel)创作,他也是歌剧演出的指挥。2009年,乔·坦塔罗(Joe Tantalo)在纽约的59E59剧院上演了戏剧《乔治·奥威尔的1984》。[10]2004年,一部讽刺美国国土安全部监控计划的作品——《美国2014:一个奥威尔式的故事》出版,作者化名唐恩·布莱尔(Dawn Blair)。诺曼·波德霍雷茨(Norman Podhoretz)援引奥威尔的遗著以提出乔治·W. 布什的"反恐战争"是一场代表以色列的防御战争。[11]在柏林墙倒塌之后,鲁珀特·默多克（Rupert Murdoch）宣布，自由市场胜过了奥威尔曾经想象过的"极权主义"制度。英国前首相约翰·梅杰（John Major）将奥威尔视为一个代表了体现于《狮子与独角兽》（*The Lion and the Unicorn*）中的英国价值观的人物。[12]《动物庄园》被拍成了几部电影、动画片，并以音乐剧、歌剧甚至摇滚歌剧的形式演出，演出的城市涵盖了从雅加达到巴塞罗那的许多城市。奥威尔在美国已经成为一个众所周知的人物，茶党的示威者就曾经举着标有"停。你正开始吓唬乔治·奥威尔。"字样的牌子。[13]

《动物庄园》和《一九八四》已被翻译成许多种语言，包括马拉雅拉姆语、泰卢固语、古吉拉特语、印尼语、冰岛语、爱沙尼亚语、拉脱维亚语、波斯语、缅甸语和越南语，等等，比20世纪其他许多以英语为母语的作者的作品被翻译的语言要多得多。历史学家蒂莫西·加顿·阿什（Timothy Garton Ash）曾断言，"奥威尔是20世纪最有影响力的作家。"[14]他的新词——"老大哥"、"思想警察"、"官腔"——虽然描述的历史和政治环境与我们今天所面临的迥然不同，但这些词语仍然嵌在当代话语中，我们往往很少关注或者讨论文学作品中象征的或者隐藏的东西。一些评论家甚至依据奥威尔作品的知名度来证实自己对奥威尔作品的诠释。穆雷·斯珀伯（Murray Sperber）在一篇关于《一九八四》的文章中认为，作品是否成功决定了作品的重要性："奥威尔想突破当时的噪音和哗众取宠，尤其是当时的政府宣传，他选择了用最极端的修辞形式作工具。《一九八四》的成功验证了他的选择的智慧。"[15]

然而，在1996年夏天，奥威尔的名声经历了一个完全不同形式的审查，不同于1984年其作品所经历的针对其作品的诠释之争的审查。根据《政务公开法案》（Open Government Act），英国公共档案馆披露，乔治·奥威尔曾向英国外交部的一个名为情报研究处（the Information Research Department，IRD）的秘密单位，提供了35位"秘密共产党人和共党同路人"的名字。[16]虽然外交部认为，这些名字属于"国家安全问题"，但这一信息的披露使人们展开了对于奥威尔作为作家和知识分子身份的新讨论：他是他们的同谋吗？他是不是与外交部合作？他提供给外交部秘密机构的名字是不是黑名单？如果他本意不是如此，那么情报研究处有没有将它作为黑名单使用？如果是的话，它是如何作为黑名单而发挥作用的？如果不是的话，它到底发挥了怎样的作用？奥威尔曾劝告"一个作家与国家打交道越少，就越是对他和他的作品有好处"，那么，既然他自己都没有坚持这一忠告，这句话还有什么意义？[17]

关于政府披露的讨论是如此具有一维性，以至于它具有像看一场长时间的网球比赛一样的效果。在《独立》（Independent）中，托尼·本恩（Tony Benn）写道，奥威尔已经"屈服了"。[18]在《标准晚报》中，杰拉尔德·考夫曼（Gerald Kaufman）也提出："事实证明，奥威尔自己也在围攻那些没有附和他自己想法的人。"[19]历史学家克里斯托弗·希尔（Christopher Hill）指控奥威尔是"两面派"而且"值得怀疑"。[20]也有人为奥威尔辩护，认为奥威尔既没有背叛清单上的名字，也没有披露未被公开的信息。[21]彼得·戴维森（Peter Davison）认为，"奥威尔只是太清楚知识分子中的一些人对他所深爱的国家和人民的威胁。"[22]伯纳德·克里克（Bernard Crick）将奥威尔与政府的合作置于当代政治的角度加以考虑，用恐怖主义的政治策略重铸"共产主义"威胁，他写道："这与时下有责任感的公民将他们发现的有关可能是爱尔兰共和军爆炸者的信息传递给反恐小队没有什么不同。"[23]克里斯托弗·希钦斯（Christopher Hitchens）淡化

第二章 奥威尔与文学的全球化

争议而坚持认为奥威尔最多"拒绝了工作机会,为对抗莫斯科而工作,拒绝成为亲莫斯科的同路人"。[24]笔者认为这一说法是正确的。

然而为什么这一事实花了半个世纪才浮出表面,却几乎没有人去质疑。事实上,人们的反应在某些方面与同一时间出现的更严重的指控相似——与奥威尔同时代的意大利作家伊格纳齐奥·斯隆曾有数年的时间担任墨索里尼警方的线人。1996年,莫罗·康纳利(Mauro Canali)与达里奥·比奥卡(Dario Biocca)两位历史学家给出了看似无可辩驳的证据,证明斯隆作为意大利共产党在1921年成立时的几位创始人之一,曾经于1920年至1930年代初担任意大利警方的线人,甚至在他成为战后反斯大林的左派重要人物以及《面包和红酒》(Bread and Wine)的作者之前一直都是。[25]他们依据的是警方公布的资料。但令人好奇的是,警方选择在1996年斯隆奖公布之前的几天公开了这些资料,康纳利将斯隆描绘成一位懊悔而忧郁的墨索里尼警方的线人。[26]

在英国媒体关于奥威尔与斯隆的活动的所有争论中,有趣的是很少有人批判性地讨论关于那些信息之前已被加以保密的条件、程序、机制以及环境。与此距离最近的是康纳利与一位斯隆的辩护者的争论,康纳利辩称,他援引文件的重要性不在于它们所证明的斯隆的意图和动机,而是"这些文件存在本身"。[27]然而,没有人质疑为什么关于斯隆和奥威尔的这些资料的披露花了这么长时间。为什么这些"秘密"属于机密,国家隐瞒其过去与作家之间的隶属关系的目的是什么,尤其是如果斯隆创作的《面包和红酒》似乎源于他对背叛了自己那位意大利共产党员的弟弟的痛苦?当按照这些思路探本溯源的时候,需要说明的是,笔者并不认为《一九八四》这样的作品可以简单地归结为公众作家与政府或其机构之间的隶属关系,

帝国权威的档案

也并非试图根据这些披露信息重新评估这些文学与文化作品的价值。笔者想说的是，无论他们作为反抗式知识分子的角色是否受到质疑，那些仍然积极操纵着可能仍然被保密的历史档案的力量依然活跃在我们的文化与社会中。这些权力至今仍在很大程度上限制了我们的调查、探究以及批判方面的工作。

关于这一点，最好的证据是 2001 年 9 月 11 日的悲剧袭击之后，面对政府罔顾法律的行为，《一九八四》如何获得了一个新的合价。《一九八四》中描写的压迫与布什政府的反恐战争中的压迫成分在许多方面是类似的。[28] 违反《宪法》所捍卫的权利，违反国际法的侵害行为，违反《联合国禁止酷刑公约》而将"敌方战斗人员"秘密地"特别引渡"到其他国家，这些行为与《一九八四》中描写的行为的发展趋势是一致的。美国在关塔那摩、阿布格莱布以及巴格拉姆空军基地的监狱关押"敌方战斗人员"，认为这些人员是不享有人身保护权利的，这种蔑视日内瓦公约的行为，用保罗·克鲁格曼（Paul Krugman）的话说，是"非常奥威尔式的。但是，当奥威尔描述'一个噩梦的世界，在那样的世界中领导人或者一些统治集团不仅控制未来，也控制着过去'，那时奥威尔心里的原型是极权国家。谁能想到历史的未来会证明，那样的事情也可以很容易地在一个拥有新闻自由的民主国家重写呢？"玛格丽特·阿特伍德（Margaret Atwood）2003 年在《卫报》（*Guardian*）上写道，她能想象《一九八四》中所描绘的恐怖场景可能发生在"任何地方"。[29]

那么，我们需要一部写于 1948 年那个极为不同的环境下的小说来为我们提供一种关于当今的充分批判性的思考吗？一部像《一九八四》这样的小说，它是人类想象力的产物，不仅构建了我们的立场也构建了我们现在的参照系，我们怎么已经到了这样一个历史时刻？为何《一九八四》自身会被当作对社会的批判，以代替对现实的一种实际的批判性的思考——这种思考不需要依赖一部小说以证明其权威性吧？何种正在做的与"已经做了的"文化工作使得《一九八四》能够用作政治类比，将虚构作品中的一个想象的社会与一个真实的、有其自身复杂性的社会进行类比？《一九八四》的这种物化使我们已经无法用其他的方式来描绘现在的整个社会进程吗？《一九八四》如何也已变得具有普遍性？如果我们理解了这部小说被一再翻译、重新翻译、改编成不同艺术形式以及被全球化的过程，将如何使我们能够超越文本去思考，从而更好地理解当"世界文学"成为"世界文化"的一部分的时候，文学的跨国化在文化层面的内涵呢？[30]这些问题需要我们对这些翻译实践的决定因素进行分析，思考这些特殊的"翻译区"是如何出现的。如果翻译区"适用于流散的语言社区、印刷和媒体的公共领域、治理性的和语言政策制定的机构、战区"，那么这些区域是如何成为某种特殊的文化活动场所的呢？如果像艾米莉·阿普特所言，"翻译区域定义了政治学、诗学、逻辑学、控制论、语言学、遗传学、媒体以及环境的认识论的空隙"，[31]这些区域掩盖了什么样的经济权力？关于构成语言交流场所的权力，这些区域又揭示了什么？这些沉默以何种方式成为语言交流领域可能性的条件？

共产主义地穴

几十年来，乔治·奥威尔的那本写了135名"秘密共产党员和共党同路人"的蓝色四开笔记本，冷冷清清地躺在伦敦乔治·奥威尔的档案中，只有少数获许查看这些资料的学者对此表示了一些兴趣。譬如伯纳德·克里克在其1980年出版的奥威尔传记中，只是简单地提到了这个名单。他写道,奥威尔担心"共产主义渗透……用笔记本记录了有嫌疑的人"。[32] 克里克说,名单上的许多人"很可能是共产党的地下或者前线成员,但有一些看起来似乎牵强,不太可能"。[33] 十年后,奥威尔的授权传记作者迈克尔·谢尔顿(Michael Shelden)推测,奥威尔是"持续在练习确定谁是真诚的而谁不是的"。那个笔记本"主要是为了满足(奥威尔)自己的好奇心",谢尔顿写道。[34]

笔记本上记录了 135 名奥威尔认为可能加入英国共产党(CPGB)或者同情苏联的人的名字。[35] 其中,他提到了诗人斯蒂芬·斯彭德,形容其为"感伤的(共产主义)同情者","非常不可靠","很容易受煽动"。[36] 他写道,萧伯纳"与共产党没有合作,但是在所有的主要问题上无疑是个亲俄分子。"[37] 历史学家 A. J. P. 泰勒(A. J. P. Taylor)是"反美的";伊萨克·多伊彻(Isaac Deutscher)是"同情者";理查德·克罗斯曼(Richard Crossman)"在政治上钻营","太不诚实,不会是一个彻底的同路人";J. B. 普里斯特利(J. B. Priestley)是"强烈的同情者","非常反美",而且奥威尔还提到,他"在苏联赚了大笔的钱"。[38] 苏格兰诗人休·麦克迪尔米德(Hugh MacDiarmid)"可能是可靠的亲俄分子","非常反英"。塞西尔·戴—刘易斯"不完全可靠",而爱尔兰剧作家肖恩·奥卡西(Sean O'Casey)是"非常愚蠢的"。[39]

奥威尔那本的记录了"秘密共产党员和共产党同路人"的笔记本代表了"共产主义"对英国文化身份的各种威胁的形式。他在笔记本上写道,历史学家伊萨克·多伊彻是"波兰的犹太人",《论坛报》的专栏作家伊恩·麦卡多(Ian Mikardo)是"愚蠢的",是"犹太人";作家塞德里克·多佛是"欧亚人";保罗·罗伯逊(Paul

Robeson)是"美国黑人"并且"极端反白人";柯尼·希力亚客士议员(Konni Zilliacus)是"芬兰人"、"犹太人";生物学家 J. D. 贝尔纳是"爱尔兰人";路易·亚当(Louis Adamic)是"南斯拉夫人","非常反英";蔚拉·迪恩(Vera Dean)是"俄罗斯人";法国知识分子埃马纽埃尔·穆尼埃(Emmanuel Mounier),小说《查理·贝玑的思想》(*La Pensée de Charles Péguy*)(1931)的作者,是"粘糊糊的"。[40]事实上,奥威尔曾经写信给他的朋友德怀特·麦克唐纳(Dwight Macdonald)说,他可以"闻到"秘密共产党员的味道。[41]肖恩·奥卡西、连姆·欧弗拉赫提(Liam O'Flaherty)以及休·麦克迪尔米德等爱尔兰和苏格兰作家都被奥威尔重铸和重塑成了共产主义的威胁。"我觉得我们应该更加注意我们的岛屿上那些小规模但是暴力的分裂运动,"奥威尔在1946年写道,"这些事可能看起来非常不重要,但是,毕竟,当希特勒加入纳粹党时,纳粹党只有6名成员。"[42]

从笔记本上的135个名字中,奥威尔选出了一个更小的35人的名单发给了情报研究处。[43]情报研究处由克莱门特·艾德礼(Clement Attlee)政府于1949年成立,作为英国外交部的一类文化分支部门,旨在"设计各种打击共产主义宣传的手段",情报研究处对于外交部而言是独特的,因为它的预算及其特别存在都是保密的,以防止其功能受到损害。[44]它的使命是设计和维护英国在国外的力量——沿着英国文化协会的路线。在1949年的一个讨论如何推进英国在世界各地的权威的备忘录中,英国外交大臣欧内斯特·贝文(Ernest Bevin)认为:"我们不能希望只通过贬低共产主义就能成功击退它。(我们必须)使基督教和民主的原则更具吸引力,想想基督教情感在欧洲的力量。我们必须推出一种与共产主义相对的意识形态。"[45]换句话

帝国权威的档案

说，面对冷战，英国需要重新调整，解决国家所面临的新威胁和危险。

尽管奥威尔可能不知道，他递交给情报研究处的名单将被他们用于任何需要的目的。实际上，这张名单不仅仅是为了政府招募作家从而有效地代表英国的海外利益；领导层针对苏联在东南亚影响的扩大，作出了政治和文化上的回应，这张名单也属于这种回应的一部分。[46] 名单被纳入了军情六处一位官员中校莱斯利·谢里登（Leslie Sheridan）的备忘录。在备忘录中，情报研究处的西莉亚·柯文（Celia Kirwan）记录了她与奥威尔就政府希望招募一批作家在海外宣传英国形象所进行的讨论。柯文称，情报研究处希望告诉公众苏联操纵了艺术。[47] 她说"奥威尔很高兴"得知外交部的谨慎努力。她写道："他表示了对于我们目标的全心而热情的赞成。"[48]

柯文与奥威尔讨论了情报研究处的国际工作，将通过出版书籍突出良好、善意而文明的英国存在及其在国外的主导地位。奥威尔推荐了他的前任、出版商维克多·戈兰茨（Victor Gollancz）。戈兰茨、哈罗德·拉斯基（Harold Laski）以及约翰·斯特雷奇（John Strachey）一起建立了左派图书俱乐部，并出版了奥威尔的《通往威根码头之路》（*The Road to Wigan Pier*）。他还鼓励柯文聘请几位作家，其中包括《曼彻斯特卫报》（*Manchester Guardian*）驻巴黎记者达西·吉利（Darsie Gillie）、英国遗传学家 C.D. 达林顿（C. D. Darlington）以及奥地利历史学家弗朗茨·博克瑞（Franz Borkenau），博克瑞像许多人一样，曾经前往西班牙描写西班牙内战的情形。[49] 奥威尔当时并没有重视那个名单。"这个名单并不令人震惊，我不认为它会告诉你的朋友们任何他们以前不知道的事情。而且，招募那些可能不可靠的人也不是个坏主意，"他在给柯文的信中

第二章　奥威尔与文学的全球化

说道。[50]

这张清单——直至 2003 年其内容仍然被英国外交部列为机密——包括了历史学家 E. H. 卡尔（E. H. Carr）、英国政治文化杂志《新政治家》（*New Statesman*）的金斯利·马丁（Kingsley Martin）、物理学家 P. M. S. 布莱克特（P. M. S. Blackett）、查理·卓别林（Charlie Chaplin）、人类学家 V. 戈登·柴尔德（V. Gordon Childe）、记者沃尔特·杜兰蒂（Walter Duranty）、议员汤姆·德赖伯格（Tom Driberg）、生物学家锡德里克·多佛（Cedric Dover）、《新闻纪事》报的斯特凡·利特尔（Stefan Litauer）和拉尔夫·帕克（Ralph Parker）、《观察》（*Observer*）的艾里斯·莫利（Iris Morley）、道德哲学教授约翰·麦克默里（John Macmurray）、诗人尼古拉斯·摩尔（Nicholas Moore）和休·麦克迪尔米德、小说家罗伯特·诺依曼（Robert Neumann）、特立尼达知识分子乔治·帕德莫尔（George Padmore）、出版商彼得·斯莫利特（Peter Smollett）、小说家 J. B. 普里斯特利、英国皇家海军司令埃德加·P. 杨（Edgar P. Young），还有其他 19 人。[51]这些名单被排成三列，每个人的信息都列在三个标题之下，分别是"名字"、"工作"、"评价"，奥威尔在给情报研究处的名单上所写的评价和他在笔记本里记录的一样。但是，在名单上他补充道，伊萨克·多伊彻已经成为托洛茨基分子，因为他"对犹太复国主义运动持同情的观点"。奥威尔认为，多伊彻可以很容易地再次改变他的立场。

文化与政治权威的威胁和恫吓，恰恰是那些仅仅被掩盖了而却在后来被揭露是一种掩盖了公开秘密的知识和权力，这一观点是秘密共产主义自身的原则和表达的核心。[52]按照这一逻辑，奥威尔的秘密共产主义的表现只需要重复并给予公众已知的关于各个作家的政府隶属关系一种规律性，从而为反共产主义话语提供持续而耐久的品质。譬如萧伯纳，奥威尔描述他"在所有主要问题上无疑是一个亲俄分子"。[53]萧伯纳对1931年7月在他的75岁生日之际访问俄罗斯毫不掩饰，而且就像许多受到十月革命启发的人一样，误将1917年的事件所造成的幻想当作现实。在描述苏联已经发挥了其乌托邦式的作用时，萧伯纳的语气没有一丝嘲讽，萧伯纳写道："俄罗斯已经确立并且正在建设的社会是一种费边社（Fabian society）。"[54]正是乌托邦能够被实现的希望使萧伯纳漫不经心地呼吁彻底消除几乎整个一群人类。"农民是不会去实现的，"萧伯纳说道，他认为斯大林的强迫集体化是一种"花园除草"。[55]也有些人的名字虽然出现在笔记本上，但却没有在奥威尔递交的名单上，他们曾公开为"莫斯科审判"的公正性进行辩护。在向费边社递交的关于格里戈里·季诺维也夫（Grigory Zinoviev）的审判报告中，D. N. 普里特（D. N. Pritt）写了一句没有证据的话，说他"很满意地看到被告受到了公正的司法判决"。[56]

虽然已经93岁的萧伯纳没有出现在奥威尔的最终名单上，但意识到了普里特和萧伯纳的盲目性的J. B. 普里斯特利并没有享受到不认可的特权。"萧伯纳认为他的朋友斯大林使一切都置于其控制之下"，普里斯特利谈及1939年斯大林决定与希特勒根据《莫洛托夫—里宾特洛甫条约》（又称《苏德互不侵犯条约》）结成联盟的时候写道。"斯大林可能已经对萧伯纳做了特殊安排，确保他不会受到伤害，但是我们这些在西欧的其他人对自己的命运就没那么有安全感，尤其是那些不像萧伯纳一样对独裁者有着奇怪仰慕的人，"普利斯特利在佛朗哥掌握西班牙政权后写道。[57]

无论如何，奥威尔名单的更广泛的意义是作为管理国外反殖民

第二章 奥威尔与文学的全球化

话语的全球战略的一个组成部分,尤其是针对反霸权的重要战略。一位名叫乔治·帕德莫尔(George Padmore)的知识分子在1934年因共产党拒绝支持民族解放运动而脱离共产党之后,引起了情报研究处和奥威尔的注意。帕德莫尔刊登在《社会主义亚洲》(*Socialist Asia*)上的散文曾经如此有效地批判了英国的殖民政策,以至于有一位官员称之为"彻底的进攻"。情报研究处发给仰光使馆的备忘录中,讨论了"削弱帕德莫尔地位"的方式,或者提出可以劝说《社会主义亚洲》不发表他的文章。[58] "我认为《亚洲社会主义》(原文如此)极不可能放弃帕德莫尔,"一位官员写道,"反殖民和推崇社会主义是他们的主要政纲。"位于仰光的英国驻缅甸大使馆十分担心帕德莫尔的影响力,以至于他们决定派遣劳动党总书记摩根·菲利普斯(Morgan Phillips)"去看是否能做些什么以削弱帕德莫尔的地位"。[59]

然而,奥威尔列在名单上的许多人并不是共产党员,其中几个人可能面临出境限制,因为奥威尔当时提供的名单引起了政府对他们的格外关注,也因此增加了相关信息的可信度。保罗·罗伯逊(Paul Robeson)一定不是共产党员,而且在他1953年表示愿意加入共产党队伍的时候,共产党断然拒绝了他的申请。[60] 尽管如此,英国内政部视他为一个"麻烦",并从1949年起,密切跟踪和监视他在整个英格兰的一举一动。[61] 三位作家——J. D. 贝尔纳(J. D. Bernal)、《经济学人》编辑 J. G. 克劳瑟(J. G. Crowther)和小说家路易斯·戈尔丁(Louis Golding)申请签证,[62] 准备参加一个月后于1949年5月25日在纽约市华尔道夫酒店举行的争取世界和平文化和科学大会,也遭到了当局的拒签。这些例子并不是要证明奥威尔的名单直接影响了名单上的人的生活,笔者想说的恰恰是:奥威尔的名单有助于扩大证据的文献范围、被关注的频率以及对于负面身份的强调，而这些使得没有某种社会认证就无法拥有某种特殊性也无法持有不同立场的实践得以持续。[63]

事实上，奥威尔的名单使得"秘密共产主义者"成为一个称号，几乎可以加之于任何对未来社会将如何组织和转变的观点与主流观点有分歧的左翼人士。然而，在奥威尔眼中，那些观点不同的人是没有自己观点的人。在奥威尔向情报研究处递交名单前的十年前，在他的"鲸内"（Inside the Whale）一文中，他将秘密共产主义者描述为充满奴性的人：

（英国共产党是）被那些在精神上屈从于俄国的人控制的，并没有真正的目标，除了操纵英国的外交政策与俄国的利益……那些发出更多声音的共产主义者实际上是摆出国际社会主义者姿态的一种俄罗斯宣传特工……（共产党的）长期成员实际上包含与俄罗斯的官僚作风保持一致的作为圈内人的知识分子，以及稍微大一点的对苏联忠诚而不必了解苏联政策的作为圈外人的工人阶级。[64]

奥威尔诋毁工人阶级缺乏独立思考的能力，这与他评价知识分子盲目追随苏联并无不同。后者——"发出更多声音的"——他后来称之为"鸭语"（duckspeak）（原文注——说的不是自己的想法；像鸭子一样嘎嘎叫），而前者注定是无声的、不能说话的人，他们是为了马克思主义而背叛了英国人作风的工人阶级。这种比喻在奥威尔的作品中并不罕见，我们可以在《上来透口气》（Coming Up for Air）、《保持叶兰繁茂》（Keep the Aspidistra Flying）、《一九八四》，以及《通往威根码头之路》中看到这样的比喻。然而，正如英国学

第二章 奥威尔与文学的全球化

者雷蒙德·威廉斯（Raymond Williams）指出的那样，奥威尔经常歪曲事实。在威根码头以及其他英格兰北部的工业城镇，"存在"体面的工人阶级家庭，其中一些人家奥威尔还住过，但是他在小说中没有提到，因为这会改变文本的效果。他有意夸大马克思主义和英国共产党（CPGB）在 W. H. 奥登和斯彭德的作品和文章中被宣扬的程度。

实际上，英国共产党绝不仅仅只是莫斯科的附庸，有许多其他的信息值得我们去了解。英国共产党与欧洲大陆各国的共产党的区别在于，英国共产党缺乏坚固性、统一性以及纪律性。[65]事实上，比起英国共产党所宣扬的社会主义，它更是另外一种政治选择。它不是一个革命党，但它确实代表一个特定的工人和中产阶级知识分子的集团，他们比工党更偏左，经常与工党在选票上做出一样的选择。与欧洲大陆的共产党相比，英国共产党的形成相对较晚，而且工人阶级一直没有形成足够的威胁，更没有产生英国研究工人阶级自身的社会学，直至 1963 年 E. P. 汤普森（E. P. Thompson）出版了《英国工人阶级的形成》（*The Making of the English Working Class*）。在 1960 年代之前，英国从来没有真正地拥有马克思主义的或者社会学的传统，这与意大利、法国和德国不同。英国既没有出现格奥尔格·卢卡奇（György Lukács），也没有出现安东尼奥·葛兰西（Antonio Gramsci）、马克斯·韦伯（Max Weber）、维尔弗雷多·帕雷托（Vilfredo Pareto）或者爱米尔·涂尔干（émile Durkheim）。相反，英国出现的是 I. A. 理查兹（I. A. Richards）、C. K. 奥格登（C. K. Ogden）以及像 A. C. 布拉德利（A. C. Bradley）一样的黑格尔主义者。马克思主义的思想先驱从来没有在英国出现，而且除了克里斯托弗·考德威尔（Christopher Caudwell）和克里斯托弗·希尔之外，几乎没有什么马克思主义作家。相反，英国有未来主义：温德姆·刘易斯（Wyndham Lewis）。而且它有各种各样的知识分子：T. E. 休姆（T. E. Hulme）、约翰·梅纳德·凯恩斯（John Maynard Keynes）、T. S. 艾略特、伯特兰·罗素（Bertrand Russell），当然还有乔治·奥威尔。如果说英国有社会主义话语的话，也主要是特有的偏向历史的社会主义：即费边主义，不是马克思主义。伯克（Burke）、密尔（Mill）、边沁（Bentham）以及阿诺德（Arnold）对英国文化和政治的影响要比马克思和恩格斯大得多。在英国，"社会主义理论就是一群自称'马克思主义者'的人的著作的集合，虽然每个人都对马克思主义有自己的理解，"莱谢克·柯拉柯夫斯基（Leszek Kołakowski）如此评价说。[66]在这一方面，佩里·安德森（Perry Anderson）认为，英格兰缺乏一个能够提出极权社会观的社会学传统。[67]事实上，即使是在1930年代，主导那一代激进诗人的观念并不是由极权社会观定义的，而是由一股自由主义的暗流以及一"整套外部政治观点"来定义的。[68]"英国文化因此呈现为一种缺乏中心的特征，"安德森写道。

"共产主义威胁"

无论以什么逻辑使之能够归因于秘密共产主义，这个名单的意义和作用在于，它再现了奥威尔的作品与政府之间的关系。《一九八四》与《动物庄园》被英国和美国政府翻译、出版以及传播，这两本书的传播方式反映了战后文化与帝国权力从英国向美国的转移。这种转移需要话语的转变，对殖民主义的抵抗转变为各种各样的"共产主义"的威胁和恫吓，形成了 E. P. 汤普森所说的"北约体制世界"。[69]一种以颠覆、叛乱和革命为代码的语言被视为全球共产主义威胁的一部分。这种话语是新兴英美帝国主义的一个关键要素,它依据的是抽象的、意识形态的威胁,这个标签可以贴到任何挑战他们优势地位的事物上,正如同它可以被用来确立对于那些没有形成挑战的事物的权力一样。[70]这种新文明使命背后的力量不再依赖于那种经典帝国主义的种族优越感的语调;相反,它的对立面被描述为一种集体的政治身份,用乔治·凯南的话说,共产主义就像"恶性寄生虫一样,它只靠生了病的肌肉组织来养活自己"。[71]

在马来半岛,英国打了一场 12 年的殖民战争(1948—1960年),动员性的和扭曲的英国修辞力量编造了反共的语汇,使得殖民政权变得合理甚至合法,从而维护其对于那些为解放——或者至少是独立而斗争的殖民地人民的权威。与美国遏制共产主义的战略相一致,英国通过将从前殖民地人民描述为威胁帝国秩序的共产主义,而继续行使其权力。譬如在伊朗,英国政府推测,如果给摩萨台贴上威胁英美主导地位的新兴共产主义者的标签,美国将愿意支持推翻穆罕默德·摩萨台(Mohammad Mossadegh)。"如果美国人将这个问题视为遏制共产主义的努力而不是恢复……(英国—伊朗石油公司〔Anglo-Iranian Oil Company〕)的地位,美国人更有可能与我们合作,"一位英国官员写道。[72]情报研究处将反殖民主义运动与民族解放运动混为一谈,给它们都贴上了"共产主义"的标签。根据情报研究处的亚当·沃森(Adam Watson)的说法,英国不得不发明出另一种威胁以与战后地位日益提升的美国的目标保持一致。"妄称马来亚的问题不是由共产主义造成的而只是当地土匪带来的麻烦,这似乎相当危险,"沃森继续写道:

> 当英国需要大规模军事行动来镇压的仅仅是内部动乱的时候,

帝国权威的档案

这会在某种程度上归咎于糟糕的政府。在殖民地尤其如此;相反,要得到美国公众的同情与支持,他们认为只有与著名的国际共产主义威胁进行的斗争才值得称赞,否则我们将仅仅被视为应对叛乱的一个糟糕的殖民政权。[73]

以前被称为反抗英国殖民统治的叛乱行为,现在被重新描述为国际共产主义威胁。希腊对于这种共产主义威胁予以明确认定的事实只是再次确证了,共产主义与西方世界之间的较量也展现为一种为了恢复作为西方再造自身的基础的努力。[74]再者,反共的话语成为"非殖民化"的逻辑与修辞的一种替代,在政府官员之间所使用的语言或者被更广泛使用的术语——权力转移("devolution")——描述了一个持续排除殖民地机构的过程,更好地将他们描写成对他们自身为了民族自决而进行斗争的消极观察者。至少可以说"权力转移"的话语是扭曲的;在其历史意义上,这个词语可以表示"(英国)向之前的臣属国家和人民让渡权力"。[75]亨利·科克拉姆(Henry Cockeram)在《英语词典》或者《英语难词解析》(*The English Dictionarie; or, An Interpreter of Hard English Words*)(1623年)中第一次给出了定义:"devolution"表示"倒下"。该词语然后被地质学用以描述由于自然原因导致的土地的缺失("deterration")(或者消失)。后来,这个词语又发展出了法律含义,包含了英格兰对爱尔兰、苏格兰和威尔士的统治向间接统治转变的意思。[76]然而,"权力转移"掩盖了非殖民化进程,这个进程一方面标志着殖民领土的丧失,也暗示着殖民地臣民不过是权力转移的产物而并不具备真正能够反抗的力量,那么,认为独立是人的自发的要摧毁殖民世界而重建后殖民国家的愿望的观点就没有说服力了。

第二章 奥威尔与文学的全球化

不自觉地隐含在权力转移词源中的是一种形式与方式完全不同的力量：革命（"revolution"）。现在革命这一词语的意思与它在法国大革命年代的意义不尽相同。相反，在1917年10月布尔什维克革命的集体记忆的语境中，革命更紧密地与解放的话语联系在一起。虽然权力转移的话语使得英帝国仍然可以保留它作为一个帝国身份的密度和质量，但革命却标志着对全球秩序的新威胁的出现。菲律宾外交官卡洛斯·罗慕洛（Carlos Romulo）在1955年的万隆会议上就表达了这样的恐惧："昔日的帝国成员，曾被说成是太阳永远不落的，却正在一个接着一个地离去……我们现在担心的是新的共产主义帝国，我们知道在这个帝国太阳从来不会升起。"[77]英国的战略是避免让人以为反抗殖民统治是一场寻求独立并被解放思想推动的全民运动。正如维克多·基尔南（Victor Kiernan）所写的那样，"反共"成为战后新的"文明使命"；它是"替代……（一个）更早的帝国主义"。[78]

虽然英国借助共产主义威胁重新调整了殖民话语的模式，以便与新兴的美国战后霸权形势保持协调，但认为共产主义构成了对这些战后联盟威胁的想法却是基于一系列毫无实据的假设之上的。除了苏联于1948年吞并阿塞拜疆之外，事实上，没有历史的或者实际的资料可以被援引来证明苏联对美国或者英国的国外权力构成了一种真正的威胁。共产国际在1943年已经解散；斯大林并没有在希腊内战中支持共产党人；美国操纵1948年的意大利议会选举没有遭遇任何抵抗；1939年以后苏联也没有抵制西班牙的佛朗哥；而作为两个革命例外的南斯拉夫和希腊，都不是苏联干扰或者干预的产物。[79]换句话说，斯大林主义更多的是在苏联与东欧巩固权力而不是目标东欧以外地区的扩张主义政策。[80]

帝国权威的档案

然而，乔治·凯南在"长电报"中所表达的通篇观点则完全不同。他认为苏联在历史上被认为有着"一种和平的农业民族试图与强悍的游牧民族毗邻生活在辽阔平原上而产生的不安全感"。凯南认为，正是与俄罗斯接壤的诸如伊朗和阿富汗等伊斯兰国家，使得俄罗斯人具有冲突和对抗的民族个性。凯南认为，莫斯科的"政治个性"变得"神经质"，恐惧一切外国事物。苏联领导人不会和解，也不会被"盎格鲁—撒克逊的任何妥协传统而改变"。[81]对于共产主义的这种理解在空间和形象上重构了战后西方的政治与文化身份。

将反殖民主义威胁转换为假设的共产主义威胁，由英国外交部情报研究处作为主要机构负责其进程；而情报研究处特别关注的——也是他们寻求奥威尔帮助的原因之一——是对苏联在东南亚活动的洞察。[82]一份概述"共产主义……在东南亚的战略"的报告认为，"过去一年（1949年）中国共产党人向南快速推进，极大地增加了对于东南亚的直接威胁。"[83]该报告继续写道："东南亚呈现为而且……仍然呈现为一个具有潜在革命形势的典型：政治错位"（着重号为作者强调）。报告认为苏联领导人无法区分国际共产主义的利益和苏联的利益。它还列举了在马来亚、缅甸、印尼和菲律宾的工会运动中的共产主义渗透。

部分制造这些共产主义威胁的过程，意味着指向并且因此构成那些假定威胁的文本需要得到传播。[84]利用诸如牛津大学出版社、[85]企鹅出版社、艾伦·莱恩出版社以及弗里德里克·沃伯格[86]等出版社的授权，情报研究处与英国文化协会积极推广宣传像伯特兰·罗素这样的知识分子，罗素的《为什么共产主义必定失败》（*Why Communism Must Fail*）是情报研究处与英国文化协会为在国外确立英国实力与权威所作努力的核心。同样借助这些著名出版社的授权，这两个组织还宣传了曾经编辑过《败北之神》(*The God that Failed*)的英国工党议员理查德·克罗斯曼的文章;《信仰、理性和文明》(*Faith, Reason, and Civilization*)的作者哈罗德·拉斯基(Harold Laski);以及《斯大林与德国共产主义》(*Stalin and German Communism*)的作者露丝·菲舍尔(Ruth Fischer)。[87]

权威翻译

奥威尔与英国外交部之间的活动,确立了后来成为他的《动物庄园》与《一九八四》等作品与政府之间的一种持久关系。[88]例如,在伊朗,英国外交部中央信息办公室聘请德黑兰杂志《聆听》(*Hoor*)的编辑阿里·加瓦卡姆(Ali Javaherkalam),将奥威尔的《动物庄园》翻译成波斯语(Enqelab Hayvanat,《动物大革命》)并出版。在印度,由加纳曼西·罗摩克里希纳(Janamanci Ramakrishna)将小说翻译成泰卢固语的《动物农场:一个童话故事》(*Animal Farm, Pasitvuladivanam: Hkalpitmamaina Peddakatha*)。在印度喀拉拉邦,英国外交部还出版发行了由皮·罗西(Pi Rosi)翻译的马拉雅拉姆语版本的《动物庄园》(*Animal pham: Oru palankatha*)。[89]在雅典,英国外交部出版了《动物庄园》的希腊语译本;在印度支那,出版了越南语译本;在印度尼西亚的万隆,《动物庄园》以《国家动物》(*Negara Binatang*)的书名出版。[90]

1949年4月4日,英国位于开罗的驻埃及大使馆信息部的欧内斯特·梅恩(Ernest Main),给当时英国情报研究处主任拉尔夫·穆雷(Ralph Murray)写信,称使馆工作人员"对于将《动物庄园》翻译为阿拉伯语的想法十分热心"。[91]使馆信息部参赞罗德威克·帕克斯(Rodwick Parkes)进一步阐述了穆雷的话:"大家普遍认同,

帝国权威的档案

（《动物庄园》）将在中东产生出色的宣传价值以及广泛的大众吸引力。"[92]在"美国信息交换"（the United States Information Exchange）的帮助下，情报研究处确定了一名译者——阿拉伯通讯报社在开罗的编辑阿巴斯·哈菲兹（Abbas Hafez），他曾经将温斯顿·丘吉尔（Winston Churchill）的演说以及《战争回忆录》（War Memoirs）翻译成阿拉伯语。[93]译著由阿尔马利夫（Al Maaref）出版社出版，这家出版社是埃及的一家主要出版商，它可以使书籍在整个中东地区得以发行——贝鲁特、巴格达、喀土穆、麦加、巴林、亚丁以及整个北非地区。书中的插图由一位年轻的亚美尼亚艺术家绘制，整个阿拉伯语译本"没有引用任何英国外交部信息部或者美国信息交换的信息"。[94]

如果说奥威尔作品的传播再次记录了美国与英国有条不紊同时也辛辛苦苦地在"第三世界"——这本身就是一个冷战概念——建构权威的过程的话，[95]两国政府为此都将奥威尔的作品进行了改编和重写以符合当地的文化环境。"如果有一个善于写故事的人，应该可以想到（《动物庄园》）可以成为一部非常有效的宣传作品，可以深入到农村民众的层面"，一位官员对《动物庄园》的一个卡通版本如此写道。[96]英国在马来亚进行了战后最长久的斗争，试图出版一个不那么"英国"的《动物庄园》版本。在埃及，英国权力也面临着日益严峻的、针对法鲁克国王的反殖民挑战，情报研究处认为《动物庄园》与当地情况特别"相关"。欧内斯特·梅恩把讲阿拉伯语的人都简单视为穆斯林，他向拉尔夫·穆雷报告说，翻译《动物庄园》"对于阿拉伯世界特别好，因为在穆斯林看来，猪和狗都是不洁的动物"。[97]情报研究处对小说进行了修改，将原来以体现苏联共产主义与西方资本主义为重点进行了调整，给小说配了插图，将拿破仑

第二章 奥威尔与文学的全球化

描画成一个英国人,因而将反共产主义与反殖民主义混为一谈。[98]

此外,在《动物庄园》的传播中,情报研究处还安排并且资助了小说的连环画的制作与发行,连环画共有 90 幅画面,每天以多种语言在多个国家的报纸上刊登,连载时间超过了三个月。情报研究处购买了在婆罗洲和马来亚出版的版权,并且在新德里、仰光、厄立特里亚、曼谷、胡志明市、加拉加斯、利马、墨西哥城、卡拉奇、安卡拉、塞浦路斯、波哥大、雷克雅未克、里约热内卢、新加坡、科伦坡、锡兰、班加西和蒙得维的亚出版了连环画的各种翻译版本。[99]在新加坡的英国外交机构对"该项目相当感兴趣",将这些连环画翻译成中文、越南语、马来语和法语,在整个东南亚地区发行。[100]在墨西哥城,这些连环画在《新闻报》(*La Prensa*)上连载;在新德里,连环画在《印度时报》(*Times of India*)上连载;在缅甸,在《国家》(*Nation*)和《缅甸报》(*Bamakkhit*)上连载;在科伦坡,连环漫画被译成泰米尔语和锡兰语。[101]

虽然各种改编版本中所隐藏的含义无法事先决定,而且在不同的文化语境中会产生不同的效果,但是这些作品本身却使得官方机构可以通过新的方式发现某些事情。用当地语言翻译和发行了《动物庄园》之后,大使馆的员工会仔细翻阅当地报纸和杂志,确定那些对《动物庄园》的评价与官方的评价版本不同的作者。在安卡拉、曼谷、蒙得维的亚以及仰光,情报研究处要求使馆工作人员仔细检查"共产主义者的不满"针对作品的哪个部分以及产生于何种改编形式的作品,这样做不仅是为了发现可能的颠覆分子,也为了能发现共产主义分子。[102]

在一份备忘录中,当局表达了他们的关切,认为《动物庄园》未必能产生政府所希望的意识形态上的影响力,但是本书旨在构成

帝国权威的档案

反共产主义的殖民主题的意图，使得共产主义分子可以通过阅读当地关于这本书的评价文章而得以显现。虽然误读的可能性会导致其他作品的其他改编形式的产生，那些改编可能更符合也更贴近当地的和土著的文化符号，美国将奥威尔的作品视为控制和延伸其政治、经济影响力以及在较小程度上控制和延伸其文化权力的工具。二战后的日本，根据《波茨坦公告》的规定，自1946年至1952年，被美国军事占领，美国当局面临着日本活跃且不断增长的工人运动，截止1947年2月，工人运动对美国经济统治的新条款已经构成了一个强大的阻力。"加之1946年食品和就业危机的加剧，在韩国人和非日本人的带领下，工会组织了一个大规模的统一战线准备在1947年2月举行总罢工，"三好将夫（Masao Miyoshi）写道。[103] "虽然开展大罢工最初得到了驻日盟军总司令的同意，而它的结束也是因为驻日盟军总司令的武装干预，但这次大罢工却是日本最接近工人革命的一次运动。"[104]

为了更好地规范与遏制工人阶级运动的情绪，美国当局将《动物庄园》改编成一种日本流行的纸芝居（连环画剧，*kamishibai*），由33张大的、彩色的、类似卡通画的画板挂在一起，讲述一个减缩版的奥威尔的讽刺故事。在美国军方民间情报教育局的支持下，这些纸芝居在公司、工厂、政府机关以及40多个工会的总部陈列，这些机构中包括日立电气工人联盟、群马县教师工会、高崎全国铁路工人工会，等等，[105]尤其是在重建的工厂，这些纸芝居旨在通过为日本和韩国工人呈现一个经过重大修改和缩编的奥威尔的寓言故事，从而控制工人运动。猪代表着比人类高级的物种。"我们被低级动物困扰着，就像你们人类为劳动问题而斗争一样，"拿破仑宣布说。[106]

这个版本的寓言产生的影响是，它将工人非人化为动物了。为

第二章　奥威尔与文学的全球化

了管理与控制日本工人阶级的文化,美国从未停止过冒犯和创造反抗的条件。在一份题为"关于展示《动物庄园》的反应"报告中,一位官员写道,"该剧的主题以动物的语言得到了表达,从工人的角度看,这是非常令人不愉快的,因为羊、马、猪等动物在剧中代表了工人。难以理解为什么处理劳动关系的官员会展现这样的画面……(一些工人)认为,这意味着(他们)必须摆脱那些老板。"[107] 如同一位历史学家所写的那样,美国在占领期间所做的许多事情,反映了它相信一种"旧的战前的反共产主义的独裁主义"。[108]

美国与英国在全球的出版运动,建构并且进一步巩固了奥威尔的作品与政府之间的关系。正如情报研究处的亚当·沃森(Adam Watson)所说,奥威尔运动是保持奥威尔"在人们视野中"的手段。1949年夏天,奥威尔因为肺结核而身体虚弱,但他依然用自己残存的体力与英国情报研究处和美国政府安排其他类似的协议和项目。他与情报研究处就将《动物庄园》翻译成俄文以及其他包括《一九八四》在内的议题进行了沟通,1949年6月《一九八四》已经出版并广受好评。8月,他整理了一份《动物庄园》的翻译清单递交给情报研究处,以帮助情报研究处对他的新近作品也组织类似的翻译和出版工作。"我附上了《动物庄园》泰卢固语译本的三本书,"奥威尔在写给他的代理人伦纳德·摩尔(Leonard Moore)的信中说,这封信是关于情报研究处计划对《一九八四》组织类似翻译工作的。[109] 尽管奥威尔1950年1月死于肺结核,但他发起并且大力支持的活动在他死后的相当长时间里仍然继续发展并不断扩大,这也是因为得到了他的遗产许可。

在英国文学史上,很少有像《动物庄园》这样的书以如此多的语言得到如此迅速的扩散。截止1955年,英国政府已经购买了中文、丹麦语、荷兰语、法语、德语、芬兰语、希伯来语、意大利语、日语、印尼语、拉脱维亚语、挪威语、波兰语、葡萄牙语、西班牙语以及瑞典语的翻译版权。英国政府也获得了缅甸语的版权,并且通过香港的东方出版公司,安排出版了一本图文并茂的中文版。[110]在奥威尔去世之前,他肯定知道《动物庄园》可能用于的可疑的政治用途。1946年,位于里斯本的葡萄牙出版商佛朗西斯科·佛朗哥大众书局,出版了《动物庄园》的翻译版本,译者是阿尔米兰特·阿尔贝托·阿普拉(Almirante Alberto Aprú),书名是《大获全胜的猪》(*O Porco Triunfante*)。[111]奥威尔怀疑这家出版商可能与佛朗哥政府有关联,因此他显然愿意监督这本书在萨拉萨尔当权的葡萄牙出版,而肯定不愿意在一家与他所斗争的政府有直接联系的出版社出版。"如果〔弗朗西斯科·佛朗哥大众书局〕与西班牙法西斯有任何联系,我不会考虑用这家出版社……"奥威尔在1945年11月9日给伦纳德·摩尔的信中写道。"如果这本书在这个国家出版,这是很可能发生的,这可能会给我带来很大的伤害。我当然知道葡萄牙本身是一个半法西斯政权,这个国家的书籍审查肯定是相当严格的,但如果被佛朗哥政权明确用于它的宣传目的的话,这就另当别论了。"[112]

一家荷兰报纸连载了《动物庄园》,这家报纸与一个反动右翼组织有政治关系。奥威尔写信给摩尔说:"至于荷兰出版的《动物庄园》,随信附上一封给出版商的相当严肃的警告信,你也许会用得到。我敢肯定,我不知道关于连载的安排,但是如果发生了什么不正常的事情,请尽量尝试去制止它。至于连载的报纸,它是'反动的',我不知道我们能做什么。显然,这种类型的书籍很容易被保守党人士、天主教徒等利用。"[113]

第二章 奥威尔与文学的全球化

无论如何，奥威尔最积极参与的是与英国和美国政府以及多个流亡机构一起做出各种具体的安排，谋求《动物庄园》在苏联的出版。奥威尔特别关注了伊霍尔·舍甫琴科（Ihor Ševčenko）翻译的《动物庄园》（*Kolhosp tvaryn*）乌克兰语版本，他非常关注这一版本的发行。奥威尔为乌克兰语版本写了重要的（也是唯一的）《动物庄园》前言，透露了他写这本小说的独特经历。然而，尽管序言作为描述这个寓言故事起源的重要资料被保存下来，但是舍甫琴科的译本从来没有到达奥威尔所期望传播的苏联。5000册乌克兰语的译本被位于慕尼黑的美国军事政府查获，在不知情的情况下移交给了俄罗斯遣返委员会（Russian Repatriation Commission）官员，当然，为此俄罗斯遣返委员会大力赞赏了美国军方的警觉。[114]尽管这次尝试失败了，但英国情报研究处仍鼓励奥威尔设法让《动物庄园》在苏联发行。"我正在尽力与外交部联系，看他们是否能够订购一些，"奥威尔在7月给摩尔写信，信中描述了他努力让情报研究处安排《动物庄园》的翻译、出版和发行的事宜。[115]似乎奥威尔与情报研究处和外交部的合作得到了回报。

1949年6月24日，信息研究处给《播种》（*Possev*）杂志发送了一份公报，《播种》是一家由苏联流亡者编辑和出版的杂志。《播种》的编辑之前曾提出，希望出版《动物庄园》的俄语翻译版本，翻译者是格列布·司徒卢威（Gleb Struve），加州大学伯克利分校的俄罗斯文学教授。《播种》的编辑弗拉基米尔·格拉巴克（Vladimir Gorachek）在给奥威尔的信中写道：

将《动物庄园》以图书的形式发表，并且通过我们在柏林、维也纳和其他苏联占领区的城镇传播，这应该是可取的。实践已经证明了，俄罗斯文学可以渗入到占领军中，然后通过他们进入苏联。请您相信，给您写这封信没有任何盈利目的，而是专门为了打击布尔什维克主义的事业，而您的书（《动物庄园》）在这方面非常出色。"[117]

情报研究处向奥威尔保证，他的书将刊登在《播种》上，情报研究处实际上支持了奥威尔与其他由政府资助的出版物之间的关系。7月18日，柯万写信给情报研究处的一位官员杰克·布里梅尔（Jack Brimmel）："如果《动物庄园》真的像《播种》说的那样能够在苏联传播，我肯定它会非常有效，人们会急切地追捧这本书。"[118] 情报研究处在给奥威尔的信中保证说，《播种》是"可靠的"。[119]政府随后安排了《动物庄园》通过各个机构进行传播的工作，其中最重要的是通过美国军队的传播。美国军方在德国杂志《月份》上连载了《动物庄园》。7月20日，奥威尔写信给摩尔说："我想到，美国军方杂志《月份》……可能是资助《动物庄园》俄罗斯语翻译的一种便捷方式。"[120] 8天之后，奥威尔收到英国外交部的消息，告诉他外交部将不会资助俄语版的翻译。奥威尔写信给摩尔说："我得到了FO（外交部，Foreign Office 的简写）的消息，它肯定不会资助《动物庄园》的俄语版……我们可以请他们帮忙传播《动物庄园》的俄语版，至少帮助我们印刷。你能安排让《月份》的梅尔文·拉斯基（Melvin Lasky）留一部分德国马克吗？如果我们想翻译俄语版的时候可以动用那笔钱。"[121] 9月21日，奥威尔直接给《月份》的编辑麦尔文·拉斯基写信："林堡的一份报纸《播种》最近在连载俄语版的《动物庄园》，现在正在印刷俄语版的书。我告诉摩尔，让他请你将需要的款项直接支付给《播种》的人。"[122]

第二章 奥威尔与文学的全球化

奥威尔与拉斯基和《月份》之间的从属关系，有助于他们与美国之间发展一种文化战略，尤其是与美国之音、美国新闻署、国务院以及美国中央情报局等机构和部门之间发展一种文化战略。[123]《月份》连载了《一九八四》的翻译版本，这后来成为一系列跨国杂志的模式，包括《邂逅》、《证据》、《当前时刻》以及其他许多杂志，而这些杂志都是由文化自由代表大会出版的。

《一九八四》在《月份》上的连载，推动了一种全新的跨大西洋文化形式的发展。1949年11月4日，西莉亚·柯万给美国之音总监查尔斯·塞耶（Charles Thayer）写信，信中说英国外交部正在将《一九八四》翻译成意大利语、法语、瑞典语、荷兰语、丹麦语、德语、西班牙语、挪威语、波兰语、乌克兰语、葡萄牙语、波斯语、泰卢固语、日语、希伯来语、孟加拉语以及古吉拉特语的过程中。[124] 除此之外，美国军方于1949年在韩国出版了《一九八四》的韩语版。在日本，在美国最高军事指挥部的监督下，由长岛圭佑翻译的《动物庄园》（*Dōbutso nōjō*）日语翻译版权的版税转给了英国大使馆。美国陆军上校E.C.小米勒给日本银行的负责人写信，要求"从盟军最高指挥部的托管账户的同盟国书籍翻译计划中，将14120日元转给英国联络使团在汇丰银行的帐户，并将这笔费用记到乔治·奥威尔的帐户下"。[125] 1951年，时任美国国务卿的迪安·艾奇逊（Dean Acheson）写道，像《动物庄园》和《一九八四》这样的作品"因其反共产主义的心理攻势而具有极大的价值"。[126]

这些跨大西洋协议和协调的结果是，《动物庄园》和《一九八四》的官方改编对于发展能够使美国在海外实施权力的新模式变得极其重要。特别项目办公室（Office of Special Projects, OSP）是美国中央情报局管理文化自由代表大会的部门，承担着发展后来被称

帝国权威的档案

为"心理战"的文化内容的任务，其目的是为了暴露"苏联罪恶的活动"。特别项目办公室最早的文化活动之一就是，在1955年参与奥威尔的《动物庄园》的长篇动画故事片的制作、改写和发行。这部动画片由路易斯·德·罗谢蒙特（Louis de Rochemont）担任制作人，作为好莱坞导演的他曾经导演过1930年代第一批纪录影片之一的《时代进行曲》（The March Of Time）。在官方圈子里，大家普遍认为奥威尔的讽刺作品在政治和文化上，都非常有利于推进冷战时期的文化目标。"编造一个包含了当地特色的脚本似乎并不困难，而当地特色可以提供另一种使人们意识到这部……非常有效的政治讽刺作品的手段，"情报信息处在给巴格达、雅加达、开罗、仰光、阿斯马拉和德黑兰的工作人员的信中如此写道。[127]该动画片由约翰·哈拉斯（John Halas）和乔伊·巴彻勒（Joy Batchelor）担任导演和动画制作人，哈拉斯是匈牙利人，巴彻勒毕业于伦敦艺术学院。虽然他们后来导演过几部流行的电视剧，比如《亚当斯家族》（The Addams Family）（1973年）、《独行侠》（The Lone Ranger）（1966年）、《奥斯蒙德兄弟》（The Osmond Brothers）（1972年）、《杰克逊五兄弟》（The Jackson Five）（1971年），以及一些石油公司的企业宣传片，包括埃索石油公司、荷兰皇家壳牌以及英国石油等，[128]在导演这部动画片之前，两位艺术家在二战时期就已经有了为英国中央新闻署导演多部影片的经验。二战期间，他们导演了一百多部电影，大部分都是动画纪录片，包括《果皮箱游行》（Dustbin Parade）（1941年），这是一部关于海军招募新兵的电影；《填补差距》（Filling the Gap）（1941年），该片的目的是为了刺激国内农业生产；《阿布的尖井》（Abu's Pointed Well）（1942年），这是一部战时宣传动画片，目标观众是埃及、巴勒斯坦、伊朗和伊拉克的民众。

第二章 奥威尔与文学的全球化

后来由中央情报局管理的特别项目办公室，在检查了哈拉斯—巴彻勒脚本的结尾之后，发现它"混乱"、"含糊不清"。在路易·德·罗谢蒙特的压力下，动画片修改了奥威尔批判的重点而将动物们刻画成了反抗斯大林镇压的形象。[129]德·罗谢蒙特接受了中央情报局的建议并于8月份安排了在中情局总部审看这部影片的活动。很快德·罗谢蒙特便给博登·梅斯（Borden Mace）发了电报，要求重新安排对结尾进行了大幅修改后的影片的上映日程。在修改了的结局中，庄园里的动物最终反抗了猪的统治。哈拉斯与巴彻勒的《动物庄园》（1955年）被作了修改，以符合冷战的意识形态和方法论的叙事结构。奥威尔作品的重点是批判资本主义以及集体生产方式，这在影片中被改成了专门强调共产主义镇压的残暴性。

英国与美国政府都希望开展一个全球性的活动，从而使影片得到最广泛的曝光。为了保证电影的曝光度，情报研究处打算"尽可能在最广泛的范围内放映这部电影"。[130]印尼、缅甸、暹罗、印度、锡兰、巴基斯坦和印度支那"都显示拥有观看奥威尔警示之作的理想观众"。[131]为了配合电影的传播，情报研究处在殖民地广泛传播《动物庄园》的连环画，情报研究处购买了在塞浦路斯、坦噶尼喀、肯尼亚、乌干达、南北罗得西亚、塞拉利昂、黄金海岸、尼日利亚、特立尼达、牙买加、斐济、英属圭亚那以及洪都拉斯的连环画的版权。[132]在美国，美国文化自由委员会作出了协调一致的努力，以确保《动物庄园》动画片能够拥有最广泛的观众，尤其是工人阶级中的观众。它向美国汽车工人联盟出售打折电影票，批判纽约巴黎剧院（New York's Paris Theatre）的管理层未能宣传电影的"反共产主义的信息"。索尔·斯坦（Sol Stein）写道："如果仅仅是出于对乔治·奥威尔的记忆，你难道不同意公众应该知道这是一部伟大的反极权主义的电影吗？在电影的推广中忽略这一因素，我们不太能理解，尤其是考虑到公众对于苏联极权主义威胁的关注，我们不知道是否存在何种特别原因导致认为奥威尔对我们敌人的激烈批判不应该被如此描述。"[133]美国文化自由委员会，其董事会成员包括丹尼尔·贝尔（Daniel Bell）、悉尼·胡克（Sidney Hook）以及德怀特·麦克唐纳，指定并安排在纽约各大报纸上发表社论以确保被改编的信息能保留下来。[134]

翻译与统治模式

奥威尔对情报研究处工作的参与以及与之进行的合作，帮助建立、复制甚至巩固了他们之间的关系，通过这种关系他的作品被翻译、改编，最重要的是在海外得以传播。在文学史上，从未有当代作品被如此迅速地翻译，并从根本上改变了帕斯卡尔·卡萨诺瓦在《文字的世界共和国》（*The World Republic of Letters*）中所谓的"世界文学空间"——一个文本的领地，该领地被机构、学员、奖项以及最重要的译者的社会与文化功能所包围，译者帮助将某些文本神圣化和权威化，并以牺牲另一些文本为代价。[135]在卡萨诺瓦看来，译者的作用就像负责进口和出口文本的外贸经纪人一样，这些文字的文学价值由交换的行为决定。[136]她写道，译者是"伟大的中介"，他们拥有"神圣化的巨大力量"。[137]

然而，《动物庄园》与《一九八四》的翻译与现代主义时期不同，属于一种不同的文学与文化生产的历史模式。二战之前，诸如瓦列里·拉博（Valery Larbaud）等译者所做的艰苦细致的工作，在1945年之后，被涌现和发展起来的愈来愈高效而迅速的全新翻译模式所补充。现在由政府机关、研究机构、基金会、媒体公司以及国

第二章 奥威尔与文学的全球化

际组织管理的文本再生和复制的手段不断变化,使得愈来愈有可能在文学史上第一次可以几乎同步地在遥远而偏僻的地方,以多种语言复制文本的机械备份。[138]

战后萨义德所谓的"新颖而且有效的表达模式"的发展,[139]因此沿着完全不同的路线占领并控制全球的公共空间。各国政府、国际机构、各种组织和基金会之间新的有组织和协作性的努力,不只是帝国结盟从英国转移到美国的过程的一部分,也导致了极大改变人文实践环境的一个过程,这个过程重构并改造了作家与公众之间的关系。文学史上一个全新的阶段确立了,诸如福克纳、奥威尔、米沃什、艾略特、加缪和斯隆等作家的国际知名度,由于他们文本的跨国传播和翻译而得到塑造。

然而,文本的传输不仅仅是关于作品被认为的或者试图要代表的价值观的。奥威尔的《一九八四》是否像它所期待的那样被接受,绝对不能成为衡量或者审视创造全球文学形象过程的标准。与此相反,对新的再生、翻印和复制手段之间关系的强调,能使我们理解冷战文化是如何被主宰、管理和控制的,同时也能使我们理解传播的力量如何在使帝国主义权力从英国转移到美国,并在没有实际或者物理存在的殖民的情况下继续控制领土、思想以及公共空间而发挥作用的。[140]譬如,经常被忽视的是沃尔特·本杰明(Walter Benjamin)的名言"所有文明的纪录无不同时也是野蛮的纪录"之后的那句话,即"野蛮也玷污了它从一个主人传播到另一个主人的方式"。[141]

如果只审视文本"内在的"、"本质的"或者"普世的"价值,那就贬低了维持这些价值的社会方式的巨大力量;无视文学的复制、传播和翻译的手段,就是在强化那些掩盖了文化自我繁殖以及复制

帝国权威的档案

关于文化自身以及其他文化的想法的过程的幻想。在《文化资本》（*Cultural Capital*）中，约翰·吉勒里（John Guillory）做了如下评价："如果典型作品不是全靠自己去再现文化的价值，那么这对于它们被认为是全靠自己再现了文化价值这一真实的社会过程很重要，甚至是不可分割的一部分。真正的社会过程再现的不是社会关系。这些关系包括了远远不止文本与读者之间一种关系。"[142]

文化传播的这些过程以及多种传播方式的发展，强化了一种认知体制，正是这一体制将《一九八四》注册在了极权主义与民主之间无休止的战争框架之内。一种认知的"变形"，"极权主义"——就像"伊斯兰"、"恐怖主义"或者"西方"一样——"每一种都拥有（自己的）辩论风格、一套话语以及令人不安的诸多传播机会"。[143]在冷战和非殖民化期间，新发展的传播技术繁殖了一套占据主导地位的社会关系，增强了自身应对正在发展的后殖民世界的解放运动挑战的能力。在这些新的全球格局的更广泛的语境中，研究这些特定类型的行为可以让我们了解一系列的力量，这些力量发挥的作用不仅为帝国权力从英国转移到美国提供条件，同时也在战后美国霸权的背景下为使世界文学的思想得以控制和管理提供机制。

第三章　跨国文学空间的战争

日不落的英国作家

英国的殖民统治与美帝国主义之间的差异大部分是结构性的。美国经常被描述成一个没有一个重要殖民地的帝国，而是通过暴力行使其战后的霸权——军事干预、政变以及对那些与美国利益相符或者没严重威胁美国力量在海外的传播的团体的秘密支持。[1] 与 1945 年之前的欧洲列强相比，美国从来没有完全依赖直接的殖民统治，虽然在这一点上有一些值得注意的例外的地方，譬如菲律宾、波多黎各、古巴、巴拿马以及多米尼加共和国。1941 年的《大西洋宪章》之后，帝国权力从英国向美国的转移导致了一系列新的战略和统治方式的发展，这极大地改变了公共作家与他们的读者交流的环境。随着新颖的以及更有效的传播模式的发展，作家的公共职能发生了变化，与此同时，帝国权力的新基础也导致帝国统治方式的转变。

发展的同时出现了新的控制和调解战略。1934 年英国文化协会的成立，正如道格拉斯·库姆斯（Douglas Coombs）在《传播全世界》（*Spreading the Word*）中所指出的那样，这与跨国出版产业的出现有关，为新兴的新殖民世界的大学和学校提供英国课本和英国作家的作品（T. S. 艾略特、弗吉尼亚·伍尔夫、约翰·高尔斯华绥〔John Galsworthy〕、约瑟夫·康拉德、威廉·巴特勒·耶茨〔William Butler Yeats〕以及萧伯纳），至少作为维持在 19 世纪得以巩固的机构和教育实践的一种方式。1935 年，英国外交部的一位官员 R. A. 利珀（R. A. Leeper）报告说，"英文图书馆的建立……可能是传播英语语言以及对英国生活和文化的更好理解的最好方式。"[2]

当时的英国文化协会主席是桂冠诗人约翰·梅斯菲尔德（John Masefield），协会的董事会扩展后包括了出版人斯坦利·昂温（Stanley Unwin），他帮助协会与英国各大出版商之间做出了一整套商业安排，以确保在整个殖民地和新兴的新殖民世界中达成翻译和版权协议。截止 1939 年，英国文化协会在开罗、亚历山大以及巴格达已经拥有大量资产，后来又在牙买加、尼日利亚以及整个拉丁美洲扩大其业务，至少确保英国文学和批评在国外的持续传播。"书籍选择委员会"包括《当代文学概述》（*Contemporary General Literature*）的作者、文学评论家艾弗·布朗（Ivor Brown），以及曾经撰写了大量关于英语语音和发音文章的语言学家丹尼尔·琼斯（Daniel Jones）。英国文化协会出版了关于一批在文化上占据主导地位的作家的简短介绍。举例说来，斯蒂芬·斯彭德的《1939 年以来的诗歌》总结了新签名运动；雷克斯·华纳（Rex Warner）重新激起了人们对 E. M. 福斯特（E. M. Forster）的兴趣；埃德蒙·布伦登（Edmund Blunden）写了一本关于约翰·济慈（John Keats）的小书；赫伯特·里德（Herbert Read）则写了一本关于拜伦的小书；约翰·莱曼（John Lehmann）也写了一本关于伊迪丝·西特韦尔（Edith Sitwell）的小书。约翰·海沃德（John Hayward）写了《1939 年以来的散文》（*Prose Literature since* 1939）。[3] 协会联合出版的作品，像伯纳德·刘易斯（Bernard Lewis）的《英国对阿拉伯研究的贡献》（*British Contributions to Arabic Studies*），[4]也是在日益增长的反殖民压力下巩固和维持英国实力的一种方式。[5]

英国文化协会重新划分了整个后殖民空间，通过派送作家或者书籍——或者，像 E. M. 福斯特那样，录制的作家的声音——到那些他们通常不会作为英国文学、文化、语言或者作家的代表去访问的地方，从而扩展并保持英国文化的势力范围。英国文化协会于1947 年在肯尼亚开设了办事处，1950 年在马拉维和斯里兰卡分别开设了办事处，1948 年在马来亚、巴基斯坦和印度分别开设了办事处。英国文化协会的图书馆系统在世界上是最广泛的。[6]截止 1956 年年底，英国文化协会在 57 个国家有 95 座图书馆，有大约 90 万册图书和 1 万种期刊。[7]协会的文化呈现有许多种形式：研究所、研究中心、图书馆、小册子、小说、诗歌、手册、杂志、指挥家和交响乐礼堂以及展览场所。在一次展览中，为了展示"英国剧院中的莎士比亚"，协会的声音部录制了 E. M. 福斯特的讲话，并在一座伊丽莎白剧院的大模型旁边播放——这一切都是为了确保英国文化在当时的东西巴基斯坦依然保有其价值；或者至少，确保英国为了在其不再直接控制的国家发挥权威而保留其必需的帝国身份。英国文化协会将作家送到国外一些不大可能去的地方，对此，像 V. S. 普里切特（V. S. Pritchett）就担心英国文化协会在大幅度地重新定义英国作家与这些作家即将占领的新跨国空间之间的关系。普里切特在《纽约时报》写道："除非英国知识分子乘坐一辆'文化巴士'，否则他们就不可能出国旅行。"T. S. 艾略表达了对协会与东欧计划经济体之间共性的担忧。"（文化）不能被规划，"他写道，"因为它也是我们所有计划的无意识的背景。"[9]

帝国权威的档案

作家基本上都被转变成代表和文化使者——对于作家本身而言并非一个微不足道的过程，无论他们如何有能力判断甚至抵制代表一个国家文化的整体这种行为所存在的固有的问题。国外的经验也建立了不同的思想结构以及参照世界的框架；也提供了新的半官方的空间。艾略特的权威由于他在英国广播公司"第三套节目"的83次无线电广播而得以巩固，[10]他担心这些文化安排会使作家受到来自政府的新压力。在《文人与欧洲的未来》中，他写道：

有些其他事情是文人需要定时去做的，这里是指监视：那些可能不时地在这里或那里紧急出现的事情。当文人的自由受到威胁时，这些都是在特定情况下出现的问题。我的脑海中出现的不仅是审查问题，无论是政治的、宗教的或者道德的审查；我的经验告诉我，当这些问题出现的时候必须面对。我想到的还有官方的鼓励和官方对艺术的赞助可能带来的危险；如果文人以自己的专业能力而成为国家公仆，那么这种危险就会出现。[11]

虽然在许多情况下将作家派作使者显然包含了一种文化与权力的交织，较为突出的一点是这些文化行为条件的转变属于文化传播方式的转变，在这种文化传播方式的转变中，文化可能会被动员、拥有和传播。有时候，这些文学探险和冒险让国外公众觉得完全莫名其妙。在对文化事业造成进一步的外交破坏之前，罗伯特·洛威尔（Robert Lowell）必须从拉丁美洲给召回来。福克纳，尽管他对文学有着像加夫列尔·加西亚·马尔克斯（Gabriel Garcia Marquez）那样的持久影响力，但无论如何他不适合文化外交。如同 R. P. 布莱克默所认为的那样：

第三章 跨国文学空间的战争

许多美国作家、教授、知识分子，在美国的支持下，在对外国人讲话时显然不知道自己在外国人中的名声，讲话时蔑视听众，同样对听众也一无所知，他们对自己的能力毫不关心，也傲慢地看待他人的能力，这些都导致了额外的耻辱。听到一个伟大的人歪曲他自己的事情是一件不舒服的事情，听到二流人士歪曲事实并否认自己应该承担的每一项责任是让人感到可耻的。我听说美国人让他们的十几个国家的观众失望，我也听说美国的赞助者们，虽然不总是这样，但是也常常说自己对演讲者所做的事情或者表示满意，或者毫无所知。我怀疑，我们的外国观众很快就会将这些不良品行视为腐朽美国的常态，一种单纯的智力的假公济私；而他们将是正确的。[12]

布莱克默想知道，他以新批评为主题的30分钟的广播与在日本长野开展的"与中立主义战斗"的工作有何关系。[13]然而，布莱克默在国外的经验也的确提供给他一个此后反思美国国内知识分子在战后的新功能的机会。在他的"地下墓穴的逻各斯"(The Logos in the Catacomb)一文中，他认识到他所参与的独特现象是一套更宏观的、结构化的活动的一部分，这套活动给美国知识分子设置了新型的限制。知识分子占领的地区和领域，包括大都市的传播模式以及巩固并重新安排中立主义和反共产主义话语的不同影响。政府的支持增强了一种普遍认识，即作家不必担心直接谈政治事物的问题，他或者她也不会因此在社会上受到制裁。布莱克默在广播电台里对日本长野的民众谈及关于新批评这一主题成为一种手段时，他写道，这一手段对"美国帝国身份的支撑"已经到了如此程度以至于人们可能以为"有些帝国……一直在衰落，那里的紧急情况或者救助被认为包括了新批评。"¹⁴如果布莱克默关于新批评的谈话有助于保持政治与艺术之间的分工，这一经验使得布莱克默能够表达一种尖锐的认识，即"逻各斯"已经"在墓穴里了"。

第二次世界大战以后，美国占据了以前英国和法国的位置，新帝国战略的发展在很大程度上被改变，以应对各种"共产主义"的威胁。大多数控制和管理方法的起初阶段，都是以批评家与诸如福特基金会和洛克菲勒基金会等各种组织的跨大西洋和跨国关系的形式发展的，正如琼·佛朗哥（Jean Franco）所写的那样，¹⁵后者在拉美发挥了极大的扰乱和颠覆作用，但也包括对文学、评论杂志以及一系列的帝国安排的资助，这明显地表现在了 C. K. 奥格登与 I. A. 理查兹发明的基本英语（"英美科学商业英语"，British American Scientific Commercial English）事例中，这是由不超过 800 个单词组成的一种英语辅助语言，以确保在非殖民化之后语言的差异不会构成贸易壁垒。

基金会——譬如洛克菲勒和福特基金会——很快就将不断变化的政治路线视为重塑人文科学并为之提供一个方向的机会。¹⁶1945年，洛克菲勒基金会人文分部的副主任约翰·马歇尔（John Marshall）在伦敦会见了 T. S. 艾略特，参与会见的还有 F. R. 利维斯（F. R. Leavis）和赫伯特·里德（Herbert Read），共同探讨了如何加强和维持英语文学的文献库。¹⁷1947 年，洛克菲勒资助了普林斯顿文学批评研讨会（后来以克里斯蒂安·高斯的名字命名为高斯讲座），正如罗伯特·菲茨杰拉德（Robert Fitzgerald）所言，它的目的是将"这些已经挑明的传统的子结构让美国纳入考量范围"。¹⁸在布莱克默组织的一系列讲座中，埃里希·奥尔巴赫、弗朗西斯·弗格森（Francis Fergusson）、雅克·马里丹（Jacques Maritain）、兰德尔·贾雷尔（Randall Jarrell）、赫伯特·里德，利奥·施皮策（Leo Spitzer）以及雷内·韦勒克（René Wellek）等学者讨论了曼的《浮士德博士》（Doctor Faustus）和但丁的《地狱》（Inferno），根据菲茨杰拉德的回忆，因为"世界的大环境似乎需要一定的中心、基础和约束"。[19]

为了调解这些战后的新情况，大量范围和传播都以跨国的杂志和期刊出现了。[20]这些杂志往往都由美国和英国政府暗中支持，以及由福特基金会和洛克菲勒基金会公开资助的，这些期刊都有一个超越本土和国家空间的焦点。美国中央情报局通过文化自由代表大会，出版了许多期刊，譬如拉丁美洲的《笔记》、伦敦的《邂逅》、巴黎的《证据》、贝鲁特的《对话》、东京的《自由》、柏林的《月份》、罗马的《当前时刻》、坎帕拉的《过渡》、悉尼的《象限》、孟买的《探索》以及马尼拉的《团结》（Solidarity）。[21]这些杂志明显不同于它们的前身——文学期刊像《法国小说评论》（Nouvelle Revue français）（巴黎）、《新评论》（Neue Rundschau）（柏林）、《标准》（Criterion）（伦敦）、《欧美评论》（Revista de Occidente）（马德里）以及《会议》（Il Convegno）（罗马）等等——它们的出现反映并强化了文化统治的强大结构。[22]实际上，这些塑造了私密的、个人的现代主义风格的小杂志背后的文化能量，截止二战结束时已经用尽了。甚至欧洲各国敌对行动爆发之前，艾略特的《标准》在1939年就已经停止印刷；约翰·莱曼的《新开本》（New Folio）只从1940年持续到1941年，而他的《新写作和日光》（New Writing and Daylight）从1942年持续到1946年。尤金·若拉（Eugene Jolas）前卫的《过渡》曾经发表了詹姆斯·乔伊斯（James Joyce）的《安娜·丽维雅·普拉贝尔》（Anna Livia Plurabelle），于1938年停止出版，直至

帝国权威的档案

1948 年才恢复，但是编辑换成了乔治斯·达苏伊特（Georges Duthuit），他曾出版了大量由塞缪尔·贝克特（Samuel Beckett）翻译的作品。英国的出版配额以及战时纸张配给使得其他许多杂志搁浅。二战中幸存的一个重要的出版物是西里尔·康诺利（Cyril Connolly）的《地平线》（*Horizon*），该杂志于 1949 年破产。《地平线》发表了奥威尔的《男孩周刊》（*Boys' Weeklies*），还有他的《莱佛士与布兰迪什小姐》（*Raffles and Miss Blandish*）。权力转移的一个信号是，1947 年版的《地平线》第一次只有来自美国作者的投稿：这些作者包括戴尔默·施瓦茨（Delmore Schwartz）、克莱门特·格林伯格（Clement Greenberg）、艾伦·泰特（Alan Tate）以及兰德尔·贾雷尔（Randall Jarrell）。然而，到了 1950 年代初，C. L. R. 詹姆斯（C. L. R. James）哀叹一个写作的特定历史阶段的结束。[23] 清除那些有着更多发行限制的出版物，当然导致思想的进一步标准化。[24] 在《哈德逊评论》（*Hudson Review*）上，杰弗里·瓦格纳（Geoffrey Wagner）描述了英国"期刊观众的扁平化"。[25] 当然，存在一些例外，但是这些例外存在的时间都不长。1950 年夏天，彼得·罗素（Peter Russell）编辑的《九》（*Nine*）刊登了庞德—艾略特关于《荒原》（*The Waste Land*）的通信。[26]《竞技场》（*Arena*）是英国最早的跨国杂志之一，诞生于 1949 年，但它在 1952 年停刊。《竞技场》的编辑是杰克·林赛（Jack Lindsay）和兰德尔·斯温格勒（Randall Swingler），这本杂志集中了包括巴勃罗·聂鲁达、阿尔伯特·加缪、E. P. 汤普森、特里斯坦·查拉（Tristan Tzara）、保罗·艾吕雅（Paul Éluard）、休·麦克德米德（Hugh MacDiarmid）以及路易·阿拉贡（Louis Aragon）等在内的作家。到了 1950 年代初，出版业的机会大幅收窄并将以全新的方式整合。"我们目前的期刊文学在过去一年中发生了某些重要的变化。《审查》（Scrutiny）已经不再出版；《伦敦杂志》（London Magazine）与《邂逅》开始出版，"雷蒙德·威廉斯于1954年在《文艺批评》（Essays in Criticism）杂志上如此写道。[27]

在1953年涌现的这些新的跨国杂志组合中，《邂逅》是最为重要的杂志之一——一家由文化自由代表大会创建和资助的位于伦敦的杂志。[28]由斯蒂芬·斯彭德与欧文·克里斯托尔联合担任主编，《邂逅》是文化自由代表大会的21本跨国杂志之一（其他杂志包括《月份》、《证据》、《当前时刻》等），这些杂志都由总部位于巴黎的文化自由代表大会在国际上几乎同步出版。[29]文化自由代表大会是由美国中央情报局依据国家安全委员会NSC—10命令建立的最为强大、最有组织性的冷战文化机构之一，文化自由代表大会动员《邂逅》以及它的其他机构背后的文学能量，以支配和控制被广泛认为是"自由"与"极权"之间无止境的全球竞争。[30]如果说美国将那些在冷战中不站在任何一边的知识分子视为对英美国优势地位构成的更为紧迫的挑战，那么，这些出版物则有助于改变人文实践的环境——一种冷战话语，其词汇表充满了它自己提供的隐喻和转喻、战斗话语以及思想风格，文化自由代表大会为它们的传播提供了许多机会，让它们可以在大会下属的任何杂志、社团、会议、俱乐部或机构得以传播。[31]尽管《邂逅》在伦敦出版，作曲家尼古拉·纳博科夫（Nicolas Nabokov）以及文化自由代表大会的秘书长将该杂志视为"主要针对远东地区，在那里中立主义是最强的力量"。[32]文化自由代表大会的理事迈克尔·乔塞尔森（Michael Josselson）是一名中情局特工，他大概是唯一的一个知道文化自由代表大会与中情局之间关系本质的人，他在给斯彭德的信中说，《邂逅》杂志的主要目的是解决所谓的"共产主义者与中立者的问题"。[33]代表文化自由代表大会印刷该杂志的出版商说:"《邂逅》在尝试做一项独特的工作,旨在维护西方文化以应对各种形式的极权主义。"[34]

作为最早的跨大西洋杂志之一——一位编辑在纽约而另一位在伦敦——《邂逅》糅合了布卢姆斯伯里的主观主义以及诸如玛丽·麦卡锡和蕾斯莉·费尔德等的纽约知识分子的反共产主义。然而,它的投稿者并没有聚焦于反共产主义这一主题,杂志也没有明显地将重点置于东欧自治的缺失或者苏联作者。《邂逅》很少发表美国作家的文章,以免被视为美国的喉舌,或者暴露中情局资助的资金来源。事实上,杂志更感兴趣的是约束文学话语,以及控制关于美国话题什么能谈而什么不能谈,并不那么注重对缺乏文化自由的地方的严肃批判。《邂逅》第一期出版于1953年10月,开头是一篇关于当年6月东德工人起义的文章,文章非常简短。随后的几页是对弗吉尼亚·伍尔夫日记的选摘,选择出版她的日记是为了暗示《邂逅》注重一种共享的且被继承的与布卢姆斯伯里团体相关联的传统。然而,这也是一个与截然不同的背叛和原子弹爆炸的战后现实奇怪地并列在一起的传统——蕾斯莉·费尔德在一篇关于朱利叶斯(Julius)与埃塞尔·罗森堡(Ethel Rosenberg)死刑的文章中认为,他们因为一个激进的同时他们并不代表的事业而受到尊崇。这期《邂逅》上,丹尼斯·德·鲁日蒙(Denis de Rougement)在"寻找印度"而且大概发现了它。还刊登了塞西尔·戴—刘易斯的诗《飞马》、阿尔维托·拉塞尔达(Alberto de Lacerda)的《湖》,以及伊迪丝·西特韦尔(Edith Sitwell)的两首诗。克里斯托弗·伊舍伍德的短篇小说《在一位领袖的头脑中》(In the Head of a Leader),描绘了共产主义知识分子欧内斯特·托勒(Ernst Toller)在1930年代的最初的热情,并最终以他在1930年代末的最终的去魅作结。这期

第三章 跨国文学空间的战争

《邂逅》还翻译并重印了阿尔伯特·加缪早期的一篇文章，这篇文章是关于一个阿尔及利亚小镇的，但对小镇的描写只是作为他阐述存在主义的背景。斯蒂芬·斯彭德写了一篇充满活力的文章，为美国英语的用词进行辩护。历史学家休·塞顿—沃森（Hugh Seton-Watson）评论了 K. M. 潘尼迦（K. M. Panikkar）的经典著作《亚洲与西方支配》（*Asia and Western Dominance*），文章认为民族主义是"一个西方概念"，亚洲人却直接将这个概念拿来使用。[35]这期《邂逅》没有提到美国的种族主义或者帝国主义，《邂逅》后来发表了关于某些主题的文章，譬如关于万隆会议的文章，是为了确保非洲和亚洲的民族解放运动与美国的民权运动之间的关系仍然保持模糊状态。正如玛丽·杜齐亚克（Mary Dudziak）在《冷战民权》（*Cold War Civil Rights*）中所强调的，种族等级划分与种族主义的结构，除了削弱共产党和工人党情报局（Cominform）对于美国扩张的批判之外没有做什么，尤其是当 W. E. B. 杜波依斯（W. E. B. DuBois）开始在联合国指控美国政府因为奴隶制度而犯有反人类罪之后。[36]

当某些作家的文章被允许在文化自由代表大会下属的一种刊物发表时，这是为了维持现有的态度和参照系结构。《邂逅》专注于"文学、艺术和时事主题"，在这本杂志上，以赛亚·伯林写了关于维萨里昂·格里戈里耶维奇·别林斯基（Vissarion Grigoryevich Belinsky）的文章，而不是关于季诺维也夫（Gregory Yevseevich Zinoviev）的文章。罗伯特·格雷夫斯（Robert Graves）在《邂逅》上发表了关于索尔·胡安娜·伊内斯·德拉克鲁斯（Sor Juana Inés de la Cruz）的文章。文化自由代表大会发表了 D. H. 劳伦斯（D. H. Lawrence）写给塞缪尔·科特连斯基（Samuel Koteliansky）的信件，科特连斯基是约翰·米德尔顿·默里（John Middleton Murray）的杂志《艾德

帝国权威的档案

菲》（*Adelphi*）的商务经理，也是伦纳德和弗吉尼亚·伍尔夫的朋友。整体而言，文化自由代表大会出版的杂志，确保了只有某些作家能在社会上得到认可并可以对政治事务发表评论。它很少审查作家的稿件，因为大部分情况下，它没有必要这样做；他们的位置已经提前选好了。它会发表的是阿尔伯特·加缪的文章，而不是让—保罗·萨特的；会发表的是理查德·赖特的文章，而不是弗朗茨·法农的、C. L. R. 詹姆斯的或者 W. E. B. 杜波依斯的；会刊登沃莱·索因卡的文章，而不会刊登德里克·沃尔科特（Derek Walcott）的；会刊登伊迪丝·西特韦尔（Edith Sitwell）的诗歌，而不会刊登多丽丝·莱辛（Doris Lessing）的；会刊登以赛亚·伯林的作品，而不会刊登查尔斯·泰勒（Charles Taylor）或者 C. 赖特·米尔斯（C. Wright Mills）的；会刊登莱昂内尔·特里林的作品，而不会刊登约翰·伯格（John Berger）的；会刊登休·希顿—沃森（Hugh Seton-Watson）的作品，而不会刊登埃里克·霍布斯鲍姆（Eric Hobsbawm）或者克里斯托弗·希尔（Christopher Hill）的，或者 V. G. 基尔南（V. G. Kiernan）的；会刊登托斯科·费维尔（Tosco Fyvel）的作品，而不会刊登柯尼·希力亚克斯（Konni Zilliacus）的；会出现雷蒙德·威廉斯的作品，而不会出现 E. P. 汤普森的；会出现 W. H. 奥登、约翰·韦恩（John Wain）和迪伦·托马斯（Dylan Thomas）的作品，而不会出现克里斯托弗·罗格（Christopher Logue）、尼古拉斯·纪廉（Nicholás Guillén）或者那齐姆·希克梅特（Nâzim Hikmet）的。它会发表像雷蒙德·威廉斯（1921—1988 年这样的人的作品，而不是 E. P. 汤普森的，这一事实说明了关于杂志稀有性的某些东西。然而，他们两人之间是有很明显的区别的。威廉斯在一个不同的政治领域写作。而且，威廉斯当时仍在利维斯的轨道中写作，而汤普森直至1956年都是共产党员，他在苏联入侵匈牙利之后，与约翰·萨维尔（John Saville）创办了《新理性人》(*New Reasoner*)。[37]

关于文化自由代表大会对于整个思想语料库的影响力，重要的是它有效而全面地阻止，或者至少是用复杂的方式操控了他者的或者反对的话语的出现。当文化自由代表大会明确地干预期刊杂志的编辑时，它会因为对美国的负面描写而审查自己的编辑。在德怀特·麦克唐纳离开《邂逅》的联合编辑职位之后不久，他向《邂逅》投递了一篇题为"美国！美国！"的文章，文中猛烈抨击了美国的流行文化，强调它的粗俗、它的"缺乏风格"以及它的"丑陋"。[38]他写道，美国是"不成形的"；它没有那种定义了像英国人那样的形式或者民族特征。在他眼中，美国文化是同质的以至于每个人都是"平等的"，意味着"似乎没有人尊重别人，除非他（原文如此）不得不这么做"。他认为，这种以自身利益和利己为导向的个人主义不适合满足美利坚帝国的要求并承担其所谓的责任。"美国人，"他写道，似乎是"更粗鄙和更感情用事的、不成熟和性格强硬的、未开化和虚伪的"。他描述了一位美国外交官，暗指约翰·福斯特·杜勒斯，在他笔下，这位外交官表面上很文明而其行为却很粗野。"我可以处理黑帮或者童子军的问题，"他写道，"但我承认，当童子军像黑帮一样时，我就不知道该怎么做了。"

麦克唐纳将他关于那件事的描述以及那篇文章一起发表在了《异议》(*Dissent*)上，根据他的描述，文化自由代表大会要求将这篇文章从《邂逅》上去掉，以免让美国的资助者法菲尔德基金会感到不舒服。具有讽刺意味的是，文化自由代表大会自诩是为了推动文化自由的事业，但是大会竟然审查自己编辑的文章，这显然与它所宣扬的目的不同。对此，诺曼·伯恩鲍姆写了一封《致文化自由代表大会，请求文化自由的公开信》：

> 这些年来，文化自由代表大会一直向知识分子宣扬自由的不可分割性。这是对的：自由是不可分割的，它必须为各种大小问题的自由而斗争，并反对各种各样的教条主义以及小的暴政——而不仅由那些它自封的捍卫者们……它谈自由，然后它的行为仿佛自由在于确认杜勒斯先生的必要性。[39]

当然，文化自由代表大会并没有强加一致性，尽管许多人认为《邂逅》是对战前写作的不合时宜且毫无生命力的重演。它在某些问题上的沉默让许多人得出结论认为，它与文化自由毫无关系，而它更感兴趣的是整合北约各国（Natopolitan）知识分子的一个国际集团。《哈德逊评论》（*Hudson Review*）是由艾伦·泰特1947年在普林斯顿的两名学生创办的一本杂志，这本杂志刊登了杰弗里·瓦格纳（Geoffrey Wagner）的文章，他在文中总结了对《邂逅》创刊号的批评意见：

> 在《世界中的世界》（*World Within World*）中，斯彭德承认自己曾是一名持有党员证的共产党员，虽然他试图粉饰这一行为；在浏览《邂逅》的前几期之后，这个信息完全是多余的。其中的批判文章只聚焦于"现在扔下炸弹"的自由主义，以至于康诺利在《星期日泰晤士报》，菲利普·汤因比在《观察家》以及《泰晤士报文学副刊》的首席作家（可能是阿兰·帕西—琼斯〔Alan Pryce-Jones〕），分别抗议《邂逅》对转奉信仰的人的说教。康诺利认为蕾

斯莉·费尔德所写的关于卢森堡的文章是一种"幸灾乐祸的描述"。菲利普·汤因比在翻阅了《邂逅》的前四期之后,认为它们沉迷于"痴迷文学"。《邂逅》在11月4日这一期的社论中进行了反击,社论署名为欧文·克里斯托尔,控告《泰晤士报文学副刊》是共产党的同路人,有着"对共产主义意识形态无意的、为我们所熟悉的让步",这反过来又被汤因比(Toynbee)称为"这令人失望地联想到的共产主义的好斗,这种好斗将不跟我是一伙的所有人都认定为敌方特务"。而至于《邂逅》的创造性的一面,包括其刊登的伍尔夫的日记、叶芝的信件,等等,即便是康诺利也承认创刊号的文学部分"大约在1938年左右很可能已经出现过"。[40]

类似的重新发表旧作品的情况在约翰·莱曼的《伦敦杂志》(*London Magazine*)上很明显,它发表了艾略特、鲍文(Bowen)、麦克尼斯(MacNeice)以及雷克斯·华纳的作品——用汤因比的话说,这些作家"在20年前就已经达到了他们文学上的成熟"。[41]

然而,《邂逅》是数种可行的用以确保为了文化统治而建立起来的结构和可行模式的跨国实践中的一个组成部分,它仍然是持续规范哪些公共作家可以被动员用于跨国传播,以及哪些作家将被拒绝得到由文化自由代表大会提供的各种机会中的一个积极因素。先锋派运动的成就已经使得艺术的制度化明显成为一个过程,[42]《邂逅》作为持续否定先锋派运动成就的诸多努力中的一种模式,必须将其置于与它相关的一个跨国期刊组合这种更为广泛的框架中予以考量,它只是这个跨国期刊组合的一部分。文化自由代表大会的杂志和它们的前身所不同的是,它们的出现反映了一套跨国翻译和认可的实际做法,这是巩固和维护政治话语控制权的一个固有部分。[43]这一系列的杂志发展了传播的模式,以及福柯所描述的"发行、稳定、归属和分配模式"。[44]这组期刊不仅保留其作为语料库的身份,赋予美学与政治之间的分离以密度,而且与此同时,也构建了跨国文化的版图,通过它们所建立的与他人的关系,使得某些作家比其他作家成为更广为人知的"世界"文学人物。换句话说,重要的不是他们在不同语言中和不同地方的可见度和存在,而是他们的存在以及与其他作者毗邻的关系;他们的权威是作为一种关系而被建立起来的。[45]"《笔记》提供给拉美作家的诱饵是本国社区边界以外的一个读者群,"吉恩·佛朗哥写道。"他们的作品与那些'世界级'作家的作品发表在同一个期刊上,譬如托马斯·曼、贝内德托·克罗齐(Benedetto Croce)以及厄普顿·辛克莱(Upton Sinclair)。"[46]

在这方面,翻译在文学权威的神圣化中的作用,至少在这一时期,要比帕斯卡尔·卡萨诺瓦的分析更浅显易懂。尽管卡萨诺瓦有充分的证据认为,比如将阿根廷的豪尔赫·路易斯·博尔赫斯与塞尔维亚—克罗地亚作家丹尼洛·契斯(Danilo Kîs)的作品翻译成法语,是他们的文学权威神圣化的条件,然而,她所谓的"翻译为主流语言"(littérisation)(将一个文本转录或翻译为一种占据主导地位的语言)的行为,并不足以解释为什么他们的作品获得了文学权威地位。我们还必须考虑到一个事实,即文学价值是关系性的,文化作品建立歧视、等级以及对于纳入和排除的划分,这些同样也是相互联系、相互依存和相互交织的,因此无法划分为严密的诸如"主要"和"次要"语言特征的文学类别。[47]换句话说,笔者所关注的是权力与文化权威得以重新部署的制度和纪律的机制与技术,以及在跨国写作领域中由谁或者通过什么以及在谁的身上这些机制与技术得以扩散。

第三章 跨国文学空间的战争

将鲁尔福和曼这样的作家并列在一起并且"世界化"这样令人难以置信的行为,并不只限于《笔记》,而是延伸到文化自由代表大会在世界范围内出版的所有杂志,这种世界范围是一种与以往不同的国家安排和国家联盟的新的跨国空间。在《证据》的创刊号上,发表了豪尔赫·路易斯·博尔赫斯(阿根廷)、伯特兰·罗素(英格兰)以及弗朗茨·博克瑞(奥地利)的文章。《邂逅》在选择的时候也有这样隐晦的并列安排。《邂逅》第二期刊登了叶芝写给父亲的14封信;罗兹·麦考利(Rose Macaulay)关于"宫殿的乐趣"的一篇旅行文章;意大利知识分子尼古拉·乔洛蒙蒂(Nicola Chiaromonte)的几篇文章;、德国哲学家托马斯·曼的儿子戈洛·曼(Golo Mann)的文章;印度小说家雷杰·饶(Raja Rao)的作品;以及斯蒂芬·斯彭德关于"文学运动"的文章。[48]西德的《月份》(Monat)是第一个连载乔治·奥威尔《一九八四》的杂志,《月份》在同一期中将选摘的福克纳的小说《寓言》与切斯瓦夫·米沃什的"安宁丸"(Murti-Bing)挨在一起,[49]在另一期中,福克纳、贝内德托·克罗齐与阿瑟·凯斯特勒的文章被排在了一起。[50] 1954年,《证据》发表了理查德·赖特的"两个非洲人像"(Deux portraits africains)、罗杰·凯洛依斯(Roger Caillois)的"社会主义与军国主义"(Socialisme et militarism)、理查德·洛文塔尔(Richard Lowenthal)的"无产阶级的分裂"(La secession du proletariat)、莱昂内尔·特里林的"布瓦与贝居榭"(Bouvard et Pecuchet)、尼科洛·塔斯(Niccolò Tucci)的"亚壁古道的破坏者"(Les vandals de la Voie Appienne)、朱利安·戈肯(Julian Gorkin)的"美国戏剧和危地马拉的经验"(Le 'drame de l'Amérique' et l'expérience du Guatémala)以及休·塞顿—沃森的"苏联殖民帝国"(L'Empire colonial soviétique)。[51]

帝国权威的档案

关于以下这些并列存在，重要的不仅是它们出现在《证据》上，而是作家之间被突出的隶属关系：赖特（非洲裔美国人，美国）、凯洛依斯（法国）、特里林（美国）、杜斯（意大利）、戈肯（西班牙）以及休·塞顿—沃森（英国）。

这些杂志的传播技术使得这些国家的作家群体能够有规律地、持续地并且明显多样化地接触到新的国际读者。这也随后导致了作家与公众之间关系的一种历史的决定性转变。在文学史上，即时翻译与快速传播的过程第一次成为文学与文化生产与传播条件变化的一部分。文化自由代表大会与来自法国、阿根廷、英国、日本、德国、黎巴嫩、印度、澳大利亚、尼日利亚、肯尼亚以及墨西哥的作家建立起隶属关系，它让这些关系以及隶属关系在多种语言的各种杂志上同时呈现，并且在这些杂志之间遥相呼应。它的跨国行为引入了一整套不同的联盟关系，这种联盟关系有效地重新接合了一个历史上独特的世界文学的思想。[52]因此，文化自由代表大会管理、经营以及维持的过程也标志着知识与人文实践的一个明确的历史阶段。但与此同时，表面上，世界作家们的理念似乎将要经历一个重大的动荡，这部分是跨国政治和文化杂志扩张的结果：《证据》、《当前时刻》、《邂逅》、《月份》、《笔记》以及其他已经提及的杂志。这些杂志用所有的欧洲语言共同使一批作家、知识分子和批评家被人们认识，他们似乎代表了他们民族传统中最优秀的当代思想。他们的出现以及一再出现，标志了文学与文化生产历史中的一个重要阶段。文化自由代表大会的各个机构不仅通过简单地重复和翻译其作品而使这些作家神圣化，它们还用多种语言创建以及规律性地重建作家之间的隶属关系，并将其他作家纳入进来，从而使那些在各地杂志上发表和重印文章的作家获得了相关的权威性，这些杂志也给作家提

第三章 跨国文学空间的战争

供同时占据多个版面的机会。[53]这个战略的一个核心特征是通过作家规律性的的出现而同时建立文化资本与文化合法性,这些作家诸如雷蒙·阿隆、W. H. 奥登、以赛亚·伯林、阿尔伯特·加缪、西里尔·康诺利、尼古拉·乔洛蒙蒂(Nicola Chiaromonte)、理查德·格罗斯曼(Richard Grossman)、蕾斯莉·费尔德、托斯科·费维尔、阿瑟·凯斯特勒、麦尔文·拉斯基(Melvin Lasky)、赫伯特·吕谛(Herbert Lüthy)、约翰·莱曼、萨尔瓦多·德·马达里亚加(Salvador de Madariaga)、戈洛·曼、伊格纳齐奥·斯隆、斯蒂芬·斯彭德、赫伯特·里德、休·塞顿—沃森、菲利普·汤因比以及莱昂内尔·特里林——所有这一切都是为了通过发表他们关于某些主题而不是其他主题的作品以维持一种新的对他们的支配地位。

翻译时代

这些杂志作为一个整体在很大程度上依赖于技术创新,技术创新使得那些散文、短篇小说、诗歌以及通用的"国外来信"不仅可以简单地被机械复制而且可以"同步复制";也就是说,这是一种更快捷、更高效而且越来越瞬时的翻译实践,如此一来,托马斯·曼的一篇文章就可以紧挨着胡安·鲁尔福的文章出现,不仅以一种语言在同一月刊上出现,而且可以用几种语言在几种刊物上同时发表。[54]以前从来没有一种活跃的"跨国想象"以这样的方式出现过。同声传译的初始形式出现在司法领域:1945年的纽伦堡审判以及后来的联合国大会。然而,文化自由代表大会最显著的也是历史上原创的成就之一是,它以多种语言在它的许多杂志上几乎同步地翻译和"复制"文章的能力,这样建立起来的不仅是对什么可以说以及什么不可以说的一种控制,而且是对文章从一种语言到几种或者多种语言的调和过程的控制。它还控制了这些作者及其文本在发表时所用语言内外的流动。如果说翻译过去曾是一件缓慢而耗时的专业行为，需要像瓦乐西·拉赫博（Valery Larbaud）这样的人耐心去做，那么战后印刷和流通领域的技术创新极大地改变了文化传播的条件。《邂逅》、《证据》以及《当前时刻》等杂志上的文章，很快地被翻译和再次翻译成不同的语言，并从多个传播点发行出去。譬如韩国杂志《思想界》（Sasangge）重印了《月份》、《证据》以及《自由》上的文章。这就为所谓世界作家的生产和接受构成和确立了新的等级制度，这些世界作家在很多方面不再确切地知道自己在为谁写作。

这就意味着将一篇文章从一种语言翻译成另一种语言的过程不再受制于旧的复制节奏和力量；散文和短篇小说传播的加速意味着出现了新的重新划分世界文学时代的有效方法。比如，T. S. 艾略特的作品被翻译成阿拉伯语发表在了位于贝鲁特的《对话》杂志上，与艾略特的作品一起发表的是巴勒斯坦诗人陶菲克·萨伊（Tawfiq Sayigh）的作品，萨伊后来将艾略特的《四首四重奏》（Four Quartets）翻译成了阿拉伯语。《对话》的第一期刊登了阿尔伯特·胡拉尼（Albert Hourani）关于塔哈·侯赛因（Taha Hussein）的文章，这篇文章同时出现在了《笔记》和《证据》上。[55]文化实践不断变化的条件不仅影响了月刊文章的复制，而且也影响了协调传播战略和流程的各个机构，这种传播经常是以复杂和循环方式进行的。沃莱·索因卡的戏剧《亲爱的家长和食人魔》（Dear Parent and Ogre），最早由 Mbari 作家俱乐部（由文化自由代表大会支持的）上演，《过渡》（由拉加特·内沃基〔Rajat Neogy〕任编辑的文化自由代表大会的一本杂志）刊登了评论，然后《邂逅》进行了推广，它之前通过给《森林之舞》颁发一个文学奖而已经向读者介绍过索因卡。正值尼日利亚独立之际，《邂逅》又将一个荣誉颁给了《亲爱的家长和食人魔》，这进一步扩大了索因卡的声誉。文化自由代表大会自我传播、自我夸大以及自我服务的行为，充斥并因此塑造了整整一代以英语为母语的后殖民时代的非洲作家。在这方面，文化自由代表大会在塑造发展中世界的语言方面是最有效的，尤其是在非洲它于1957年建立了与《黑琴师》的关系，几年之后建立了与《过渡》的关系。这些出版和传播模式的衍生在非洲和加勒比地区是重要的："期刊在培育非洲和加勒比新文学过程中的作用如何强调都不过分。它们是塑造和成长的必要文献证据。它们联系的作用要比保存历史的作用大得多。它们往往站在当地文学发展的起点，设立标准，为买方和卖方提供一个文学市场。"[56]然而，这种文学被赋予价值的途径是通过约束的过程。法农显然目睹了这个过程本身："一旦本土文学开始停泊并引起殖民者的焦虑，他立即被移交给那些善意的灵魂，他们在文化自由代表大会上给他指出西方价值观的特殊性。"[57]

建立与《黑琴师》的关系，一部分响应了巴黎《非洲存在》(*Présence Africaine*) 的出现，《黑琴师》是根据萨特关于非洲裔黑人特征（négritude）的文章命名的，它使得艾梅·塞泽尔（Aimé Césaire）和利奥波德·塞达尔·桑戈尔（Léopold Sédar Senghor）的作品第一次有了英语版本。"在伦敦，赛泽尔和桑戈尔的名字几乎不被人所知，"雅内兹·雅恩（Janheinz Jahn）（赛泽尔和桑戈尔作品的一位译者）在《黑琴师》上报道称，"在尼日利亚、加纳和牙买加这些国家，他们还未曾被听说过，虽然对于那些地区的各个民族而言，他们的作品充满了意义和重要性。"[58]《黑琴师》将一系列非洲、海地和古巴的作品介绍给英语读者。它翻译了莱昂·达马斯

帝国权威的档案

(Léon Damas)、古巴作家尼古拉斯·纪廉、艾梅·塞泽尔（Aime Cesaire）、利奥波德·塞达尔·桑戈尔、菲利克斯·契卡雅·塔姆西（Felix Tchikaya U'Tamsi）、弗拉文·那维奥（Flavien Ranaïvo）以及让—约瑟夫·拉贝亚里韦卢（Jean-Joseph Rabearivelo）的作品。《黑琴师》以及后来的《过渡》在很多方面是规范、净化和约束非殖民化文学的一种方式，因为这些杂志只发表这些作者在某些主题而不是其他主题方面的文章。

"很快，"索因卡在他的回忆录中回忆道，

我们会发现原来我们一直在与蛇的化身，与魔鬼一起津津有味地进餐，一起在我们后殖民的伊甸园里嬉戏，饕餮着知识之树的果实！没有什么——几乎没有项目，没有发起的文化活动——没有被中情局这条蛇爬过。在独立之风吹遍非洲大陆之后，第一次全非洲作家与知识分子大会在乌干达的马凯雷举行，这场大会是由文化自由代表大会与《邂逅》赞助的。同样的资金来源也渗透到了《过渡》杂志中，它是后殖民时代非洲先锋思想的期刊，它的编辑是出身婆罗门的印度裔东非人拉加特·内沃基（Rajat Neogy）。总部位于美国的法菲尔基金，在非洲大陆的后殖民知识分子思想和创意方面花费了大量资金，它是美国中央情报局的一个前沿阵地！[59]

伦敦呼唤

随着战后传播与翻译的新机会的不断涌现，以及诸如"广播杂志"这种新形式的出现，作者与公众之间的关系也经历了进一步转

第三章 跨国文学空间的战争

型,这种转型必然导致文化空间的扩张与约束。奥威尔供职于英国广播公司东印度分部期间,自1941年至1943年,他制作了一系列广播谈话节目。名为《声音》(Voices)的这档广播节目汇聚了一群以英语为母语的作家在电波中朗读和讨论他们的诗歌和散文。在伦敦,BBC的"第三套节目"于1946年9月开始广播,在建立一种占据主导地位的文化和社区的过程中发挥了重要作用,由此奠定了以赛亚·伯林和T. S. 艾略特作为公众人物和知识分子的声望。譬如以赛亚·伯林在BBC的"第三套节目"中发表了众多演讲。BBC的"第三套节目"对T. S. 艾略特进行了超过80次的广播,他为此录制了他在英国社会科学院关于弥尔顿(Milton)的讲座。[60]爱德华·萨克维莱—沃斯特(Edward Sackville-West)预言,"第三套节目"将成为"自剧院世俗化以来英国最伟大的文明力量"。[61]这些机构值得注意的地方是,他们与文化自由代表大会及其在伦敦、巴黎、柏林、纽约和罗马建立的各种机构之间所呈现出的看似无意的互动与重叠的方式。BBC"第三套节目"的首席审计官赫尔曼·格里斯伍德(Herman Grisewood)担任英国文化自由协会的财务秘书;文化自由协会书记迈克尔·古德温(Michael Goodwin),是前身为《十九世纪以及之后》(the Nineteenth Century and After)的《二十世纪》(the Twentieth)的编辑,这是文化自由代表大会在1953年创办《邂逅》之前所资助的首批刊物之一。

这并不是说,这些巧合仅仅是权力与权威的结合。他们在构建新型有效的表达方式方面意义更加深远,这种表达方式戏剧性地改变了作者与公众之间的、作者与私人之间的以及作者与世界之间的基本关系。"在'诗歌与麦克风'中,"乔治·奥威尔观察道,"可能数百万人同时在收听(广播),但是每个个人都是在独自收听。"[62]

帝国权威的档案

如果广播改变了作者与公众的关系，那么私人与公共的概念也将遭遇变化。"广播的权威性增加得越多，它就越触及听众的隐私，"阿多诺写道。

> 声音越是强烈地来自于听众的个人领域，它就越显得像源自他亲密生命中的细胞，而他越是有如此印象仿佛他自己的壁橱、他自己的留声机、他自己的卧室正像一个私人朋友或者敌人那样在与他交谈：他就越完全乐于全然接受他所听到的一切。他自己存在的领域便成了外界的信使。他的隐私也同时支撑了电波声音的权威性——因为它是"他的"公寓，一种他无法逃避的语言——通过使它不再像源自于外界而帮助它隐藏起来。[63]

广播的这种历史和技术的发展在新的重塑范围内深远地改变了文学实践、作者以及文化的环境。的确，战争期间，许多1930年代成长起来的英国作家，都有过为英国广播公司及其国际广播、东亚广播和印度广播写作、制片和编辑的形成性经验，或者为信息部工作的经验。譬如威廉·燕卜荪（William Empson）在英国广播公司东部大区任职。以赛亚·伯林这个后来在塑造文化自由代表大会意识形态方面起到关键作用的人为信息部工作。斯彭德在外交部政治情报部门做记者，后来与历史学家诺埃尔·安南（Noel Annan）一同加入了德国的盟国管制委员会。历史学家修·特雷弗—罗珀（Hugh Trevor-Roper）效力于英国情报部门。翻译阿瑟·威利（Arthur Wiley）和塞西尔·戴—刘易斯供职于信息部东部大区。路易斯·麦克尼斯（Louis MacNeice）就职于英国广播公司。

参与这些机构在他们身上留下了经久不灭的印记，并将在诸多

第三章　跨国文学空间的战争

方面塑造和帮助定义他们对在战前被排除在外的权力和权威机构的看法。这一代知识分子共同拥有着1930年代失望、幻灭和清醒的集体经验——这代人目睹了西班牙共和国的失败，见证了莫斯科审判的骗局以及由于希特勒—斯大林公约而感到的背叛——仅仅强调了这些文化传播结构的意义。二战之后的时期见证了诸如斯蒂芬·斯彭德、伊格纳齐奥·斯隆以及阿瑟·凯斯特勒等作家的崛起，他们因为重申并加强了他们对共产主义的觉醒而受到指控，从而使反共产主义成为政治革新的一个持续不断的讽刺源泉。尽管斯彭德、凯斯特勒以及斯隆在1950年代作为知识分子和文化自由代表大会成员发挥了重要作用，但是他们在文学形式方面的经验以及那些经验的表达方面存在重大分歧。凯斯特勒与斯隆在诸如《中午的黑暗》（*Darkness at Noon*）和《面包和红酒》等小说中都写了关于他们与共产主义的邂逅。然而，斯彭德除了在为作品集《败北之神》（*The God that Failed*）而作的文章中以及他的自传《世界中的世界》（*World Within World*）中有所提及之外，并没有对他加入英国共产党作过类似的叙述。与斯彭德不同，凯斯特勒和斯隆的经历则是由欧洲共产主义党派的党员身份塑造的，这些共产主义党派在法西斯政府已经掌权的国家是非法的而且已经转入地下。然而，斯彭德并没有这样的政治经历，除了他独自加入共产党的两年之外，而他加入的原因似乎是为了捍卫西班牙共和国。

战后对于他们的跨国地位而言极其重要的联合力量与他们对——在众多方面他们所代表的——美国的态度有关。斯彭德已经加入了反共产主义知识分子的圈子，通过他在《纽约时报》发表的一篇社论声明"我们能够赢得为欧洲的情感与理智而展开的战斗"。[64]斯彭德的文章声称，美国与西方欧洲之间存在着巨大的文化分歧，这加

帝国权威的档案

剧了一群美国知识分子的焦虑和不安,这些知识分子认为美国缺乏文化权威性去控制和管理战后的安置,并担负起一个超级大国的角色。"如果仅从个人私利的角度考虑,即使最心怀不满的知识分子,如今也必须对他的国家日渐增长的隔离以及针对他的国家的敌意做出反应,"特里林写道。"他逐渐意识到美国的安全和福祉的实质独特性,与此同时,也意识到他们所处的危险……他现在也对如下事实作出回应,如今已经再也没有任何外国的文化理想可以让他凭此摆脱美国的愚蠢和粗俗,对这种愚蠢和粗俗的制度化的意识曾经是他知识生活的主要部分。"[65]正如特里林所提到的,美国流行文化以及美国与世界其他国家之间的距离将危害其帝国使命。1952年,在《宗派评论》(the Partisan Review)组织的关于美国知识分子对于美国态度的主题研讨会上,特里林问道:"在美式生活中,艺术家何处能够找到力量、复兴和认可的基础,既然他们已经不能再依赖于作为文化典范的欧洲?"[66]当特里林也认为美国对欧洲的文化认同很大程度上要为马克思主义在美国的传播负责之时,其他知识分子一心想要发明可以与欧洲针对美国文化的敌意展开竞争的文化战略。《宗派评论》刊载的一些文章以及若干书籍哀叹欧洲的反美主义以及美国所缺乏的帝国文化。[67]哲学家悉尼·胡克警告称"总的来说,法国公众正令人震惊地无视美式生活和文化"。胡克担忧:

(法国)关于美国的图像是众多印象的一种组合,这些印象源自阅读一些社会抗议和反抗类的小说(斯坦贝克〔Steinbeck〕的《愤怒的葡萄》被视为一个忠实且具有代表性的描述),关于美式堕落(福克纳)和美式浅薄(辛克莱·刘易斯)的小说,源自观看美国电影以及源自对不间断的共产主义猛击渗入到非共产主义的事实在新闻界的曝光。在我看来，法国公众的信息再教育是最根本的也是在法国的美国民主政策最为迫切的任务，而对此几乎还没有沿着有效路线采取任何措施。[68]

胡克关心的是欧洲对于美国的认知已经被福克纳、斯坦贝克以及刘易斯的小说所破坏。哲学家詹姆斯·伯恩哈姆（James Burnham）认为，恰恰是美国对于欧洲的认同给予了西方权力以及视自身为共产主义对立面的身份。在《欧洲如何认识美国》（*What Europe Thinks of America*）（1953年）中，伯恩哈姆写道："没有任何一个熟练的外科医生可以将欧洲与我们分割开来，"伯恩哈姆继续写道："如果欧洲死了，那么我们也将命不久矣。独自面对一个被异种文明武装，被布尔什维克主义组织和唤醒的集结世界，我们很快就会被瓦解和同化。"[69]斯彭德的社论的感召力在于，他写了在欧洲确定美国价值观的必要，警告战后的欧洲已经变得愤世嫉俗而在两个超级大国之间自卫性地分裂开来。他竭力主张美国"参与到向欧洲人展示其在教育和文化方面最伟大的当代成就中"。斯彭德设立的修辞为支持知识自由的话语提供了一种手段，同时也给美国提供了一种帝国身份，这种身份是美国与"西方，不是作为政治或者战略而是作为一种文明"相融合的基础。[70]

不能够抑或不愿意在贯穿1930年代的反复无常、矛盾和失败中进行创作，像斯彭德、凯斯特勒以及斯隆等作家忽然发现，他们对政治的评论获得了社会的拥护，如同他们曾经在全然不同的边际条件下所做的那样。他们因战争而取得的公众地位使他们尝试了新的传播机制和不同的文化再分配的手段，这使他们拥有多个政府机构的协助去重新部署反共产主义话语。像文化自由代表大会的《败北之神》这样的作品集中包含了斯蒂芬·斯彭德、理查德·赖特、伊格纳齐奥·斯隆、阿瑟·凯斯特勒、安德烈·纪德（André Gide）等的作品，对作家、批评家和学者的这种新型政治构成的出现做了一种集中性的叙述，他们在文化和社会中的身份和地位取决于他们反复重申其从前理想的失败。他们的文化权威性奇怪地依赖于忏悔话语，这是同化于占据主导地位文化的一种话语，主导文化认为假想核战争的爆发比其他的坚持反共产主义话语的方式要容易得多。

然而，理查德·赖特在这一构成中的位置，在许多方面都处于《败北之神》所属的其他编著者共同的经验类型的边际之外。尽管赖特与其他编著者一样，曾经是一名共产党员，但他退党是因为该党未能成功地组织和动员起来反对种族歧视的结构。自1947年开始直至他去世，赖特在巴黎过着类似流亡的生活，在那里他不仅逃离了美国南方日益升级的种族冲突，还与一群非洲和加勒比的知识分子建立了重要的但却批判性的联系，他们推进了"非洲裔黑人文化传统"（négritude）事业——这些知识分子包括利奥波德·桑戈尔（Leopold Senghor）、阿利翁·迪奥普（Alioune Diop）以及艾梅·塞泽尔等，他们在"非洲裔黑人文化传统"事业中，看到了复兴殖民时期前未被欧洲殖民主义扭曲压制的非洲的可能性。尽管赖特对此运动的本质主义愈来愈持批判态度，但他对于促使萨特支持他们的杂志《非洲存在》起了关键作用，从而在很大程度上使杂志免于被法国法律视为代表阿尔及利亚的独立思想在发言或写作而成为非法刊物。

然而，尽管赖特与文化自由代表大会的牵连是模棱两可的，但毫无疑问的是文化自由代表大会的领导层因其写作天赋与身份这两点而任用他。1995年，赖特受托于《邂逅》报道在印度尼西亚举办的万隆会议,这个将第三世界的不结盟国家的代表汇聚一堂的历史决定性时刻。他在《邂逅》上的"非洲对我的意味"一文中写道,非洲不是他身份的一个富有意义的源头,因为它从未为他提供可以解释他的存在体验的具体条件。"我的问题,"他写道,"在于如何解释在美国的这个'幸存'的非洲,当我坚决否认'种族'的神秘影响,当我确定无疑我正作为唯一的我而活在总体而言具体的社会参照框架中,生活在这个框架中的人可以解释他们所存在的意义。"[71] 从这方面看来,他与反共产主义意识形态的联系远比凯斯特勒、西隆以及斯彭德等的忏悔叙述要复杂得多,他们无法通过对种族政治失败的思考而产生新的社区、归属和社会变革的形式。实际上,《非洲存在》的出现在很大程度上推动了文化自由代表大会开始在期刊上报道非洲作品,譬如《转变与黑琴师》(Transition and Black Opheus),将不仅首次用英文刊登像塞泽尔和桑戈尔等作家的作品,而且还将随着时间的推移,控制和管理诸如钦诺瓦·阿切比(Chinua Achebe)和渥雷·索因卡(Wole Soyinka)等一些作家的曝光度。

文学外交

1947年12月,苏联、匈牙利、法国、意大利、波兰和南斯拉夫共产党建立共产党和工人党情报局(Cominform)之后仅数月,国家安全委员会发布了一项指令(NSC—4)要求"外国信息协调措施"(Coordination of Foreign Information Measures),[72] 以对抗"苏联及其卫星国与共产主义组织(图谋)诋毁和击败美国以及其他西方强国的目标和活动的邪恶举动"。因此不久,美国国会草拟了它自己的法案——《史密斯—蒙特法案》(Smith-Mundt Act),该法案表达了对于"通过新闻、出版物、广播、电影及其他信息媒介,并通过海外信息中心和讲师,在海外筹划和传播关于美国、美国人民以及美国政策的相关信息……从而在其他国家更好地提供对于美国的理解以增进相互理解"的需求。

批评家 R. P. 布莱克默、小说家威廉·福克纳以及诗人罗伯特·洛威尔等随后都被以一种历史决定性的方式招募、动员和输出,这种方式改变了战后跨国作家以及他或她的公众的境况。[75] 这些运动和影响的效应绝不是微不足道的。在许多情况下,他们的写作开启了蕴含崭新可能性的领域,一个直到他们的作品产生前都全然无法想象的领域。正如詹姆森(Jameson)所说:"影响或者模仿的现象……简化了一个十分复杂的过程,也就是说以这样一种方式,一个遥远的有时候甚至毫无边际的地方的一个事件、一个文本、一个概念,能够突然之间在国内开发出新的可能性,而在国内此种可能性迄今在字面上都是不可思议和无法想象的。我们可以说福克纳在世界范围的巨大影响就属于这种可能性,他的作品突然向全世界的作者表明,对于土地、深切记忆、挫败以及历史激情,你可以做一些其他的事情。"[76]

1945 年,洛克菲勒基金会的约翰·马歇尔委任 R. P. 布莱克默调查文化产业对英语文学身份的影响。在他关于"美国作家的经济"的报告中,布莱克默注意到"目前或者很可能在将来,世界上没有任何一个国家的无论是统治阶级或者统治机构声称,比市场体系或者它显然的继任者的——垄断体系具有一种更高的审美价值"。[77] 打破高雅与低俗文化区别的是文化产业的国际扩张、美国市场的扩张、那个国家的电影以及被他称为服务于"新文盲"(New Illiteracy)的商品。布莱克默的担忧是他对大众文化的更多忧虑中的一部分。1947 年,艾略特观察到甚至"最微末的材料制品……也是其所源于

第三章 跨国文学空间的战争

文化的一个使者"。[78]然而，布莱克默对全球化早期阶段的担忧不及他关于高雅文化与"文盲"文化之间的明显划分——一种他视为所谓西方身份核心的划分的威胁的忧虑。对这种划分的特别维护在帝国竞赛中是极其危险的。对于布莱克默而言，"新文盲"不仅与超出美国范围的文化产业扩张有关，它还意味着帝国征服的命令将进一步削弱国内的这种伟大划分。提到英语的侵蚀，他哀叹流行文化如何"正在扩大其对于一般智力可用储备的最大损害……因此，我们让富兰克林出版社将我们自己文盲的产品带到阿拉伯世界……因此我们发现在特拉维夫的美国新闻机构借助泰山书籍与带来托尔斯泰（Tolstoy）的俄国展开竞争，泰山书籍是美国生活方式及其相对于俄国人的全部优越性的一个代表"。[79]

为了应对日渐壮大的跨国文化产业所产生的这些压力，福特基金会聘任《新方向》（*New Direction*）的前任编辑詹姆斯·劳夫林（James Laughlin）担任《透视美国》的主编。《透视美国》被发展成"在一定程度上作为对美国艺术家所感到的孤独感的一种回应，美国艺术家被"大洋"将他从其天然公众的重要部分中隔离开来"（着重号为作者强调），[80]它在很大程度上从阿诺德的角度来展现其目标和重塑其利益，作为对已经了解和思考的最好事物的一种防卫。"如果我们发表了好的美国作品却依然失败，"作为诗人和《透视美国》的编辑之一的海登·卡鲁斯（Hayden Carruth）在给里昂内尔·特里林的一封信中写道，"那么，或者因为好的美国作品不够好（发现这种情况的话，我必将很沮丧也很震惊），或者因为外国读者自身过于固执，难以接受好作品，甚至当这部作品是轻易可以得到的时候。"[81]确定"好的美国作品"的标准是由什么是美国文化的"外来者"和他者的想法构成的。"我们全都赞成将绝不仅仅为了迎合我们所幻想

帝国权威的档案

的异国敏感性而选择或者修改我们的内容,我们将只向他们提供我们认为好的美国作品。但是外国读者是我们存在的理由,"卡鲁斯继续写道。

这些关于态度结构的文化探险所产生的影响是不可低估的。[82]譬如与莱昂内尔·特里林、雅克·巴尔赞(Jacques Barzun)以及佩里·米勒(Perry Miller)一同担任《透视美国》客座编辑的布莱克默,他以无垠视野的以及一种无限而动荡的现代性的修辞来形容文学批评活动:"不以英寸,也不以码尺,而是以罗盘的指针来度量:视野的焦点起初大到足以吸引任何关注,最终宽到足以俯瞰一个人所认为的全部视野,"他写道。[83]如果布莱克默描述批评家气质变化的领域用的是"整个视野"——一种延伸到埃及和黎巴嫩的视野——的隐喻的话,那么,他描述这种"视野"的经历仿佛他正在聆听各种语言的复调。他回忆在意大利、英格兰、法国、埃及以及黎巴嫩编辑《美国透视》每一页的情景,当时他听着"外国思想的声音和耳边舌头发出的嗡嗡声"。异国的短途旅行带来了"相异的思维方式以及不可思议地亲密回响在感知临界点的表达习语"。[84]他"在不同城市(读着)不同文章的校对稿,耳边是不同舌头发出的嗡嗡声"。[85]经验的变化不只是一种新的运动、经验和表述模式的发展,然而,对于布莱克默尔而言则意味着一种批判类别:一种新的生活方式,一种权宜之计,由此"弹出知识分子的价值观——就像意大利麦田里的罂粟花或者黎巴嫩的银葵花那样"。[86]

经验的新结构以及附属于它的态度不可避免地与"美国在旧的帝国结构瓦解之后对于世界的一种责任感"相关联。[87]布莱克默试图条理清晰地理解一个新的现实,尽管它显现得陌生、奇怪和不受欢迎。如果这种经验转化为无政府力量和"移动的意识",[88]那么,它

第三章 跨国文学空间的战争

就是将变化中的全球现实转为无垠视野的一种方法，将历史上的评论家从美学上汇集在一起。以这种方式，布莱克默对于一种新的权宜之计的描述为现代性提供了解释，这种现代性的优势地位的条件仍然没有确定和稳固，这些条件通过这种新的、早期批评家无法得到的文学和文化的考察而汇聚在一起。[89]在他关于权宜之计的批判主义的描述中，布莱克默写到了"知识和想象如何到处总在流沙之间挣扎"，一种标志着互相理解和共存限度的困境。[90]布莱克默的"知识"和"想象"所依赖的"流沙"发展成一种延伸的隐喻，以"尼罗河永不沉淀的淤泥"作为比喻。[91]尽管如此，"没有嘈杂声，"他说道，"将会被理解除非通过想象的天使。"[92]通过观察河流消失于淤泥，布莱克默以大都市的"嗡嗡声"和"外来思想"比喻与美国文化的关系，并重塑了例外主义的理想。声音和话语不是阿拉伯或者土耳其语言的那些声音和话语，而最终是由一个美国人，这是他或者她的责任，去理解它们并将它们安置有序。"聆听它的嘈杂声，你马上意识到有多少战争——多少旅程和多少形式的遗憾——在'一个'美国声音中呼喊。你可以明白为什么美国人同时可以既狂热又轻率，既有完整的礼仪又放弃它，既有清醒的目的又随意幽默，既被不知如何承认的传统所感动又被即时响应所驱使，既注意统一性又在行动上表现为多样性。"[93]

莱昂内尔·特里林虽然不及布莱克默那样对美国政府的甜言蜜语感到享受，他也经历了一系列的相似经历，在关于如何向欧洲读者呈现美国的思考中重新定义自己的身份。的确，他的批判向读者传达的是，如果不是美国国务院、美国新闻署和文化自由代表大会的各种努力，就不会有他的发现。譬如，他成为一个知名的公众人物，在一定程度上是通过他与美国国务院、美国新闻署[94]以及充当中

帝国权威的档案

情局对文化自由代表大会进行资助的掩护者的法菲尔德基金会的联系实现的。众多机构对特里林作为一个批评家可以占据的新的和地理的位置作出了贡献。源自美国文化自由委员会、文化自由代表大会、美国陆军,[96]以及诸如《透视美国》、《邂逅》、《证据》和《月份》等文学机构的资助,帮助莱昂内尔·特里林成了一个知名的公众人物。[97]用他自己的话说,《自由的想象》（*The Liberal Imagination*）是对"文学与政治交汇的黑暗而血腥的十字路口的"描述,此书被美国政府翻译成韩语、印地语和法语。[98]这使得特里林的书的销量超过了 10 万册。[99] 1956 年,哥伦比亚大学的教务长约翰·克劳特（John Krout）告诉特里林,美国新闻署的主任西奥多·斯特赖伯特（Theodore Streibert）"对（他的）事业有非常明确的设计"。[100]国务院安排了特里林到欧洲的访问。[101] 1958 年 1 月美国在罗马的驻埃及大使馆为他安排了一系列讲座。[102]"当代美国文学与思想的关系"一文探寻了文学与自由民主的关系,被国务院翻译成日语。[103]特里林的"精神分析纲要"一文被国防部的《美国评论报》（*Die Amerikanische Rundschau*）转载。[104]法菲尔德基金会由他以前的学生约翰·汤普森（John Thompson）执掌,[105]他资助了特里林在波兰、罗马、雅典以及柏林的一系列讲座。[106]特里林的作品集《持反对意见的自我》（*The Opposing Self*）中的精选部分被美国新闻署翻译成阿拉伯语、西班牙语和葡萄牙语。[107]当特里林获悉美国新闻署将《持反对意见的自我》译成阿拉伯语之后,他马上致信美国新闻署署长詹姆斯·米德（James Meader）:"我确信我无需告诉你,当看到书被译成与我们传统如此不同的语言时我如何高兴——也无需说当揣测我的那些句子对阿拉伯读者意味着什么的时候我如何惶惑。"[108]

在《透视美国》的第一批客座编辑中,特里林通过这些新兴的

第三章　跨国文学空间的战争

跨国形式精心经营并将自己定位成了一位批评家。他将自己的活动描述为一个短命张力的一部分，这种张力体现在他从一个美国人的角度为他不认识的而且也听不懂他们所说语言的读者写作的经历中。在《看法》(*Perspectives*) 中，他对一方面作为"文化大使"的功能与另一方面作为"作家"的功能确定了一种区分。"文化大使"，他写道，代表"一种和谐的统一"，而作家或者批评家则将文化视为"卷入了类似内乱中"。[109] "文化大使"通过"混合差异"来调和并稳固文化内部的紧张局面，就像"所有各方在战后（正在）握手言和"一样。[110] 文化大使赞同"外国观察员的"看法而将"文化"视为一种"未分化的集合体"。与此相关，评论家

> 会理解……有时候一部外国作品有力量使一种古老而原生的冲动重新恢复动力——他会认为，例如，在特定时刻，德莱塞（Dreiser）或者斯坦贝克可能会以一种巴尔扎克（Balzac）或者司汤达（Stendhal）所无法驾驭的方式，向法国人民说明暴力的可能性和社会现实的激烈呈现……但是，当美国作家对这些行为理解之后，他再次看着清单说道，因为对于他自己，这真的毫无意义。[111]

特里林拥抱这被其视为美国文化整体的固有部分的"致命的差异"。尽管如此，但与布莱克默的"全部视野"的观点不同，他的观点更加局限和狭窄；为了美国文化的生存，有些政治差异必须清除掉。但特里林的自由主义最终是不自由的；通过赞扬美国文化的多样性，掩饰他对麦卡锡主义的无言同情。通过将自己相当夸张地转换成一个拥有自己作为美国"作家"立场的角色，特里林对于"他"自己的文化在如下段落中表达了一种集体的情绪和态度：

帝国权威的档案

> 看我们！我们是一个分裂的民族。我们彼此意见相左。我们因自己的观点而蔑视彼此。真是一团糟！但这种存在是多么的正确！……因为对于我和我的盟友而言，我们不会试图代表美国精神或者美国品质——我们只是试图解决自己的问题，或者将我们的疑问置于永恒和生活必需的层面。[112]

不难看出，特里林恰恰正在做着他所说的他无法做到的事。他的第一句话发出了一道命令——"看我们！"——这立即产生了一种需求以及由"我们"所代表的人而定义出的一种身份。他声称，"我们"是分裂的，这里存在着真正的分歧，并且知识分子的言辞也充满指责。"看我们！"是一种势在必行，"我们"也必须被认为如此，因为美国社会存在着分裂。但是逆向照应地使用"我们"却掩盖了阶级、种族、性别和性取向的差异，所有这些都被简化为一种"混乱的"分歧。混乱并不是新近出现的；它以"普遍生活的复杂度"以及不是一件"单纯、简单的事情"这样的表述出现在他的书的前言部分。[113]

即使特里林发现美国很难以一种放弃与现实关联的方式去加以描绘，他依然知道如何"不"去表现它。当《透视美国》的董事——包括詹姆斯·劳夫林和威廉·凯西（William Casey）——发现一篇麻烦的文章而要求撤回的时候，他给年轻的编辑助理兼诗人海登·卡鲁斯（Hayden Carruth）写信说，在当时发展与法国主要知识分子集团的关系没有任何实际利益。他写道："法国的政治处境，即斯大林主义在法国文化生活中的制高点地位，未能阻止我们与那种生活的某些元素之间拥有原有的亲和力，但它却使当下的法国艺术界和知识界的领导层变得不可理喻。"[114]这些消极的恐惧与他对玛丽·麦卡锡（Mary McCarthy）的回应并没有什么不同，麦卡锡的文章对美国的负面描绘令他深感不安。他将她的文章修改成"美丽的美国"，以此削弱对美国生活和文化形象的批判，并将其批判的焦点放在西蒙娜·德·波伏娃（Simone de Beauvoir）的《美国纪行》（*America Day by Day*）上。[115]

尽管麦卡锡认同特里林关于美国复杂性的观点，她的批判更有依据地且实质性地面对在美国物质化生活的背景下对原子战争的恐惧："不可剥夺的生命、自由和追求幸福的权利，"她写道，"在现实中，似乎已经变成了不可剥夺的关于一个浴缸、一个抽水马桶和一罐午餐肉的权利。"[116]对于麦卡锡而言，不是文化产业自身而是商品拜物主义已经变成一种不可实现的欲望。"我们是一个拥有2000万间浴室的国家，每个浴缸里都有一个人道主义者。"[117]然而，在标准化中没有愉悦，而且"美国人并没有享受他们的财富，因为享受不是（其）目标，除了那些社会边缘人群，比如犹太人、非洲裔美国人、不法分子和同性恋者"，这些人，她写道，毫不费劲地表示出"对衣物、盛宴和丰厚财富的热爱"。[118]如果麦卡锡通过这些种族、宗教和性别差异的标签取代商品崇拜的话，那么她的批判还会将物质化生活延伸到大多数人，他们不仅因为没有在物品中找到乐趣而遭受责难，而且他们的生活模式忽略了美国本身就是一个原子武器的消费者和生产者。这些被剥夺了消费乐趣的人，她表示，无法意识到美国所生产的东西，因为他们没有在消费中找到乐趣；他们盲目消耗。"一个拥有新式炸弹的国家与一个拥有新别克车的消费者没什么不同，"她写道。真正的危险，她认为，不是美国的消费者或者销售员的形象，而是对"另一场"原子战争的真切现实的集体忽视。

幻想的银幕上深深地打着美国文化的烙印，正如法兰克福学派在其修改后的思想体系中指出的那样，幻想是在现实范围内的刻画：现实只不过是我们愿望和经历的投影。"特有的美国生活模式——民族性的苦行主义，"她说道，使得社会厌倦了炸弹的事实，但与此同时，也阻止了任何质疑其必要性的想法的出现。文化导致了对它的默许。"电影、广播、超级高速公路"已经软化了我们对于原子弹的态度。如果麦卡锡的文章是对波伏娃横穿美国的旅行回忆录的一种回应的话，那么，在不同的记事簿上她们写得更多的是在普遍存在的哲学缺席的情况下一种认识论的分歧而不是文化的分歧。

在《美国纪行》中，波伏娃从存在主义的角度批判文化产业：对于商品的美式崇拜是对于事物本质的一种信仰，而不是对于商品存在的信仰，因为商品的价值源自事物的本质。美国人，她概括道，认为"价值和真实的源头在于事物，而不是它们自身。它们自身的存在是它们没有附加任何重要性偶然而来的事物。那就是为什么它们对最终结果感兴趣，而不是对产生结果的精神感兴趣"。[120]

特里林的《看法》中所吸收的众多作家绝不是离经叛道的。麦卡锡对波伏娃关于法国存在主义的失败所进行的观察给予了某种反驳以俘获美国读者，但这是一种间接的反驳。如果波伏娃已经建议美国对于商品的崇拜阻碍了重要的存在主义的发展的话，那么麦卡锡的回应就不仅仅是否认美国对于事物本质的一种迷恋，而且还意味着除了少数人之外，它的国民其实并没有迷恋任何事物。通过否定大多数美国人没有从商品世界得到乐趣，她还写道，缺乏感情到了对国家能力的一种普遍冷漠的程度将会毁掉自身——与这个世界。然而那些在商品崇拜中体会到乐趣的人恰恰是那些在美国文化中被边缘化的人。他们无法思考他们自身的存在条件，因为现实对于他们只是他们欲望的投射，这种投射已经由文化制造出来了。他们置身于社交世界而缺乏思考，在这个世界里占据主导地位的文化是冷漠且相当无动于衷的。尽管如此，这种观点仍以一种有趣的形式遭到质疑，特里林决定重印詹姆斯·鲍德温（James Baldwin）的"每个人的抗议小说"，这使得鲍德温对理查德·赖特的《土生子》（Native Son）的评论成为最广为转载且最频繁出现的批判文章之一；它分别刊登在了《党派评论》（Partisan Review）、《零》（Zero）以及《邂逅》上，而现在，与索尔·贝娄（Saul Bellow）的"艾因霍恩一家"（The Einhorns）的故事一起，由理查德·吉布森（Richard Gibson）以抗议文学为主题为它们作序。[121]鲍德温认为，将在"抗议小说"中发现的乐趣是意识到不幸是主人公的而不是读者的。在关于《土生子》的分析中，鲍德温没有将大托马斯（Bigger Thomas）视为一种社会症状，正如他的名字所暗示的，而是对接受使其低人一等的社会和种族等级划分这种社会观点的一种反映。

对于特里林而言，麦卡锡与鲍德温的文章都体现了对美国的"复杂性"和"生命力"的肯定。他认为国家的活力是"解决我们问题"的方法。这些问题是什么，特里林在那篇文章中从未明确说明。然而，正如几位批评家所观察到的那样，[122]这是特里林用以表达其一直以来的急切关注的一种方式，他错误地关注美国生活中的一种斯大林主义元素：归属于共产党的行为本身是一种对知识分子进行控制的行为。特里林帮助起草了哥伦比亚大学与联邦和州合作调查"非美国"活动的指南。"拒绝作证不应该自动地受到谴责，但拒绝作证也不应该自动地得到宽恕，"特里林写道。[123]在1953年给《纽约时报》的信中，他写道："共产主义组织的成员几乎肯定地暗示一种对知识分子控制的屈服，这种控制与我们所理解的学术能力的各项原则完全不同。"[124]

帝国权威的档案

　　但是框架必须扩展到他对于共产主义的消极态度之外。他批判的范围是跨国的，尽管其具有明显的欧洲局限性。他所批判的人物包括纪德、卡夫卡、弗洛伊德（Freud）、阿诺德、福楼拜（Flaubert）以及奥斯汀（Austen）等，以此试图表明一种表面的世故和优雅是关于英语文学与人文主义通常将政治关切置之度外这一主流观念的一部分。这种观念意味着，政治是专业人士和专家的领域；文学，是一种被动容忍和自由主义的领域。如果我们要理解他以及布莱克默在国外的特殊功能的话，那我们就会开始注意美国如何在与世界的关系中产生了在他们两人身上体现的某种焦虑。两位批评家将这种感情结构转化为一种鲜明的国家目的感。布莱克默跨越国界，试图理解动荡的边界，这使得他不仅谈论一种完整视野而且还谈论一种美国的独特性。但是这种被其称为权宜之计的作品形式，是由新的运动节奏构建而成的，在这种新的运动节奏中民族认同与人文主义实践之间的关系被重新调整了。他将其民族忧虑转移并纳入到一个具有完整视野的景象——壮丽的帝国景象。

第四章　批判理论的档案

根据《信息自由法案》解密的档案，早在1934年，社会研究所（即逐渐被人所知的法兰克福学派）已经是联邦调查局（FBI）广泛监视的对象。几乎无一例外，基本上每个流亡的法兰克福学派成员——西奥多·阿多诺、马克斯·霍克海默（Max Horkheimer）、赫伯特·马尔库塞（Herbert Marcuse）、亨利克·格罗斯曼（Henryk Grossman）、利奥·洛文塔尔（Leo Lowenthal）、魏复光（Karl Wittfogel）、弗雷德里克·波洛克（Frederick Pollock）、弗朗茨·诺伊曼（Franz Neumann）以及其他数位成员——都被监督和调查；他们的信件和电报被拆开阅读，他们的电话被窃听，他们的公寓被盗窃，他们的隐私被监视，他们的收入税被审计，所有这一切都只因为最轻微的某种激进和左翼政治活动。[1]

正如亚历山大·斯蒂芬（Alexander Stephan）在其证据十分翔实可靠并受到广泛讨论的作品《联邦调查局监视的德国流亡作家》（*Communazis: FBI Surveillance of German Emigre Writers*）中所述，在1933年希特勒执掌德国国会之后，自1934年起，联邦调查局开始监视许多已经移民到美国的德国流亡者。[2]"几位流亡者怀疑他们的通话被录音，而他们的信件不止被拆开阅读，还被翻译、归纳、分类、拍照以及转交到其他政府部门，"斯蒂芬写道。[3]对于德国人、共产主

帝国权威的档案

义威胁以及其他导致美国民族文化被驯化的恐惧等一系列焦虑,促使联邦调查局局长 J. 埃德加·胡佛（J. Edgar Hoover）将这些流亡者都打上了"纳粹"的烙印。[4]他们的德国身份与流亡命运被视为双重威胁。譬如托马斯·曼、亨利希·曼（Heinrich Mann）以及利翁·福伊希特万格（Lion Feuchtwanger）等人都是被监视和骚扰的对象,并且面临着被驱逐出境的可能。诸如自由德国运动以及民主德国议会等反纳粹组织都受到系统观察,以至于联邦调查局可以"被当之无愧地称为世界最早的德国流亡研究中心的领袖"。[5]

在阿根廷获得巨额财富的菲利克斯·韦尔（Felix Weil）多年来大力资助法兰克福学派,也处于联邦调查局的监视之下。胡佛敦促纽约分局进行一次"关于韦尔的共产主义关系的全面调查"。[6]联邦调查局的一份案件报告中称"韦尔曾经利用他的巨额财富资助德国共产党,目前又在资助位于纽约的与哥伦比亚大学相关的经济研究组织,哥伦比亚大学是共产国际的一个经济报告中心"。[7]该机构的经济学家阿尔卡迪·古尔兰（Arkadij Gurland）被形容成"摆出难民学者的样子"以及"在美国的苏联顶级经济记者之一"。[8]亨利克·格罗斯曼在科德角度假时被深入调查。"他拥有各种关于海湾位置的数据,"一位警官向胡佛报告说。"相信他的部分身份证明是假的,而他正在被核实与第五纵队的关系。"[9]作为对汉斯·艾斯勒（Hanns Eisler）的调查部分,这名曾与阿多诺合作过的作曲家,最终在 1947 年被驱逐出境,阿多诺在洛杉矶的活动受到联邦调查局的密切监视。根据联邦调查局的一份备忘录,阿多诺拥有一辆牌照为"5E5507"的绿色的 1936 年产的普利茅斯汽车。[10]

早在 1943 年,阿多诺以及社会研究所的其他人无疑都已经意识到联邦调查局的存在。联邦调查局在 1943 年审讯了阿多诺,研究所聘请了一名律师针对他们被认为是一个共产主义前线组织的指控进行辩护。[12]联邦调查局的监视对于他们作品的用辞有着显著的影响。由于感到反共产主义的压力以及对于任何煽动性言辞的愈发谨慎,[13]阿多诺与霍克海默修改了《启蒙辩证法》的用语以隐藏其任何具有政治倾向的明显证据。在第一次出版的版本中(1947 年),凡是出现"资本主义"的地方都被改成了极其含糊婉转的表述——"现存条件"。[14]"阶级社会"被"统治"和"秩序"的比喻所替代。[15]"资本"被提炼成"经济体系"。[16]"资本主义的吸血鬼"被更加体面的"工业骑士"所取代。[17]任何提到"统治阶级"的地方都被删去。在 1947 年的版本中,统治阶级变成了非常简洁的"统治者"。[18]甚至提到"无阶级社会"的地方也被抹去了。[19]

新的比喻和委婉的修辞远非法兰克福学派悠久的自我审查"传统"的组成部分,正如罗尔夫·威格斯豪斯(Rolf Wiggershaus)所说的那样,[20]它们揭示的是这些流亡者来到美国之后所面对的压力。事实上,改变后的修辞有效地躲避了审查官。根据联邦调查局的一份报告,对于联邦调查局那些缺乏想象力的分析人员而言,社会研究所几乎没有显示些许"共产主义"思想的迹象。"值得注意的是",一名联邦调查局的探员带着些许挫败感向 J. 埃德加·胡佛局长报告时写道:"没有任何地方……作者们曾提到共产主义或者暗示他们对于共产主义的态度。而且,并没有提及这种省略的理由,尽管事实上,所阐释的观点……在许多方面看起来与俄国如今正在进行的实践一致。"[21]

确实,联邦调查局对于准确理解它正在监视的那种交流感到极其困难。霍克海默寄给阿多诺的讨论尼采哲学的笔记和电报被转交给困惑的密码破译人员和分析专家,因为两位批评家彼此在用密码通信。J. 埃德加·胡佛认为提到"尼采"和"（德国）表现主义可能是密码"。[22]胡佛并没有说，"尼采"和德国表现主义究竟代表什么。尽管如此，但借助国家、种族和政治恐慌的名义，在美国的德国流亡者的行动受到监视——后来汉斯·艾斯勒、贝尔托·布莱希特（Bertolt Brecht）以及C. L. R. 詹姆斯（C. L. R. James）等人被驱逐出境。譬如马克斯·霍克海默在他的电报中写下了"好吧"（Alright），一个明显的对美式自满的嘲讽，但是在充满创意的联邦调查局人员的脑海中，这个名字突然成了一个假名，也因此成为一种可能的颠覆活动的信号。[23]的确，起初联邦调查局将法兰克福学派视为一群追踪犹太难民活动的纳粹团体，因为至少有一次，他们试图为沃尔特·本杰明弄到一张签证以让他可以离开法国而来到美国。[24]

然而，流亡不仅仅是受美国文化侵犯的经历。这不是对文本的损害，而是对生命。阿多诺在他50岁生日那天写信给他的朋友马克斯·霍克海默说，在他所有的作品中，《最低限度的道德：对受损害生活的反思》（*Minima Moralia：Reflections on a Damaged Life*）可以说是对流亡在美国的文化压力的最富有启发性的叙述，在这里阿多诺最终有了曼的陪伴，以及以利翁（Lion）和玛尔塔·福伊希特万格（Marta Feuchtwanger）为中心的流亡团体的保护，拥有了位于加州太平洋帕利塞德美丽的别墅奥罗拉。

然而，对于阿多诺而言，流亡也意味着与实证主义和帝国主义思想和实践的不愉快的交锋：

据我所知，流亡者过去的生活是被抹去的。早先它是一纸逮捕令，今天它是被宣布为不可转移和无法移植的知识经验。任何未被具体化的东西，都无法被清点和测量，不复存在……物化四处蔓延……

至不可自我实现的生命。因此,一项特殊的说明被发明出来。它被称为"背景"而出现在问卷调查的附录中,就在性别、年龄和职业之后。为了完成侵犯,生命沿着团结的统计学家们凯旋的汽车被拖行,甚至过去从现在起也不再安全,生命关于过去的记忆给予它第二次机会去遗忘。[25]

阿多诺被监视调查仅仅是定义流亡生涯的一个元素。对于阿多诺而言,流亡也导致其竭力反对一系列关于价值以及社会分析对象的假说。抵达纽约后不久,阿多诺受雇于普林斯顿广播研究项目,这个项目主要由资助布莱克默的洛克菲勒基金会的同一部门资助。但如果布莱克默受聘是负责审视"新文盲"的传播的话,那么阿多诺被录用则是为了评估广播听众的"品味"和"喜好"。在位于纽泽西州纽瓦克的一座废弃的啤酒厂里,阿多诺将自己的批判关注投入到了"提高收听态度的标准"的研究上。[26]

由心理学家哈德利·坎特里尔(Hadley Cantril)、弗兰克·斯坦顿(Frank Stanton)(哥伦比亚广播公司〔CBS〕的前任主席)以及保罗·拉扎斯菲尔德(Paul Lazarsfeld)负责的这个项目是社会科学领域的一项重大任务,该项目旨在改善收集听众信息的方式和测量数据的技巧,用以提高广播质量。所获资助的名称是"广播对于所有类型听众的核心价值"。[27]用坎特里尔(Cantril)的话说,此项研究意欲调查和分析"广播在心理学方面对于民众的价值,以及他们喜欢广播的各种原因"。[28]正如保罗·拉扎斯菲尔德所写的那样,此项目试图调查"决定广播影响的趋势和局限的心理以及社会因素"。[29]此项目比阿多诺研究广播音乐的结构的单纯评价方法具有更广泛的影响。

然而,阿多诺提出了作为此项研究基础的特定假设。他关注的

帝国权威的档案

重点在于广播音乐的形式要素如何根本性地将对音乐的真正理解转变为对它的单纯欣赏。在阿多诺看来，不仅仅是内容而是媒体自身的特定本质导致了严格审查。如同他在"关于广播音乐的社会评论"一文中所言，收听行为由一种享受所驱使，这种享受的真正且唯一的基础在于听众对所听到的预先期待的声音感到满意。所听到的再也不是音乐，而是旋律、一串音符、一段乐章和一种期望的实现。"交响乐收听的倒退"，他写道，"是因为收听的不再是领会整篇乐章，而是思索那些旋律，就好像交响乐的结构与一首民谣一样。"[30]他所谓的广播的"推广偏见"内在性地阻碍了收听对象充分理解广播音乐，他听到的只是旋律和乐句，而不是比如一整篇交响乐。广播音乐是对音乐的欣赏，这意味着音乐只在确认其身份的认知行为中才被享受。此外，阿多诺认为，如果不理解社会作为一个整体如何制约收听形式的话，那就永远不会对听众态度和品味作出任何有意义的调查。在社会隔绝环境中收听广播音乐的特定本质意味着，听众处于音乐是在为他们而且只为他们广播的错觉中。如果识别一段音乐的乐趣在于能听出贝多芬奏鸣曲的几个小节，那么所听到的就不再是音乐，而是一串音符、一段乐句以及一个制造出来的自我实现的愿望。

阿多诺的观点挑战了项目主任、社会学家保罗·拉扎斯菲尔德占主导地位的假设。阿多诺认为，一首乐曲的流行不是某种可以受制于社会分析且可以测量的东西；相反，他认为所流行的是"一种功能性条件"，必须"取决于假设要流行的艺术对象的结构以及与假设要流行的艺术对象在一起的人群的结构"。[31]阿多诺的普林斯顿作品——"音乐广播的社会批判"、"关于流行音乐"以及"广播交响乐"——不符合此项目的规定。在拉扎斯菲尔德看来，阿多诺显示了一种

第四章 批判理论的档案

"对证据和系统的实证研究的漠视"。他指责阿多诺"将道德和美学的判断与科学事实的问题混为一谈"。他认为阿多诺的作品具有一种"不诚实的气息"并表现出一种"坦诚的缺乏"。总体而言,拉扎斯菲尔德暗示,阿多诺不愿服从美国经验主义和实证主义的要求。[33] 负责普林斯顿广播研究项目的洛克菲勒基金官员约翰·马歇尔写道,阿多诺似乎"此刻在心理上沉迷于其发现广播音乐缺陷的能力,并且到了质疑其自身设法弥补它们的驱动力"。[34] 一定程度上由于阿多诺不愿承认此项目的假设,洛克菲勒基金会于1940年夏天中断了对该项目的资金支持。

阿多诺的不妥协在各个方面都表露无疑,已经超越了他对拉扎斯菲尔德良性管理方法的批判。不仅在纽瓦克收集的数据带有商业性质,就连普林斯顿广播项目本身也是新兴的传播研究和社会科学领域一种更广泛运动的一部分,这些领域开始研究广播作为一种政治和文化控制的形式的潜能。[35] 作为审视和确定音乐品味和听众喜好的尝试的一部分,普林斯顿项目开发了各种方法以分析旨在调节和控制"潜意识"的基础的广播。[36] 在一份题为"宣传的心理学分析"的研究报告中,普林斯顿项目为"技术宣传"的发展提供了一个案例。[36] 研究认为,比起发布抽象的关于"自由"和"民主"的价值观的声明更有效的是技术宣传,如果这种技术宣传发布的是特定而具体的能够导致所渴望的意识形态效果产生的"事实"。研究报告称,"技术宣传不是竭力告诉人们去哪里,而是给他们指明应该选择的道路。"[37] 报告继续道:"我们应该一直记住,宣传最成功的时候是在它对各种态度产生影响之前及时建立并准备好了这些态度。"[38]

然而正像这种新型表达方式能够为政治目的服务一样,它也成为观察和支配控制的一种策略。哈罗德·拉斯韦尔(Harold Lasswell）为另一项在芝加哥大学进行的由洛克菲勒基金支持的项目进行研究，他将广播研究形容为对规范"统一的决策（制定）过程"的关注结构的客观调查。拉斯韦尔将通讯视为实际的领土征服和统治的替代：

> 对于政体巩固和免于征服的方法而言至关重要的是一种共同关注结构的发展。关注结构必须与其他重要因素互相作用……在目前的社会进程向一种统一的决策过程阶段的转变之中，某个特定时期的紧张形式必定对与这个时期的开始相关的一些倾向有所影响，导致需求、认同和期望的相关结构以及运作机制的一种变化。让通讯研究发挥其直接作用要通过改变非苏维埃世界对战略要点的关注结构，以及明确对理性的统一策略至关重要的因素。[39]

以相同的方式，普林斯顿广播项目的主要目标是监控、解密以及确认收听活动中的个人品味。

许多阿多诺后来的著作的潜台词可以解读为对于那段经历的一种反应。阿多诺与霍克海默写于1942年的《启蒙辩证法》注意到欧洲的政界要员独特的制度和政治窘境，他们面临着具体知识形式的工具化，这是阿多诺在普林斯顿项目中已经批判过的。阿多诺与霍克海默的《启蒙辩证法》以对弗朗西斯·培根（Francis Bacon）的"以知识替代信仰"的文章的一篇评论开始。[40]他们将培根描述为提出"无用概念"和"盲目实验"的"实验哲学之父"。[41]他们写道，现代科学放弃了对"意义"的任何追求，取代"概念"和"规则"的是"公式"，而取代原因和结构的是"可能性"。他们批判"事实心理的胜利"，在这种心理下"数字成为启蒙运动的准绳"。[43]他们认为,所有不能被量化的事物对于启蒙运动思想者而言都是一种"幻象"。"科学计算"和"等式"驱动着它的方法。[44]

阿多诺与霍克海默因此将卢卡奇"物化与无产阶级意识"的韦伯式基础延伸为实证主义对象。霍克海默与阿多诺由此并没有一概否定启蒙理性,而是阐释一种特定的理性话语如何从启蒙运动中出现。生活的物化能够在"经验主义"研究自身的各种方法中找到。的确,在关于启蒙运动概念这一章的结尾附有一个脚注,用以抨击洛克菲勒基金会所资助的那些项目试图发明"公式"从而使"技术置于控制之下"。[45]他们批判洛克菲勒社会学家们在"寻求解药"的过程中坚持它的项目的原则。[46]

如果说《启蒙辩证法》挑战了知识作为一种控制手段的现行方式的话(将启蒙运动转变为它正要反对的事物),经验主义意识形态放大了阿多诺在美国作为流亡者经历的错乱。"对于一个来自外国的知识分子而言,清楚无误的是如果他希望有所成就的话,他就必须消灭作为独立自主个体的自己,"阿多诺后来在《棱镜》中如此写道。[47]实证主义与经验主义将现实简化为一种平淡和被管理的演算,其作用体现在正遭遇现代性的流亡者身上。在《最低限度的道德》(*Minima Moralia*)中,阿多诺称:"安居,从适当的意义上来说,现在是不可能的。我们长大成人的传统居所已经变得让人无法忍受:其中的每一个舒适特性都以对知识的背叛为代价,每个住房的遗迹都以家庭利益的发霉契约为代价。"[48]格言式的《最低限度的道德》本身揭示了受损的、支离破碎的流亡者的境况,他的变迁无法用一种散文的形式进行叙述,而需要用一系列格言和曲线式的评论。"房子已成过去",阿多诺写道,"最佳的行为方式,在所有这些面前,仍然似乎是一种未作承诺的、蛰伏状态的方式……现实的一部分是

帝国权威的档案

不要待在自己的家中。"⁴⁹经验主义已经折衷了经验的类别。正如他后来所写的：

> （在美国）我不得不采用经验主义的形式去认知，全部未规范的经验范围更多地是由经验主义者的基本原则所制约而不是经验的概念本身，而这已转化成了科学实践。我心中所想的终究是对抗经验主义变形的一种经验的恢复，如此而言，这不会是最荒谬的描述。对于回到德国并可能在欧洲追求我自己的利益而不……为政治启蒙运动作贡献，那并不是一个无足轻重的理由。⁵⁰

如果从实证主义意识形态角度而言，阿多诺部分地象征了流亡经验，这在总体上破坏了经验的类别，在战后的德国，他对于实证主义的批判将面临新的、大多是体制上的挑战。

调和

战后社会研究所与其在纽约以及战前在法兰克福的前身有着实质的不同。"早在1951年，仍然留在美国的研究所成员在其方向上发现了微妙的变化，"马丁·杰伊写道。⁵¹马克斯·霍克海默得到了曾在1930年代负责关闭研究所的同一德国官员的同意。⁵²美国高级委员约翰·麦克罗伊（John McCloy）个人对研究所很有兴趣，⁵³他的许可让研究所改变了风格，形成了对早期马克思主义政治的一种系统性的自我审查。霍克海默将研究所期刊中许多关于马克思主义的卷册"放入研究所地下室的一个板条箱里，钉上，放在……拿不到的地方"。⁵⁴1950年，霍克海默签订了一个研究曼内斯曼（Mannesmann）公司劳工关系的合同，这家公司曾在战争期间资助纳粹党并建立了一个反布尔什维克联盟。[55]不仅如此,霍克海默还培养了与像普林斯顿广播项目前负责人坎特里尔这样的学者之间的友谊。截止1963年,霍克海默甚至正式与文化自由代表大会建立了联系。[56]

这些联系造成的结果就是,阿多诺丧失了许多批判反共产主义话语的能力,同时也丧失了批判性地调查研究他自己与战后德国社会和文化关系的能力。他写了大量非典型性的直白的政治免责声明,重申他和研究所的反共产主义立场。"我们绝对强烈拒绝将我们的任何作品解读成一种对于俄国的道歉,"阿多诺在一份备忘录上写道,他已经考虑将声明刊登在麦尔文·拉斯基(Melvin Lasky)的《月份》上,这是一份由文化自由代表大会资助且在柏林很有影响力的杂志。[57]甚至许多阿多诺1950年代和1960年代初的音乐作品也刊登在了文化自由代表大会设立于维也纳的期刊《论坛》(Forum)上,而他关于斯宾格勒(Spengler)的文章则登在了《月份》上。

《月份》为阿多诺提供了证明自己反共产主义者的资历的途径。贯穿整个1950年代,他为此写了数篇文章,其中包括"关于神经官能症的政治"(1957年),对阿瑟·凯斯特勒的关于亲苏维埃知识分子("Kritik")的文章的一篇评论,以及最重要的"强迫性和解"(1958年),这是针对捷尔吉·卢卡奇的"我们时代的现实主义"(Realism in Our Time)的一篇引发争论的评论。阿多诺的评论下笔很重,而且与《月份》的政治姿态保持一致。他将卢卡奇称为"文化教条主义的政委",即便卢卡奇已经表达了他对于苏联的幻灭而且最关键的是,他支持纳吉政体反对苏联在1956年干涉他的祖国匈牙利。[58]阿多诺的大量评论都是毫无根据的。卢卡奇在战后返回了匈牙利,在那里他发现自己的作品被批判成了修正主义。

阿多诺的反共产主义不仅是西德面临的冷战共识的产物,而且

帝国权威的档案

因为研究所与美国高级委员约翰·麦克罗伊的关系而得到强化,麦克罗伊对于评估西德人针对美国军事占领的态度很感兴趣。[59]一回到西德,阿多诺的政治参与就采用了一种社会行动主义的形式,这种社会行动主义建立在他所批判的实证方法之上。1951年,在由美国高等委员会发起的一次会议上,阿多诺发表了演讲,强调实证方法在评价德国社会客观条件中的重要性。"德国的实证研究必须严格地……揭露社会情况的客观性,而远非个人或者集体的意识,"他如此认为。[60]他强调方法本身具有一种批判和政治活动的目标:

假如我们面对源于某些所谓人文主义社会学权威的言论,声称因为其本质上的保守精神,所谓的农村人口抵制技术和社会创新,我们不会对这种解释感到满意……比如,我们将派一些熟悉农民的采访者到农村去,鼓励采访者坚持更深入地提问,此时农民告诉他们之所以留在农场是出于对故土的爱和对父辈传统的忠诚。[61]

对于阿多诺而言,关于文化的社会学研究从此不再是一项中立或者客观的科学实践,而是对抗并改变研究者试图理解的现实的实践。回到德国以后,他认为识别出保留在战后德国文化中残存和潜在的法西斯主义和反犹太主义元素是十分重要的。他那些年的主要合作课题源于《专制人格》(*The Authoritarian Personality*)。[62]题为"群体实验"的研究,是关于德国民众对于美国政府、第三帝国和大屠杀态度的社会学研究。正如他之后在"研究过去的意义"中写道的那样,他发现"民主中的国家社会主义残余可能比反民主的法西斯主义倾向的残余更具威胁"。[63]根据"群体实验"的结果,其试图测定的实验对象对于独裁主义的偏好处于所谓的"A级",阿多诺的

第四章 批判理论的档案

担忧由此可见一斑。战后，反犹太主义依然是一个普遍现象。许多身在康拉德·阿登纳（Konrad Adenauer）的西德人表现出了对大屠杀现实的令人忧虑的忽视，并且相当一部分少数派仍旧对纳粹主义持正面观点。[64]

然而，1957 年，阿多诺将再次改变他的路线。1957 年他晋升为正教授之后，他无须再依赖于做一位关于实证研究正统性的知识分子。在数篇文章中——"社会学与实证研究"（1957 年）、"社会学研究中的团队合作"（1957 年）以及"意见迷惑社会"（1961 年）——他系统地表述了关于实证主义他所一直清楚认识的问题。"文化，"他写道，"恰恰是这样一种非常情况，它排除了想要衡量它的心理。"[65]他对实证主义的批判不仅分裂了德国社会学，这在 1961 年他与卡尔·波普尔（Karl Popper）在图宾根的辩论中得到了最充分的表达，而且这似乎也与他关于反共产主义削弱了民主机构的认知相一致，他正试图通过演讲以及广播演说来强化这些民主机构。事实上，在其关于实证主义的批判以后，阿多诺更加明确地试图指出，在战后的德国社会，反共产主义是如何保留着纳粹主义和反犹太主义的残存因素。在"研究过去的意义"一文中，阿多诺提出，"对于东方的抵抗包含了其自身的动态，这种动态唤醒了德国的过去。不仅从意识形态的角度，因为反对布尔什维克主义的斗争口号总在为那些对自由比布尔什维克自身更不怀好意的人进行掩饰。"[66]对于实证主义的否定从此不仅成为阿多诺方法论上的转变，也成为其一个政治转折。在"社会学与实证研究"（1957 年）一文中，他重复了许多已在《启蒙辩证法》中暗示过的内容，此外，他还强调了"理论"，对此他分别以"哲学"或者"批判"为密码，从而作为质疑分析对象和类别的一种方式。[67]

对于阿多诺而言，文化及其意识形态的研究是实证社会学具体化的对象。"目前，"他在1957年写道，"随着对文化科学（Geisteswissenschaftlich）和形式社会学的失望，有一个主要的趋势是将实证社会学研究放在首位。它及时可用的实用性及其与所有类型的行政机构的密切关系无疑在此发挥了作用。"[68] 阿多诺的论证前提是，实证主义对于其对象持有一种具体化的观点，这已经被实证分析从时间和空间上确定了下来。伴随着其市场分析的本源，实证社会学成为了工具理性和同一性思想的另一种形式。它将一种身份归因于其拜物主义的对象，并且回避对于由其方法所构建的类别的质疑。他多少有些姗姗来迟地批判了普林斯顿计划的方法，称其研究是"原子论的"和"过度物质化的"。他们对于数据的兴趣是一种"拜物"，这掩盖了"调查者与其结论的毫不相干"。[69]

阿多诺针对实证论的批判对于他的工具理性批判而言具有强化效果，他将后者延伸到了1960年学生运动的政治实践。他拒绝支持学生和反战运动大都是他对于实证社会学干预的结果，他拒绝支持的学生和反战运动主要在欧洲以及美国的战后学术领域。阿多诺不再坚持认为，学生运动是一群实证论者通过数据分析试图推翻现存的社会结构。当然，激发他评论的推动力是学生们将实践与理论混为一谈。正如实证论者特别优待分析对象那样，学生运动也同样不假思索地将重点放在"策略"和"行动"上。对于阿多诺而言，这种思考与活动令人想起了工具理性的危险。在"批判"（1969年）一文中，阿多诺写道："对实证性的集体强制力使它即刻转化为实践，而同时又恰恰被那些自认为处于社会最明显对立面的人们所掌握。这是行为主义顺利融入社会主要趋势的重要方式。"[70] 在"理论和实践的旁注"一文中，他总结道，通过对学生运动强调行动优先的批判以抨击韦伯的"科学的去意识形态化"。"行动主义是后退的,"他说,"在实证性的咒语下……它拒绝反思自己的无力。"[71]对于阿多诺而言,学生对于实践的强调大多是他们假设中的认同(identitarian),并且以他与霍克海默所谓的"比例"为基础。"理论与实践统一的教条……是非辩证性的,"他认为,"它暗中盗用了简单的同一性,其中矛盾自身具有了变为富有高效性的机会。"[72]阿多诺所发现的专制主义和工具主义因此与他在《启蒙辩证法》中所痛斥的理性没有区别,具有讽刺意味的是,同样的文本鼓舞了学生运动并由于学生运动而广泛传播。

阿多诺用以反驳工具理性的恰恰是以其对立面为基础的思想,以及对于"方法"和"目的"之间一种强迫且可调节的同一性的拒绝。在剑桥大学的一个座谈小组中,与卢卡奇以前的学生吕西安·戈德曼(Lucien Goldmann)一道,阿多诺观察认为:"方法应该视对象来定而不是相反。这个观点……属于也全都已经根本性地受到实证精神压迫的观点。"对于阿多诺而言,"理论"与艺术作品是两种抵抗物化的实践。"艺术作品……说明了它们所避免的现实:生命产物本来的面目,"他写道。[74]阿多诺认为,艺术作品表现了社会固有的对立,不只是作为艺术自主性的一种功用。阿多诺表示,如果艺术作品将这些对立具体化的话,它就不再是一件艺术品了。

对于阿多诺而言,艺术作品的自主性最终具有一种社会特性,只要它们在作品中表现社会调和的对立。他认为,这些对立被社会所调和,而通过强调形式与内在冲突之间的关系来分析这些矛盾是批评家的职责。艺术作品的内在冲突程度越高,其艺术性也越高。一方面,阿多诺提出一个形式主义的观点,在《美学理论》(Aesthetic Theory)中认为"现实中不可解决的对立体现在艺术作品中就是形式的内在问题"。[75]另一方面,阿多诺在提升艺术的同时又剥夺了它的自主性。阿多诺意识到了这种矛盾情绪,"艺术作品具有双重性格",他对戈德曼(Goldmann)说,"它同时也是一种社会事实以及——与现实相关的其他某些东西,某些与现实相违背且具有某种程度自主性的东西。艺术的模棱两可,因为它属于社会而又因为它不同于社会,导致了这样的事实,即最高水平艺术的真实内容以及最终作为一件艺术作品所赋予它的特性,都不可能属于一件纯粹美学的事情。"[76]

阿多诺的批判和美学理论基于他无休止且不妥协的独立自主,而这遭到了他以前学生们的广泛批判,他们对于他没有对他们的抗议、静坐和罢工表示丝毫热情而深感失望。但是阿多诺的失望并非根植于对现存社会结构的盲目忠诚;而是,他认为,在1960年代民主解放运动中学生运动所代表的现实景象,打个比方说,只是工具理性的表现。他的这种关于运动的大量批判都以对第三世界的敌意的形式呈现出来。像法兰克福学派的其他成员一样,阿多诺从未发展一种帝国主义或者殖民主义的理论——尤尔根·哈贝马斯(Jürgen Habermas)曾经表示对于发展中世界缺乏积极兴趣——阿多诺的欧洲中心论和对于解放运动的不予理会源自他对于工具理性的批判。阿多诺批判的不是反殖民主义斗争本身,而是斗争已经变成工业化世界里对于政治行动不假思索的需求的现实——不适合于1968年所具备的条件的实践模式。[78]在"理论与实践的旁注"一文中,阿多诺写道:

对于管理炸弹的人,路障是荒谬可笑的,这就是为什么这些路障是一个游戏,而庄园主眼下让赌徒们继续玩着。对于第三世界的游击战术而言，事情可能不大一样；没有任何事情在被管理的世界中可以完整运转却不造成任何损坏。这就是为什么发达的工业化国家的行动主义者选择不发达国家作为他们的模式。但是他们与被无奈和无耻地谋杀了的领导者们的个人崇拜一样无能为力。甚至在玻利维亚灌木丛中都无法自证的模式是不能被输出的。[79]

甚至在他对于"玻利维亚灌木丛"游击战术输出的负面评论中，阿多诺的评论特点在于其坚定不移的信念，认为理性不应该被工具化，而所有同一性思想（identitarian thought）都是管理和具体化的。最终对于阿多诺而言，任何不假思索地将实践与理论统一起来的思想都是非辩证的，是与批判自身的实质相妥协的。构成阿多诺批判理论基础的是其对于理论自主性的不懈坚持，如同他对于理性工具化和思想物化的反对那样。

以最明确的方式确切表述的话，这是如同主体与客体之间、思想与行为之间，或者艺术作品与世界之间不可调和的关系。在他对卢卡奇的《我们时代的现实主义》（*Realism in Our Time*）的评论中，阿多诺认为卢卡奇已经使现实主义理论向社会主义实践的胁迫"妥协"了。在阿多诺看来，卢卡奇忽视并排除了艺术的对立和矛盾，而使它们受制于忽视艺术作品固有的动态矛盾的僵化教条。尽管阿多诺的评论无疑是严厉的，但不无反共产主义的偏见，他的论述概括了蕴含于他的几乎所有作品中的一种倾向。在他对卢卡奇的《我们时代的现实主义》的评论中，阿多诺写道："卢卡奇关于（主体与客体之间的反思），是他的美学的最高标准，意味着已经达成和解，社会已经得到修正，主体已经进入其自身并且熟悉了它自己的世界。"[80]

帝国权威的档案

然而近些年来，批评家与知识分子已经将阿多诺关于矛盾不可调和性的观点视为一种模式和一种用之不竭的批判选择。在许多方面，阿多诺作为一个知识分子，拒绝了党的指示和政治行动的命令，使经常被围困的知识分子的空间保持了活力。正如弗雷德里克·詹姆森（Fredric Jameson）在1990年所评论的，阿多诺"可能被证明是我们自己时代的分析者"。[81]对于爱德华·萨义德而言，阿多诺的著作——他的《否定的辩证法》（*Negative Dialectics*）、他关于音乐的作品以及他晚期风格的作品——是解决核心问题之一的一种方式，在此基础上，一种变革的、非强制性的和非统治性的人文主义能够被建立起来：新的人文主义并不是建立在同一性或者同一性的固定而统一的概念之上的，而是基于一种否定的辩证法，这使他发展了一种以语言学、语言研究为基础的人文主义，这种人文主义处于由阿多诺晚期风格理论的挑战所形成的领域之中。

第五章　人文主义、领土和问题技巧

> 什么是真理？仅仅是许多流动的隐喻、转喻和拟人化：简而言之，是被诗意和修辞地强调、转换和美化的所有人类关系的总和，在被长期使用之后，人们似乎被其校正、规范和约束。真理是幻觉，而我们已经忘记其为幻觉；真理是比喻，而且已经被耗尽榨干其感性的力量，真理是已经失去浮雕花纹的钱币，现在被视为金属而再非钱币。
>
> ——尼采，"关于非道德意识中的真实与谎言"[1]

20世纪很少有知识分子能像爱德华·萨义德那样成为如此大量的横跨多学科的批判的主题。一批致力于研究他的作品的书籍在过去的这些年不断涌现。[2] 纵然不是全部，但许多评论都源于对他最具国际影响力的作品《东方主义》（*Orientalism*）的争辩和讨论。[3] 然而，尽管所有评论都尝试定义和界定一种包罗万象的贯穿于萨义德的25部著作中的方法论，其中却鲜有能成功地或者稍有说服力地确定出一种方法是从他最早期的作品《约瑟夫·康拉德与自传体小说》（*Joseph Conrad and the Fiction of Autobiography*）持续到他之后的作品的，譬如《人文主义与民主批判》。[4] 而这样一位知识分子，他被归功为开创了诸如后殖民主义研究等领域，为人文主义在总体上的改造做出了具有决定性转变的贡献，而在与他所面临的不断变化的迫切需要相关的方面却被证明是如此难以理解，他作为一名知识分子处于一个与他评论的行为准则、正统思想以及其他同一性思考方式有着特殊关系的背景之下。然而，与此同时，萨义德与一系列的关键人物、知识分子以及评论家之间也显示出一种持续的相似性，这些人包括埃里希·奥尔巴赫、詹巴蒂斯塔·维柯（Giambattista Vico）、安东尼奥·葛兰西以及西奥多·阿多诺等。[5]

使这些评论的相似性难以被视为一种评论行为的整体方法的是，在整个萨义德的著作和访谈中，[6] 他从未给自己明确地定义一种持续的方法。绝大多数对他作品的评论焦点或者针对其概念的运用，譬如世俗主义和人文主义，或者针对《东方主义》的前言，其中米歇尔·福柯（Michel Foucault）与安东尼奥·葛兰西的理论贡献在他整个作品中发挥了重要但绝非核心的作用。尽管关注这两位理论家以及他们与萨义德的许多其他作品之间若有似无的关系，但评论家们对于萨义德的总体评论态度的特征已经基本达成共识——对抗式的、少数派的或者唯信仰论的。[7] 他的作品经常被描绘成展现了一种浓重的、被强烈激发的不安，并通过各种综合的但绝对反体系的方式得以展现，这种方式经常制造出看似不可能的关联，[8] 例如，像简·奥斯汀（Jane Austen）的《曼斯菲尔德庄园》（*Mansfield Park*）与其基于安的列斯群岛种植园奴隶劳工的背景之间的关联。[9] 所有这些在他的讨论中都是同样显而易见的，他的讨论既有关于乐谱中、路德维希·凡·贝多芬（Ludwig von Beethoven）的演奏中，以及瓦格纳（Wagner）的歌剧中的音乐无声这种看似矛盾的表现手法，也有关于

第五章 人文主义、领土和问题技巧

诸如 E. P. 汤普森与拉纳吉特·古哈（Ranajit Guha）等历史学家的作品中无声所起到的作用。[10]

为何萨义德的方法一直如此难以捉摸，这部分地与学术上试图鉴别一套阐释程序有关，这套程序过分强调福柯式（Foucauldian）的"东方主义"范畴以至于对詹巴蒂斯塔·维柯、埃里希·奥尔巴赫以及西奥多·阿多诺在定义方面的贡献都被蒙上了阴影。但福柯对"东方主义"的重要性是确定无疑的，不仅在萨义德对摘自福柯的《知识考古学》（*Archaeology of Knowledge*）和《纪律与惩罚》（*Discipline and Punish*）的几个批判术语所作的明确强调中，而且也在他对东方主义的阐述中。[11]的确，《东方主义》的主要重点，旨在确立一种"非统治性和非强迫性"的、在西方文化中表现伊斯兰东方的知识和权力形式的条件，[12]研究了一系列 19 世纪法国和英国的小说家、诗人、语言学家、历史学者、旅行者以及帝国的行政官员。这些人物中有作家爱德华·雷恩（Edward Lane）、康斯坦丁·伏尔尼（Constantine Volney）、弗朗索瓦—勒内·德·夏多布里昂（Français-René de Chateaubriand）、阿尔封斯·德·拉马丁（Alphonse de Lamartine）、热拉尔·德·奈瓦尔（Gérard de Nerval）以及古斯塔夫·福楼拜（Gustave Flaubert）；第一位现代东方学家西尔维斯特·德·萨西（Sylvestre de Sacy）与法国语言学家欧内斯特·勒内（Ernest Renan）的文章；T. E. 劳伦斯（T. E. Lawrence）的论述；路易斯·马西隆（Louis Massignon）与 H. A. R. 吉布（H. A. R. Gibb）的文章；西勒万·列维（Sylvain Lévi）的演讲；以及莫里斯·巴勒（Maurice Barrès）的近东旅行记录。借鉴福柯的作品，萨义德将所有这些关于"东方"的作品视为一种话语。勒内、福楼拜、T. E. 劳伦斯以及其他人的作品形成了一门学科、一部文集，"西方"以此控制和制造了

"东方",但同时也决定了关于所谓的"东方"什么可以说而什么不可以说。这种东方话语和知识的影响使得对东方的权力和统治得以实施。"东方学者"的作品表达了"一种愿望……不仅要了解何(为)非欧洲的,也要掌握和控制什么是明显不同的"。[13] T. E. 劳伦斯亦是如此"强行"使亚洲"变为形式",使英国能够更好地管理它、控制它和统治它。[14]

尽管如此,福柯对于萨义德的《东方主义》的重要性只在于部分地对他的方法产生了影响。[15] 以福柯式的术语去解读《东方主义》,当然有助于领悟他所意识到的权力意图与知识意图之间密不可分的关系,但如果过分强调萨义德将"东方主义"简单地视为一种凭借某种权力经济支撑自己的跨学科机制,这也是错误的。对于他而言,安东尼奥·葛兰西对霸权实践的描述和概念化,解释了某些关于所谓"东方"的理念在民主社会中如何胜过其他理念的。此外,将关注过分地放在萨义德与福柯之间的关系上所遮盖的是萨义德与英国马克思主义浪漫传统之间的积极关系:雷蒙德·威廉斯的《乡村与城市》(The Country and the City),尤其是萨义德试图表达一种解放的和乌托邦式的选择去"为一种新型知识创造对象"。[16] 诸如东方主义这样的表述是为非统治性的、非强迫性的知识建立条件的一种尝试,而他的断言称康拉德(Conrad)对非洲的描述会使人"想象在被瓜分成若干殖民地的非洲之外的某些东西",则属于创造一种全然不同的知识秩序的可能性。[17]

与福柯不同,《乡村与城市》没有为萨义德提供一套批判术语("话语"、"罕见"、"外在性"、"知识"以及"权力"),而只提供了一个理论问题,构成这个问题的是18世纪田园宅邸诗的文学和诗歌形式、19世纪简·奥斯汀(Jane Austen)的小说、威廉·科贝特

第五章　人文主义、领土和问题技巧

（William Cobbett）对于乡间的田园描述，以及在查尔斯·狄更斯（Charles Dickens）、托马斯·哈代（Thomas Hardy）、乔治·奥威尔等的作品中所表现的乡村土地的城市化。的确，威廉斯作品的意图是强调工人阶级、农村劳动者、农民、客籍劳动者以及来自英国殖民地的移民工人的客观"缺席"，他们在城市和农村的描述中被排斥和隐形，表明了一种超越地理、区域和财产分割的竞争性社会关系，这种社会关系是审美形式的一个固有部分。[18]

然而，正如威廉斯自己所观察到的那样，某些种类的方法论突破会轻易成为方法论陷阱。[19]阻挠对他作品的主要批判类别和见解的具体化——对位批判的理念（他关于这一理念的讨论见《文化与帝国主义》〔*Culture and Imperialism*〕）、[20]隶属关系的批判概念以及世俗批判的实践（他在《世界、文本与批评家》〔*The World, the Text, and the Critic*〕中详细论述了这一点）——萨义德的实践看似依托于一种世俗的否定辩证法，这种辩证法是与世界紧密相关的。[21]使他的实践难以作为一个整体予以把握的是此种批判立场不是简单地将批判定位于反对正统、教条和体系，而且也定位于"文化与体系"之间的批判空间。[22]《世界、文本与批评家》起初题为《文化与体系之间的批判》，这一点并不是无关紧要的。因此，他的作品在一定程度上可以理解为在实践与理论之间达成了一个"坐落的"位置。然而，那些位置的确切所在并不应该表述为简单运用否定或者反对的术语；如此拉平他的位置就忽略了萨义德所欲表现的辩证的张力。说"像尼采一样，萨义德对抗的程度到了他仅仅攻击胜利的原因"，这是不够的。[23]当萨义德用隐喻描述批判实践属于"横渡、跨越地域并始终放弃固定位置的"旅行者的领域的时候，他并没有立即在这些问题上帮助我们，[24]恰恰因为这样的论述会引出问题，批评家从何种角度并如何反抗的呢？

后者大多源于萨义德于 1947 年 12 月从巴勒斯坦流亡经历的叙述。[25]写作《东方主义》，他说，因为他"意识到作为一个'东方人'，如同一个在两个英国殖民地长大的孩子"。他的全部教育都是殖民地的（首先在巴勒斯坦，然后在埃及，再后来在美国）。"但是"，他写道，"深深的早期意识……固持着。"在许多方面，他的东方主义研究是"盘点（他身上的）种种痕迹的一种尝试，东方主题是关于一种文化的，这种文化统治曾是所有东方人生命中的一个强有力的因素"。[26]然而，他的身份与他流亡经历的描述的结合往往导致一种流亡者与批评家观念立场的混为一谈。而且，虽然萨义德的确想要保持由流亡者可以提供的潜力——由移位而界定的一种位置——这样一种位置不必然要求一种异议立场、反对或者对正统或教条的否定。只要想一下亨利·基辛格（Henry Kissinger）或者兹比格纽·布热津斯基（Zbigniew Brzezinski）两位流亡者，他们通过使自己顺应权力而施展自己的能力优势，而不是像西奥多·阿多诺那些人一样不遗余力地对抗权力。流亡需要被理解为一种历史经历，但与此同时，其本身并不是批判的一个充分的先决条件。"虽然流亡是一种实际状况，但对于我而言，它也是一种隐喻的状况。"他写道，"因此，我的意思是我对于流亡中的知识分子的分析源自移位和迁徙的社会政治历史……但并不仅限于此。"[27]

语文学领域

在萨义德用以表述一种新的或者替代性的人文主义实践基础的全部人物中，无人可以超越埃里希·奥尔巴赫（1892—1957）对于其作品的重要性。奥尔巴赫，一位经过古典和语文学训练的学者，

第五章　人文主义、领土和问题技巧

一个明确的德国浪漫主义学者群体中的一员，该群体包括恩斯特·罗伯特·柯歇思（Ernest Robert Curtius）（1886—1956）、列奥·斯皮策（Leo Spitzer）（1887—1960）以及卡尔·沃斯勒（Karl Vossler）（1872—1949），[28]对于萨义德而言，他拥有着一种持续的重要性，是被萨义德一再提及的用以表述一种替代性的、世俗人文主义视野的人物。[29]萨义德不仅翻译了他的文章"语文学与世界文学"（Philology and *Weltliteratur*），并且在众多作品中提及奥尔巴赫：在《东方主义》中（其中奥尔巴赫的世俗语文学并列于东方学者的神学语文学）；在《世界、文本与批评家》中（其中奥尔巴赫作为一个典范，置身于而且置换了批判意识）；在《文化与帝国主义》中（其中奥尔巴赫用来使一个特定历史概念戏剧化，同时也掩饰这一历史观的地理基础）；在"历史、文学与地理"一文中（其中他代表一种与空间辩证法相对的时间辩证法）；以及在《人文主义与民主批判》中（*Humanism and Democratic Criticism*）（其中奥尔巴赫扮演了一种世俗人文主义的角色）。[30]

已经有大量的重要著作论述了萨义德与奥尔巴赫之间的隶属关系以及对他的极大钦佩，而且大部分学术研究趋于强调奥尔巴赫自1935年至1946年，从纳粹德国为寻求避难到伊斯坦布尔流亡时期，创作《摹仿论：西方文学中所描绘的现实》（*Mimesis: The Representation of Reality in Western Literature*）（1946年）的独特经历。[31]这部被萨义德称为"最值得钦佩和最有影响力的文学批评书籍之一"的著作，[32]不亚于一部既不装腔作势又意义深远地描述了西方文学现实的代表作，它以3000年的人类历史为背景，从荷马（Homer）的《奥德赛》（*Odyssey*）到弗吉尼亚·伍尔夫（Virginia Woolf）的《到灯塔去》（*To the Lighthouse*）。1940年代早期，当奥尔巴赫在战时的伊

帝国权威的档案

斯坦布尔流亡时,他没有什么可以参考的资料。那里既没有西方图书馆可以查阅资料,他手边也没有什么批评书籍可以对比。正如他在后记中所写的那样,当代学术资料的缺乏使他免于专业化的束缚和制约。如果这不是不可能实现的话,创作如此野心勃勃的主题否则会是十分难以对付的;对研究 3000 年文学历史所需的巨量的次要资料来源也会使整个计划难以实现。奥尔巴赫写道,他不得不"省去全部期刊、几乎全部近期的调查,以及在某些情况下我的文本的一些可靠版本……(但是)这是很有可能的",他继续说道,"这本书的存在正要感谢缺少一个丰富而专业的图书馆。"[33]

这本书是以一种清醒而有意识的方式创作出的一个流亡产物。奥尔巴赫的写作是在 1940 年代初期进行的,当时的欧洲正处于一场大灾难之中,他所栖身的也是一个在 1915 年至 1916 年间试图清除全部亚美尼亚居住人口的国家,然而他对于对位讽刺只有些许模糊认识,将《摹仿论》视为一本在很大程度上关于自己部分现状的书。"写于 1940 年代初期的《摹仿论》完全有意识地描绘了一个在特定环境下的特殊人物,"他后来写道。[34]作为一个主要灵感来自意大利语文学家詹巴蒂斯塔·维柯的学者,那些特质所意味的是《摹仿论》是一部关于人类意志和人类历史的著作。"他正做着一个文化甚至文明幸存者的举动",萨义德写道,[35]"试图将意识从现代性的碎片以及他的土耳其流亡中拯救出来,奥尔巴赫见证了欧洲尤其是德国的衰落。"[36]

从表面上看,奥尔巴赫在《摹仿论》中以其德国犹太人的身份,通过说明基督教所取得的成就以借喻的方式解释了旧约与新约之间的关系。[37]在《形象》(*figura*)的语义学发展过程中,奥尔巴赫没有看到文学技巧的发展,而是看到了一种特定的历史情势,这种情势

第五章 人文主义、领土和问题技巧

需要一种可以抓住旧约与新约中的事实却不否定两者中任何一方真实性的表述方式。[38]根据奥尔巴赫关于早期基督教领袖的阐释,旧约中讲述的事件和人物具有它们的文学和真实性的纬度。它们被认为是真实的,而不仅仅是虚构,但它们也被理解成对尚未出现的事件或者人物的反复述说,以及对它们更早时候反复述说的由上帝许诺的将要履行和圆满完成的事或人的反复述说。基督教的架构图(诺言)和人物(实现)具有一种特殊的修辞和历史作用,因为它使得圣保罗(Saint Paul)和早期基督教思想家们将犹太教与基督教之间的关系理解为预期和期望中的一种,而非因果关系,同时又维护了两者的真实性,因此,亚当被理解为亚当和基督;夏娃被理解为夏娃和教会,以至于旧约中的每一个事件都在基督的肉身上得以实现。正如海登·怀特(Hayden White)所评论的,这一思想成了奥尔巴赫世俗历史的"谱系"概念的核心:

所谓真实事件是,事件发生时不仅事件自身是完整的而且意义也是完整的,但与此同时,意义的载体将只能在另一个不同的完整事件中被揭示出来,这为奥尔巴赫概念化历史事件之间的关系提供了一种模式。[39]

《形象》不仅为奥尔巴赫提供了一种概念化历史事件之间关系的方法,也为积极连接过去、现在以及可能的未来的不同事件提供了方法。根据萨义德的观点,《形象》是"确实连接过去和现在的知识精神的力量"。[40]在这一方面,萨义德继续说道,人文主义存在于解释行为之中,因为它强调人类的解释权力——"人类智力和意志的一个重要因素"(着重号为作者强调)。[41]换言之,奥尔巴赫将形象解释的一个方面转化为一种世俗理解的形式,以便理解过去和现在之间的一种特殊关系。"基本上,无论我们如何思考过去的事物或者现在的事物,我们观察人类生活和社会的方式是相同的。"奥尔巴赫继续道:

我们观察历史的方法的改变必然很快会影响到我们对现实情况的观察。当人们意识到,各个时代与社会不能按照绝对理想的说法、概念、模式来评判,而是要按照不同情况下它们各自的前提条件去评判;当人们觉得这些前提条件不仅包括诸如气候和土壤等自然条件,还包括了智力和历史因素;换句话说,当他们逐步意识到一种历史动态、一种历史现象的不可比拟性以及他们不断的内在流动能力;当他们意识到各个时代重要的统一性,以至于每个时代都以整体形式出现,而其整体的特性都反映在每一种表现形式之中;最后,当最终他们接受了这种信念,事件的意义不是从抽象和一般的认知形式中获得,需要理解的素材不必专门在社会的上层和重要的政治事件中去寻找,也可以在艺术、经济、物质与知识文化中,在平凡的世界以及这个世界的男人和女人的深处去寻找,因为只有在那里,人们才能够把握什么是独特的、什么是被内部力量推动的,以及什么在更具体、更深刻的意义上是普遍有效的;那样的话,就可以期待那些领悟也将被转换成现在,而现在也因此看起来无与伦比和独一无二,犹如在内部力量的作用下而具有活力并呈现一种不断发展的状态;换句话说,做为一段历史,其日常生活的深度以及全部的基础设施宣布了我们对于它们的原始状态及其发展方向的兴趣。[42]

关于这种历史主义技巧的目标,没有比此更清晰的表述:以对

第五章 人文主义、领土和问题技巧

文本特征的分析作为开始,而不是使其一般化或者抽象化。这是赋予《摹仿论》的情节的认识,它在时间上向前发展,就像一段展开的文学史,在整个过程中文学史转变了现实而赋予它新的语言。《摹仿论》展现的就像是一系列(西方的)人类形象重塑自己,这种重塑通过人类的创造能力以使人物满意,通过这种重塑现实被表现为人类意识的对象。在关于但丁(Dante)的《地狱》(Inferno)章节中——此书的关键——向我们展现的是奥尔巴赫对于但丁卓越成就的分析,但丁保留了世外之人的人类生命形象,而与此同时他也保留了世间人类生命的尘世性、事故和世俗。"但丁的艺术",奥尔巴赫观察道:"承载的(形象解释)如此之多以至于效果变得世俗。" 实现世间人类诺言的神的指示被戏剧化地转化为一种结果。"由于(但丁)对于人类的直接且令人钦佩的同情,"奥尔巴赫写道,"根植于神的指示的整个历史和个体人类的不可摧毁的原则转而违反了(神的)指示。人类形象使得神的形象黯然失色"(着重号为作者强调)。[43]结果就是我们有机会看到人类生命以重生的、自体发育的方式展现自己。正如萨义德所观察的那样,但丁"创造了一篇诗歌,其夙愿和真正的主题完全是过去、现在和将来的统一。而这实际上也成了奥尔巴赫在《摹仿论》中要施展的抱负,意欲通过一种展露无遗的戏剧性的完全文学的描述语言,创造一种世俗世界的历史景象,这在各个作品中奥尔巴赫皆有表现"。[44]

正如阿米尔·穆夫提(Aamir Mufti)所观察的,萨义德与奥尔巴赫之间的密切关系当然在于他叙述流亡的方式,流亡是对归属、群体、家和民族这些稳定概念的抗争:"奥尔巴赫与'西方文化传统'之间的关系已然是流亡的一种,一种悲剧性地被戏剧化的状况通过文学的位移达至伊斯坦布尔——非欧洲的卓越之地——由于故土欧洲兴起的种族屠杀的法西斯主义导致的一种流亡"(着重号为作者强调)。[45] 换言之，我们必须理解奥尔巴赫的视角是"背井离乡"（displaced）和"偏离中心"（decentered）的。奥尔巴赫重新想象并构建了一个欧洲，以抗衡那个精炼化的、种族歧视和种族灭绝的欧洲。用这种方式，奥尔巴赫重新创造的西方强调人类主体的绝对存在和生活现实，以反对纳粹德国旨在重塑欧洲的同一性行为。

尽管如此，奥尔巴赫不止在一个方面使得萨义德质疑预想的关于归属和家的概念。萨义德所处的环境为其发展世俗的批判思想及源属性和从属性概念提供了条件，这两个术语使他可以用于分析文化、体系与批判意识之间的关系。不仅如此，奥尔巴赫的"语文学与世界文学"奠定了概念基础，由此他可以重新思考新人文主义的坐标，以应对20世纪后期和21世纪初不断变化的全球现实和紧急状况。正如艾米丽·阿普特所观察的，"萨义德接受了挑战，运用奥尔巴赫式的人文主义去创造新的人文主义，这不仅仅因为他清醒地坚信，伟大的书籍基于其内在固有的价值而应该继续对全球日益调和的文化产业具有吸引力，而且更因为他相信，在日趋被种族同一性命运和对抗神圣话语的意识所统治的世界中，人文主义为定义世俗批判主义提供了未来的参数。"[46] 虽然奥尔巴赫的历史主义并非没有其局限性，但是他的语文学与"世界文学"的观点为萨义德提供了基础，使其可以在人文主义思想下，重新评估和重新建立历史与文学之间的辩证关系。

"语文学与世界文学"（1952年），奥尔巴赫所写并在后来与萨义德共同翻译的一篇文章，这是奥尔巴赫思索冷战的方法论和文化危机的尝试，要求他在两极化的经济与政治秩序的约束之中以不同方式认知"世界文学"。他离开伊斯坦布尔去美国五年之后所写的这

第五章 人文主义、领土和问题技巧

篇文章,警示人类知识的大量档案即将消失,这将使全面理解现在与过去之间关系的发展停滞。他警告称,最初由詹巴蒂斯塔·维柯与约翰·哥特弗雷德·赫尔德(Johann Gottfried Herder)首先提出,后来用歌德式人文主义形式表现出来的一种历史角度,正在迅速被同质化和标准化的力量所破坏,这种力量在大约十年前就已经由阿多诺与霍克海默在《启蒙辩证法》中描述过了。大规模生产和技术性复制的力量在腐蚀"所有独特传统"的基石。[47]"标准化控制了所有的地方,"奥尔巴赫写道,"所有的人类活动都被集中为欧洲—美国模式或者俄国—布尔什维克模式。""世界文化,"他警告说,"以前所未有的速度"使民族文化同质化、理性化和相似化。[48]

奥尔巴赫认为赋予"世界文学"(作为文化交流和理解的一种模式)一种蓬勃发展和富有意义的理解的条件,正处于被世界文化的链式蔓延所掌控的危险之中。世界,他警告称,可能不得不使其自身习惯于统一性,"对于一种单独的文学文化而言,只有很少几种文学语言,甚至可能只有一种单独的文学语言。因此,'世界文化'的概念将立即可以实现和摧毁"。[49]作为出现在18世纪晚期的一种文化批判的长篇话语的一部分,在担心工业化、民主化和革命的社会影响的文化背景下,奥尔巴赫警告说,全面认知人类历史的方式即将成为一种纯粹的抽象。他写道:

> 最近1000年的深层历史是人类实现自我表达的历史:这是语文学,一个历史上的著名学科所论述的。这个历史记录了人类对其人类条件的知觉及其先天潜力的实现所经历的伟大而冒险的发展;而这一发展的终极目标(甚至以其现存的完全碎片状的形式)长久以来仅是勉强可以想象的,尽管发展的过程是扭曲的,仍然似乎已经

帝国权威的档案

前进，好似依据了某个计划。我们人类能够承受的全部紧张都包含在这个过程之中。一个内心的梦想展现了人类的广度和深度，全面鼓舞了观察者（语文学家），使他同时得以在其先天潜能中寻得和平，其先天潜能从已经目睹的戏剧中得到丰富。丧失这样一个场面——其呈现完全依赖于描述和阐释——将是一种无法补偿的贫穷。[50]

面对如此损失的前景，奥尔巴赫敦促语文学家去收集任何他们能够得到的人类表述的记录的档案。"我们仍然基本上能够履行这一职责（作为语文学家），"他写道，"不仅因为我们拥有大量可以支配的素材，也因为我们已经继承了历史视角主义的理解方式。"然而，可以感觉到的对于历史多样性具体现实的意识却是相当模糊的，他说，即使在人类历史调查的潜能显得触手可及的时刻。

对于奥尔巴赫而言，一种全面评价和体验辩证展现人类历史的方法的迅速消失意味着停滞："无论我们现在是什么，我们成为了历史，而只有历史才能使我们保持我们现在和今后发展的方式。"[51]语文学家的责任是用可以被感知、体验且不可能被遗忘的方式展现过去、现在与将来之间的联系。然而，"世界文学"传播的基础条件已经被侵蚀。正如笔者在之前的章节中所描述的，对于表达方式的操纵和控制在相当程度上破坏了历史人文主义的基础，笔者从本质上认为"世界文学"是各个民族之间"富有成效的交流"，如同奥尔巴赫与歌德所认为的那样。[52]对于奥尔巴赫而言，从选择性传统的组成部分中彻底分离出来的后果意味着，一种具有理解全部人类历史能力的学术调查模式的消亡。危机不仅仅是一门学科的消失，而是理解人类"多样性中的统一性"的一门跨学科的世俗知识模式的消除。[53]

在奥尔巴赫的分析中，经济、文化和政治力量阻碍了互相理解

第五章 人文主义、领土和问题技巧

的渠道,破坏了新的知识和理解形式的条件的出现。尽管在《联合国宪章》签定七年之后写成了,奥尔巴赫却准备将关于世界共存的论述永久性地搁置起来。他哀叹道,作为互相理解的一种模式,歌德的"世界文学"的思想在一个由"强烈欲望和对大众运动的依赖"所驱动的时代变得不合时宜。[54] 他认为危机要求一种"世界文学"的概念化,也就是说直接面对具体的现实以及语文学所面对的政治、经济和文化环境。如果歌德将"世界文学"视为民族之间相互理解的一种模式,那么,奥尔巴赫的"世界文学"思想则仅仅是改变了模式方向的一种愿望。

在奥尔巴赫的判断中,"世界文学"只在有限的"即将拥有共同命运的不同背景"的条件下才能被理解。他声称,以为任何"世界文学"的新思想都能够逆转——更不用说停止——全球标准化力量的想法都是不现实的。他想象,至少不同的思想概念能够给"那些处于丰富多样性末期的人们具有决定意义的文化融合"以历史表述。[55] 至多,他希望他的"世界文学"概念可以使语言学在文化消失的时候记录下人类文化的表述。从"世界文学"的意义上来说,这个变化的目标和主要意图不仅是为了保存过去人类成就及其表述的记录而创造条件,而且也提供了一次对于人类资料的语文学调查,正如维柯先于他所说的,这是人类"多样性中的统一性"概念的一部分。在时间上的某一特定阶段,构成人性统一的一种元素的丧失意味着,对于历史偶然发生的"必然之事"(维柯所谓的 certum)的认识并不会简单地被遗忘,而更主要的是当人类已经发展出一种特殊且又具有历史偶然性的意识时,这个时间段的消失会破坏辩证法并阻碍任何合成的出现。

因为知识只有与作为整体的人类历史的"潜在"理解相关时才

帝国权威的档案

能被揭示出来，语文学家对于人类发展的每个阶段及其随后更广阔背景下的"必然之事"的研究，对理解一个只能通过时间并以历史偶发的"必然之事"这种特殊形式而部分可见的"真理"（verum）是不可或缺的。[56] 与"必然之事"的历史偶然的本质不同，维柯认为，真理在人类历史的任何一个特定阶段都是一成不变的，并且从来没有整体性地完全展示出来。因为这些真理只能被理解为认识整个人类历史的潜能，所以语文学家对于每一阶段以及总体背景下"必然之事"的研究，有助于认识整个人类历史的潜能的发挥。这就是为何奥尔巴赫谈及在历史进程中得以发展的"丰富张力"。

然而，变化中的世界环境和走向确实意味着语文学实践的方法不得不作出调整。首先，必须掌握的巨量资料远远超出了任何一个单独的学者所能掌握的能力。因为与语文学交叉的专业领域愈来愈占据主导地位，语文学家不得不掌握可以与诸如宗教、哲学、音乐等相关学科的专家相媲美的技能。来自诸如文学批评、社会学和心理学等学科的压力不断侵蚀着语文学，以至于那些领域的专业知识对语文学产生了额外负担。如果文学与历史的任何形式的合成得以实现的话，奥尔巴赫认为语文学家所面临的新的历史现实要求采用不同的分析方法。

正因为如此，奥尔巴赫提出了观点，认为语文学家首先要从识别一些部分可以理解的现象（Ansatzphänomen）开始，这些现象是受限制的也是具体的。他称这些为出发点（Ansatzpunkt）。它们有它们的特异性和特殊性，但它们也具有一种"辐射力"。换言之，通过仔细和耐心的分析和解释，这些构成现象的要素可以使特殊变得愈来愈普遍，由此保持一种与世界历史的联系从而使一种合成得以实现。奥尔巴赫认为，从特殊到总体的运动是由认知总体的欲望所产生的，

第五章 人文主义、领土和问题技巧

然而,每一个特殊性都必须当作一个本质被抓住以使辐射运动变得纯粹。能够获得最多的,甚至在"最有利的条件下,是对于我们所源于和所参与过程的各种含义的一种洞察,以及对我们现在和也许不久将来的可能性的一种定义"。[57]他预先假定,因为文学与历史互相对应,也相互较量,所以语文学可以对人类潜能的渐进式认识提供一种描述。对于奥尔巴赫而言,没有更好的方法适用于现在的紧急情势。"我们的地球变得越紧密,历史合成就越需要通过扩大其活动来平衡收缩。让人类在自己的历史中认知自我是一项伟大的任务,而这项任务却是渺小的——更像一种放弃——当人们认为人类不仅生活在地球上还生活在世界和宇宙之中的时候,"他写道。[58]为了建立这种意识,奥尔巴赫提出了一个重要的构想并使之成为重要的世界主义谱系的一部分,而这个世界主义后来却在多数时候忽视了曾帮助定义它的语文学。"我们语文学的家是地球;它再也不可能是民族,"他写道。[59]与强化民族身份的潮流相反,奥尔巴赫将语文学视为一种批判意识,以及改变家、民族和归属的固定身份意识的扩大。奥尔巴赫援引圣维克多的雨果(Hugo St. Victor)的一段话,表明这些发展自我意识式的分离反映了在"放弃"中的一种展示,他认为这种"放弃"对于使人类"更加意识到历史中的自身"是必需的:"一个发觉家乡甜美的人是一个稚嫩的初学者;一个觉得处处都像是故乡的人已经强大了;而一个将整个世界视为异乡的人则是完美的。稚嫩的灵魂将他的爱固定在世界的某个地点;强大的人已将他的爱延伸到所有的地方;完美的人已经灭绝了他的爱。"[60]

由于奥尔巴赫没有将他的挑战扩展到受限于理想主义的解释方法,这种理想主义无法看到文学与历史之间的分离,这就成为留给萨义德的一项任务。"奥尔巴赫的方法,"萨义德评述道,"开启了

帝国权威的档案

历史与文学之间互相对应的体系的大门,这个体系是整个传统的基石,传统将时间性视为人类过去、现在和将来的经验的贮藏室以及历史现实能够被理解的一种理解模式。"[61]因为历史与文学不是固定的实体,萨义德认为,这两者之间的辩证关系由批评家来调和。然而,因为奥尔巴赫的历史主义将文学与历史的关系设定为告知彼此的关系,所以他假定文学与历史源于相同的时间元素并且朝着一种合成而共同发展。尽管奥尔巴赫对此假设表现得愈来愈怀疑(他认为历史的进程已经被"扭曲")并且也能够放弃他的这一附加假设,但他仍然似乎只是模糊地意识到,历史主义的人文主义背后的各种假设是根据他不合时宜的理想主义的附加条件而定的,而这种理想主义无法解释致使他流亡到伊斯坦布尔的纳粹主义的兴起。萨义德将他的目光投向葛兰西与阿多诺以解答这一难题。

萨义德认为,奥尔巴赫关于文学与历史源于相同的时间要素的想法具有明显的局限性,但他的观点并没有抛弃历史主义的理想主义。对于《东方主义》的作者而言,理想主义者的历史主义的制约因素是相当清晰的。萨义德就此传统的某些方面进行了评价,并将其视为"整个传统的基石,此传统将时间性视为人类过去、现在和将来的经验的贮藏室"。然而,"正如《摹仿论》所直接揭示的那样,……处于比较研究核心的西方文学的概念着重强调、戏剧化和歌颂某种历史思想,与此同时,却模糊赋予那种思想力量的地理和政治的基本现实,"萨义德写道。[62]

地理学科是无法中立的。地球是权力强加其想象的空间:一个想象的地理。萨义德认为,比较文学这门学科的出现以及后来对于它的一再复述都从殖民地理著作中汲取了大量灵感。霍尔福德·麦金德(Halford Mackinder)、乔治·奇泽姆(George Chisolm)、乔治·哈

第五章 人文主义、领土和问题技巧

代（Georges Hardy）、里罗伊—博利厄（Leroy-Beaulieu）以及吕西安·费弗乐（Lucien Febvre）等人都制造了一种使欧洲的首要地位不受挑战的地理视野。[63]正如他在《文化与帝国主义》中所写的，这恰恰是比较文学的先驱者们构想出比较文学这门学科的视野。两个世界体系之间的巧合与趋同需要由现在，也就是在后殖民的语境下重新启动和表达。"我们必须看到我们当代的全球格局——互相重叠的领土和相互交错的历史——已经预示并且刻画在了对于比较文学先驱们如此重要的地理、文化和历史之间的巧合与趋同中。"[64]只有那时，他认为，我们才能以一种"新的并且更加动态的方式"批判地理解"理想主义的历史主义模式，这种模式巩固了比较文学的版图"以及特殊而具体的"同一时刻的帝国版图"。[65]

然而，萨义德问道，对于"世界文学"的普遍主义愿望与一种地理的领土合并野心之间的关系，而且这种地理的领土合并正是"世界文学"主张所依托的基础，我们如何作出一种批判性的论述而不将某种话语削弱成另一种话语呢？他认为，提议说这两门学科促进了帝国主义的体系根本不足以令人感到振奋。[66]这样的分析并没有使我们理解这两种实践如何出现，在哪里出现。萨义德认为，所必需的不是将它们作为统一体去分析，而是作为犹如乐团一般共同作用的两种截然不同的话语去分析。但这个乐团并不只是一种合并与巧合。它是一种权力的阐述———一个需要从一直抵制权力的那些方面加以描述的过程。

萨义德对奥尔巴赫的设想提出的质疑，与他对卢卡奇提出的质疑相同，卢卡奇在《小说的理论》（*The Theory of the Novel*）中就时间范畴作了同样的强调。在大量的西方文学史著作中，包括奥尔巴赫的作品，萨义德看到了一种信奉"以专注于时间性作为解决身份

帝国权威的档案

认同危机的（一种方式）的黑格尔传统"的主导趋势。[67]打击萨义德的是，世俗的理解不再能够充分解释各种转变以及一种"新地理意识"的出现：

> 黑格尔、奥尔巴赫，当然还有卢卡奇丝毫不掩饰其对欧洲中心论的偏爱，不是说偏见，而与此同时，他们为其建立一个世界文学历史机制的意图进行争辩。但是假如这个世界已经发生了如此巨变，从而几乎是第一次使得一种新的地理意识得以出现，这种地理意识是关于一个偏离中心的或者多中心的世界的，这个世界不再封闭于艺术、文化或者历史的水密舱中，而是由于新的迁移困难、新的独立国家以及新出现且迅猛发展的文化而变成一个混合的、混淆得难以分辨的、各种各样的复杂世界，那会怎样？[68]

与奥尔巴赫和捷尔吉·卢卡奇所属的黑格尔传统的潮流相反，萨义德将领土视为社会活动的地带。"我并不是说，建立在时间性基础上的那些我已经……认为与黑格尔一致的各种解释模式都需要被丢弃，"他写道。"与此相反，如同奥尔巴赫使我受益匪浅一样，我认为这对于我们是一件绝对必要的事情。但我确实想要补充的是，世界地理在历史上已经发生了如此肯定的改变，这种改变使调和历史与文学的企图变得不可能。"[69]这种历史与文学的合成将合并强加于实际上分离的地方，将连续强加于间断的地方，将可较量性强加于不具有较量性的地方。奥尔巴赫的方法似乎例证了霸权如何像一种社会过程一样得以运行，通过这个过程身份、碎片和部分得以'呈现'，仿佛它们是完整而统一的。"对于葛兰西而言，基本的社会竞争是霸权的一种，"萨义德写道，"那是对人类住所和行动的地理区

第五章 人文主义、领土和问题技巧

域的控制,这种地理区域在本质上是不同族裔、非连续性、不相同和不平等的。在葛兰西的世界里不存在救赎,这对于引人注目的悲观唯物主义的意大利传统而言是真实的,也是相当世俗的。所有这些关于身份认同的见解,你可以回忆一下黑格尔的时间性的核心,将使身份认同变得不再稳固并且极其短暂"(着重号为作者强调)。[70] 文化与社会是"发生在领土上的丰富活动",[71] 萨义德评论道。世俗是人类历史的地形——一直在做的一种人类活动。"'世俗'是'永远、已经'在(世俗的)连续不断的人类努力的领域的开始"。[72] 然而,他赋予"'世俗'这一名称……一种探索我们生活的世界的心照不宣和无所畏惧的态度"。萨义德写道:

> 从维柯与奥尔巴赫派生出来的同源词汇,已经成为"世俗的"和"世俗主义"而被应用于"尘世的"事物;从卢克莱修(Lucretius)到葛兰西再到兰佩杜萨(Lampedusa)产生了意大利唯物主义的传统,在从这一传统衍生出的这些词语中,我发现了合成对立的德国理想主义传统的一个重要的改正方法,与我们在黑格尔、马克思、卢卡奇和哈贝马斯身上所看到的方法一样。因为"尘世的"不仅为男人和女人所创造的历史世界作了注释……,它还为我的观点和语言提供了一个领土基础,这一基础从试图理解被塑造的想象地理,发展到由权力强加于遥远的土地和那里的人民[73](着重号为作者强调)。

因为世俗世界是由男人和女人历史地不间断地创造和再创造的,世俗批判主义作为位于其中的意识,认为世界是权力投映其想象地理的物理地形的名称。这就是说,世俗局限了世界上人类活动的领

149

帝国权威的档案

域，不是在一个特定时刻，而是如同某些由人类已经总是创造了和再创造了的事物。如果批判主义为了批判而需要距离和客观，世俗则是揭开源属的和非源属的附属物的面纱的特殊态度。世俗批判主义以一种批评家在世界上意识到的位置的形式来画定那个距离。因为世俗的人类历史具有一种领土基础，而不仅仅是一种世俗基础，世俗批评家可以穿越边界，并可以理解构成人类活动领域的错综复杂且互相矛盾的经历之间相互重叠的联系：

> 如果我一直坚持有关过去与现在之间的整合与联系，我早就这样去做了，而不是去传达一种更为急切的事物之间互相依赖的感觉。帝国主义与重要文化领域之间的经验是如此庞大和如此具体，因此我们必须谈及互相重叠的领土、错综复杂的历史，以及男人与女人、白人与非白人、在大都市的和在边缘地带的居民所共同拥有的过去、现在和将来；这些领土和历史只有从整个世俗的人类历史的角度才能理解。[74]

萨义德的方法中保留了历史主义的独特元素，认为过去在很大程度上是现在的一部分，现世在很大程度上是将来的一部分，是现在已经形成的历史，他关于"整个世俗人类历史的角度"的描述呼应了奥尔巴赫的理想主义。

语文学实践与人文主义的理论关系在萨义德最近的一本书《人文主义与民主批判》（2004年）中有详细说明，这本书的部分内容由他在哥伦比亚大学所作的三次讲座组成。文本的复杂性经常被低估，并且其重要性也几乎不为人知。[75]在许多方面，这部论著意图建立人文主义的基础，这种人文主义致力于语文学实践，却以否定个

第五章 人文主义、领土和问题技巧

体(小说、艺术作品)与整体(人类世俗历史)之间的任何和解为前提。当萨义德已经意识到奥尔巴赫历史主义的人文主义存在诸多局限的时候,[76]在语文学建立的阅读技巧范围内,萨义德追问是否可能"发展一种现代主义者的理论和实践"(着重号为原著中强调的),以一种辩证的方式诠释部分与整体的关系,既不隐藏审美的主观经验的特殊性,也不否定作为人文主义基础的一种可能的整体的概念化。[77]

萨义德试图重新使用一门特殊学科的资源,这门学科已经成为人文主义最陈旧和落伍的分支之一,这种尝试的出现让人难以理解,但是,对于《东方主义》的作者而言,绝不是一种倒退。毕竟,理论语文学(东方主义的话语)和世俗语文学(*Geisteswissenschaften*,*sciences de l'homme*)之间的区别是《东方主义》的一个决定性的主题,并且在诸多方面,这种区别的全部含义并没有在他关于奥尔巴赫的讨论中完全得到说明。[78]正如之前所提出的,回归语文学既不是由某些"信念"而断定的一种运动;也不是诞生于对一种学术实践的某种怀旧的陈述,这种学术实践基于萨义德所说的那种不再可能的训练和知识的基础之上;而是一种努力,很像奥尔巴赫《摹仿论》——的人类意志——以挑战限制了美国文化和社会中人文主义者的社会功能的潜在假设。

在他关于人文主义实践的变化基础的描述中,萨义德认为,冷战期间许多——尽管不是全部——以人文主义名义所做的事情,正如笔者在书中所揭示的那样,是由政府组织以及其他冷战机构控制、管理、扩散、传播和组织的。他描述了诸如文化自由代表大会如何资助了"无以计数的人文主义的和学术的会议,诸如《邂逅》、《月份》和《党派评论》等的期刊、奖项、艺术展览、音乐会、音乐比赛以及许多作家和知识分子"。[79]他认为，像文化自由代表大会这样的组织所赞助的各种活动，"对于以自由和集权主义的名义所创作的文化作品和开展的活动具有深远的影响"。尽管文化自由代表大会并没有"管理文化生活"，他说道：

> 以自由和民主价值观的名义，以及与共产主义的集权主义作斗争的名义所做的许多事情，对人文主义的实践作出了显著贡献。它提供了一些包罗万象的保护伞以及无数的项目和场合来促进人文主义的发展。甚至像R.P.布莱克默这样理性而敏锐的诗歌分析家……也很早就与洛克菲勒基金会结盟，后者不仅资助了他引人注意的普林斯顿系列研讨会，……他还多次到第三世界访问，为了在众多其他事物中评估美国在那里的影响的深度。[80]

如果这些冷战活动是"危及似乎根深蒂固于思想的特定本质，以及总体的人类状况的人文主义文化的总体形式的一部分"的话，萨义德认为文化的划分和区别属于一种"现代文化和人文学科的根本的认识论"。[81]"就后继的每一代所面临的威胁而言"，知识似乎要求情况得以改写。[82]换言之，他认为冷战并不是"极权主义"与"民主政体"之间的斗争；而是一种认知方式，一种权力发挥作用以制造分裂、区别和歧视的思维方式。通过新的传播模式得以表述之后，知识不仅建立了"一种潜在的共识……审美分析意味着一道阻挡明显的艺术政治化的屏障"，而传统的观点认为政治只是某种被社会证明有资格的人物的领域。[83]没有正式批准的话，文化人物是不允许涉足政治世界的。然而，与此同时，"文化"作为一个可以替某些活动进行伪装的领域而发挥作用。区域研究作为一个研究领域被建立起

第五章 人文主义、领土和问题技巧

来，而语言教学则在1958年得到了《国家教育法案》的资助，由此外国语言研究变成一项国家安全事务。他观察到，像人类学、历史、社会学、政治科学以及语言研究等学科"都由冷战相关的部门负担经济责任"。[84]

然而，1989年之后，政治和文化重构的变化改变了美国大学内部的局面。并不是要过分强调《东方主义》的作用，但截止20世纪后期，欧洲中心主义以及古典人文主义所依托的许多同一性假设在大学里的许多战线显然已经被击败了。《东方主义》以及该书所引起的学术研究导致了对文化政治表述的彻底反思。巨大的人类历史领域在1970年代后期几乎没有被视为一个研究领域，而到了20世纪末期却成为众多研究的领域。在许多学科和交叉学科的实践中已经被边缘化的一种主导的思维模式业已被强行去除，而曾经是附属的知识形式成了新的知识形式。萨义德认为，特定的文化和政治胜利建立了一种知识改变的环境。迁移运动以20世纪中期所无法想象的各种方式重塑了社会地形。他写道："凭借它可以得到的，并在自身背景和历史现实的正常进程中，美国人文主义处于一种民间共存的状态。"[85]

恰恰是因为官方话语与构成民间社会的不平等却被共享的经验的多样性之间的差异，他将美国视为一个混合的、经验和历史被共享而又感觉不对等的王国，并认为这为人文主义抵制官方话语提供了资源。这绝不是说某种多元文化或者轻率举动已经实现；或者巨大的结构性不平等突然消失了；或者全球化已经陷入停顿；或者贫穷、种族主义、帝国主义或死刑已经被废除。正如所看到的，到了2000年（正是这一年，他发表了"人文主义"演讲），许多已经变得微弱的残留情感能够而且"确实"找到了它们通往一个国家表面的途径,这是一个被他描述为"移动的"和"不安的"国家。

在任何关于《人文主义与民主批判》的研究中都不能被忽视的一个关键的历史事实是,萨义德在"9·11"悲剧事件发生之前曾将本书的部分内容作为系列讲座的内容。他关于"变化中的人文主义实践环境"的评论发表于 2000 年 1 月,远在华盛顿特区和纽约遭受袭击之前,在第一次阿富汗战争爆发的数月之前,也在英美入侵伊拉克的三年多之前。在写于 2003 年 5 月的前言中他说,这本书"不是对我们所生活世界的一个断言"。然而,在诸多方面,这本书是而且仍然是对于一个社会特定时刻的一项决定性的声明。它是对一种立定志向的人类努力的表述。在篇末,文章重复了贝克特(Beckett)的话,"我无法继续,我将继续",努力建立一种"现代主义者的理论与实践"(着重号为原著中强调的)。[86] 他认为,知识分子的领域是"在那里他能够首先真正领悟所不能被领悟的困难,然后前进和尝试的地方"。[87]

这并不是说萨义德的观点是对即将到来的失败的一种准备或者简单的公告,这种失败认定知识分子的领域是他所认为的一种后来风格的"不肯妥协的"领域,因为这一领域与社会之间困难的、唯信仰论的关系。[88] 这本书远不止是一种固执的康拉德式的信念,认为人文主义的使命栖居于晚期艺术的临时领域。《人文主义与民主批判》的力量能够得以确认的方式是,文本担任其自身在变化的地点和空间——文字空间和社会空间的隐喻中的现代主义实践的职责。人文主义也假设了在审美与非审美之间存在一种根本的不可调和性。萨义德的历史主义并不是由简单地达成或者否定一种辩证合成来促动的;而《人文主义与民主批判》要复杂得多,因为它规定了现代性在对应人文主义非同一性意识的一种空间隐喻中的条件。

第五章　人文主义、领土和问题技巧

从一种否定辩证法的角度来看,这对于协调"现代主义"理论与对普遍之特殊的诠释实践是至关重要的,与黑格尔的思想不同,它并没有在对非同一性和同一性的否定中得到和解。正如黑格尔最终所做的那样,为了使二者得以调和,如同阿多诺对他的《关于否定辩证法的演讲》(Lectures on Negative Dialectics)所观察的那样,它将会涉及某种形式的管理思想,这种思想将合成视为否定之否定的产物——黑格尔辩证法的基础。"否定之否定实际上就是……对于暴力的回忆,换句话说,承认通过连接两个对立的观点……一方面,我不得不屈服于蕴含在它们之中的必需性,同时另一方面,我对它们实施了一种必须被矫正的暴力。"[89]

将特殊文本与潜在的整个世俗人类历史相关联的策略,是将奥尔巴赫的世俗元素置换为"言语的空间"。如果说修辞与文学语言的分析关注的是揭示语言过程中固有的特定流失、沉默和扭曲的话,那么,萨义德则将语文学批判主义视为"永远不能完全理解"的一种非同一性的意识。[90]他认为仅仅通过揭示被语言所掩饰、隐藏和扭曲的东西,非同一性就可以被"间接地"揭示出来。"如果'言语的空间'是将总在发生的语言的沉默、流失和扭曲概念化"的话,那么,抵制则要求"读者将文本之外掩饰或者扭曲的内容联系起来"。而这所需要的是"可以辨别出被直接给出或者揭示的内容与被保留或者隐藏的内容之间的差异的能力"。[91]这种抵制包括将文本扩大为一种更广阔的、"普遍的"、基于历史的认识,这是对"多样世界和复杂且互相作用的传统"的认识。[92]

从空间和地理的角度描述人文主义者所关心的领域,对于萨义德构想语文学表达能力的方式而言是至关重要的,语文学要表达的是什么导致了话语的缺失和沉默。而这样做所需要的是对抵制同一性思想空间的一种重新描述。"我们的时间和我们的国家的运动是进出领土的运动,"他写道。"被迁进和迁出、尝试留下、尝试建立新的定居之所"定义了一种无止境的位移之位移的条件。他意识到"在我们这个不断移动的国家,比喻的和现实出现的边界位置从未落定下来,难以调和的安置与位移的动态仍然是一个大问题"。[93]

"我们的年代与我们的国家不仅象征着已经安定并且永久居留在此的事物,"萨义德指出,"也象征着总是不间断地不被记录的未安定的和无居所的流亡者、移民、流动或囚禁人口的动荡,对于他们而言,尚不存在任何记录和足够的表达来描述他们所经历的。在此强烈动荡的能量中,国家应该具备超越学术专业范围的一种更宽广的认识,大量更年轻的人文主义学者已经显示为世界性的、世俗的和移动的。"[94]他认为,没有什么可以被认为是永久性的。流亡是无家可归和动荡不安的。文化既像一个替换的地方也很像一个移动的地方——一个移动的替换之地。然而,他想知道如何才能表现那些遭受"不被记录的动荡"的人的生活和历史体验?有什么语言可以描绘处于一种持续的迁移状态和"不被记录"的束缚状态的移民们的经历?我们要如何理解至今仍没有"足够的表达"来为他们的经历提供一种充分的叙述?这些经历被保存下来的是什么?他问道。他认为,在这个存档的和记录片的时代,人类的经历正在由于"同质化而消失"。

鉴于萨义德的人文主义在一个社会和文化中毕竟有一些意义,对于了解这个社会和文化以及它的历史却鲜为人知地被有关国家安全地带的紧急法令所禁止,批评家们必须反对在社会中行使权力的一种工具主义理性的特殊法令。为了使世俗的批判成为真正的世俗和实际的世俗,萨义德建议,人文学家的任务是去穿越由权力和现

第五章 人文主义、领土和问题技巧

存的处于支配地位的知识形式所强加的界限——无论这种知识是通过政府、机构、跨国公司还是政治运动所产生的。"人文主义……是手段,也许是一种我们拥有的意识,以此进行最终为唯信仰论的或者对抗的分析,这种分析在……物理和社会的场所中运用的(言语)之间,从文本到挪用抑或抵制的实际使用地点,再到传播。"[95]换言之,人文主义在人类活动的社会空间里调解语言的独特性,与此同时,将这些独特性与言语空间所掩盖、破坏和沉默的社会存在的普遍环境进行对比。在一个坚定认为文件的"存在抑或不存在"不能"被确认或否认"的文化和社会里,萨义德问道,知识分子属于哪个领域?萨义德将知识分子的"领域"(它不再是"世界")置于阿多诺的艺术品晚期风格理论所形成的挑战中——作品是不妥协的、困难的和尚未解决的。借用奥尔巴赫的比喻,即"我们语文学的家是地球",萨义德将知识分子"暂时的家……置于既无法撤退也无法寻找解决办法的紧急的、抵抗的、短暂的艺术领域"[96]。

正是从那个地方,人文主义者"挖掘沉默,这是记忆的世界,流动的世界,勉强过活的群体的世界,是被排除在外的和看不可见的地方"[97]。它必须揭示权威档案并见证,在档案暂时性的公开中人文主义者抵制封闭、合成的意识形态形式的能力和决心。也就是说,人文主义者永远不要屈服于这种幻想,认为文学与历史之间的裂缝和位移在社会冲动之下得以合成而产生自我满足的解决办法,这些解决办法是所有系统思维和世界观的咒语。

注 释

前言

1. 引自 Frances Stonor Saunders, *Who Paid the Piper? The CIA and the Cultural Cold War*（伦敦：Granta Books, 1999），第248—249页。詹姆士·安格尔顿（James Angleton）从耶鲁大学获得英国文学学位，并且担任其现代主义刊物《狂人》（*Furioso*）的编辑。大学毕业后，安格尔顿所加入的机构为中央情报局的前身，其间，为确保意大利共产党不会在1948年的全国大选中获胜，他起到了协调作用。当在公共场合提及苏联时，安格尔顿常用艾略特的诗句来描述。"那个国家是"，他在某电视访谈上引用艾略特《小老头》（*Gerontion*）中的句子形容道，"一个镜之荒野"。见 Robin Winks, *Cloak and Gown: Scholar in the Secret War, 1936—1961*（New Haven: Yale University Press, 1987）。

2. Fritz Strich, *Goethe and World Literature*（London: Routledge & Kegan Paul, 1949），349.

3. 同上，第349—351页。

4. 比如，大卫·达姆罗什（David Damrosch）主张，世界文学包括所有超越其文化起源而传播的文学作品。见 David Damrosch, *What Is World Literature?* (Princeton: Princeton University Press, 2003), 第6页。

5. 例如,约翰·皮泽(John Pizer)观察到"歌德式世界文学的再度燃起热情,几乎是我们时代发展不可避免的结果,我们时代的发展反映了歌德的时代并有所进步:冷战的结束以及随之而来的全球财经机构和跨国公司(包括众多出版社);无数在政治、文化甚至有时在语言的忠诚度上都超越单个民族国家极限的作者的出现;如万维网等技术的出现。因此,歌德在1827年所表述的关于世界文学的到来将使得民族文学变得相当重要,这番话在今天要比在歌德所处的时代更准确"。见 John Pizer, "Toward a Productive Interdisciplinary Relationship: Between Comparative Literature and World Literature," *Comparatist* 31 (May 2007): 第6页。关于世界主义作为一种取代情况的分析,见 Bruce Robbins, "Comparative Cosmopolitanism," *Social Text*, nos. 31/32 (1992): 第7页。

6. 有关当代关于"世界文学"的讨论如何使得对全球化进行全面批判变得不可能的分析,见 Andreas Huyssen, "Geographies of Modernism in a Globalizing World," *New German Critique* 100 (2007): 第196—197页;以及 Robert E. Livingston, "Global Knowledges: Agency and Place in Literary Studies," *PMLA* 116, no. 1 (2001): 第145—157页。

7. 据维拉希尼·库珀(Vilashini Cooppan)所说,"阅读神秘的、文学的辽阔生命实际上成为一种生命死亡,一种令人难以忘怀的形式。世界文学幽灵萦绕的特性阐释了实际产生跨越时间的文本的互动、借用、即兴创作以及修改之间的动态关系。"见 Vilashini Coop-

pan, "Ghosts in the Disciplinary Machine: The Uncanny Life of World Literature," *Comparative Literature Studies* 41, no. 1 (2004): 第22页。

8. 见，例如 Jonathan Arac, "Commentary: Literary History in a Global Age," *New Literary History* 39, no. 3 (2009): 第747—760页; Walter F. Veit, "Globalization and Literary History"; 或者, Rethinking Comparative Literary History Globally," *New Literary History* 39, no. 3 (2009): 第415—435页; Emily Apter, "Untranslatables: A World System," *New Literary History* 39, no. 3 (2009): 第581—598页。

9. 正如谢枫（Pheng Cheah）所说，"在这个比较世界里，文学的一项职业任务是提供一种美学认知的规划，描绘出基础的比较机制和技巧如何在特定的地点运作以及它们负面且强制的效果。"见 Pheng Cheah, "The Material World of Comparison," *New Literary History* 40, no. 3 (2009): 第523—545页; 另见 Edward W. Said, "Globalizing Literary Study," *PMLA* 116, no. 1 (2001): doi: 10.2307/463641; Emily Apter, "On Translation in a Global Market," *Public Culture* 13, no. 1 (2001): 第1—12页。

10. 西比尔·埃斯科（Sibel Irzik）提出奥尔罕·帕慕克（Orhan Pamuk）的《黑皮书》（*The Black Book*）是面向西方读者建构的，甚至就是写给西方读者的，只要这个故事是讲给西方记者听的。Sibel Irzik, "Istanbul," 载于 *The Novel*, Franco Moretti 编, vol. 2 (Princeton: Princeton University Press, 2006), 第734—735页。Orhan Pamuk, *The Black Book*, trans. Güneli Gün (New York: Farrar, Straus and Giroux, 1994)。《黑皮书》于1990年第一次在土耳其出版。

11. Michel-Rolph Trouillot, "The Otherwise Modern: Caribbean

Lessons from the Savage Slot," in *Critically Modern*, ed. B. M. Knauft (Bloomington: Indiana University Press, 2002), 220.

12. Franco Moretti, *The Modern Epic: The World-System from Goethe to García Márquez* (New York: Verso, 1996), 50. Also see Pascale Casanova, *The World Republic of Letters*, trans. M. B. DeBois (Cambridge, MA: Harvard University Press, 2004); Franco Moretti, "Conjectures on World Literature," *New Left Review* 1 (January 2000): 54—68; Franco Moretti, "More Conjectures," *New Left Review* 20 (March 2003): 73—81; Franco Moretti "The Novel: History and Theory," *New Left Review* 52 (July 2008): 111—124; Pascale Casanova, "Literature as a World," *New Left Review* 31 (2005): 71—90; Franco Moretti, *Graphs, Maps, Trees: Abstract Models for a Literary History* (N: Verso, 2005); and Wai Chee Dimock and Laurence Buell, eds., *Shades of the Planet: American Literature as World Literature* (Princeton, NJ: Princeton University Press, 2007).

13. Casanova, *The World Republic of Letters*, 351.

14. 同上，第354页。

15. György Lukács, *The Theory of the Novel: A Historico-Philosophical Essay on the Forms of Great Epic Literature*, trans. Anna Bostock (Cambridge: M. I. T. Press, 1971).

16. Casanova, "Literature as a World," 72.

17. 详见爱德华·萨义德关于"经验的差异"章节，载于 *Culture and Imperialism* (New York: Knopf, 1994)，第31—43页。

18. 阿米尔·R. 穆夫提（Aamir R. Mufti）对批判论述有所发

展，"Orientalism and the Institution of World Literatures," *Critical Inquiry* 36, no. 3 (March 2010): 458—493; Christopher Prendergast and Benedict R. O'G. Anderson eds., *Debating World Literature* (New York: Verso, 2004); 以及尤其是 Jonathan Arac, "Anglo‑Globalism," *New Left Review* 16 (July – Aug 2002): 第 35—45 页。关于旅行理论如何因其已经与起初产生该理论的历史环境相隔绝而限制了批判的分析，见 Edward W. Said, "Traveling Theory," 载于 *The World, the Text, and the Critic* (Cambridge, MA: Harvard University Press, 1983), 第 226—247 页。

19. Said, *Culture and Imperialism*, 56.

20. 同上，第 55 页。

21. 见 Casanova, "Literature as a World," 第 71 页。关于此种说法的反证，见，例如，爱德华·萨义德关于简·奥斯汀（Jane Austen）的《曼斯菲尔德庄园的文化与帝国主义》（*Mansfield Park* in *Culture and Imperilism*），第 80—97 页。萨义德在《人文主义与民主批判》(New York: Columbia University Press, 2004) 中探讨，依据文本的批判与世俗批判（对此，萨义德的意思是批判植根于世界以及理念中的历史是由人类创造也可以由人类重塑的观点）并不是相互排斥的。

22. 见，例如，蒙哥马利·麦克法特（Montgomery McFate）和安德列亚·杰克逊（Andrea Jackson），"An Organizational Solution for DOD's Cultural Knowledge Needs," *Military Review* 85, no. 4 (July – August 2005): 第 18 页；蒙哥马利·麦克法特，"The Military Utility of Understanding an Adversary Culture," *Joint Forces Quarterly*, no. 38 (2005): 第 42—48 页；蒙哥马利·麦克法特，"Anthropology and

Counterinsurgency: The Strange Story of Their Curious Relationship," *Military Review* 27 (2005): 第 24—37 页; 蒙哥马利·麦克法特, "Iraq: The Social Context of IEDs," *Military Review* 85, no. 3 (2005): 第 37—40 页; 蒙哥马利·麦克法特和安德烈亚·杰克逊, "The Object Beyond War: Counterinsurgency and the Four Tools of Political Competition," *Military Review* 86, no. 1 (2006): 第 56—69 页; 以及蒙哥马利·麦克法特 和史蒂夫·方德卡罗 (Steve Fondacaro), "Cultural Knowledge and Common Sense," *Anthropology Today* 24, no. 1 (2008): 第 27 页。

23. 麦克法特, "The Military Utility of Understanding an Adversary Culture", 第 48 页。

24. "The Human Terrain System," http://humanterrainsystem.army.mil/Default.aspx.

25. 爱德华·W. 萨义德, *Orientalism* (New York: Vintage Books, 2003), 第 86 页。

26. Michel Foucault, "*Society Must Be Defended*": *Lectures at the Collège de France, 1975—1976*, David Macey 译 (London: Allen Lane, 2003), 第 254 页.

27. AAA Commission on the Engagement of Anthropology with the U.S. Security and Intelligence Communities (CEAUSSIC), "Final Report on the Army's Human Terrain System Proof of Concept Program," October 14, 2009, 21—22.

28. 1964 年,美国大学特种作战研究办公室获得美国军方对"卡米洛行动"(Operation Camelot) 的资助,招募社会学家作为政府在越南镇压叛乱努力的一部分。见伊曼纽尔·沃勒斯坦（Immanuel Wallerstein），"The Unintended Consequences of Area Studies,"载于 *The Cold War and the University: Toward an Intellectual History of the Postwar Years*, ed. Noam Chomsky（New York: New Press, 1997），第222页。

29. 萨义德，*Orientalism*, xix.

30. 笔者绝不是在说政府运营和管理了文化生活。

31. Erich Auerbach, "Philology and Weltliteratur," Edward 和 Marie Said 译，*Centennial Review* 13 (1969): 第3页。

32. 同上，第6页。

33. Irene L. Gendzier, *Managing Political Change: Social Scientists and the Third World*（Boulder, CO: Westview Press Boulder, 1985）．

34. Slavoj Zizek, *Living in the End Times*（New York: Verso, 2010），474.

第一章　权威档案

1. John Crewdson and Joseph Treaster, "Worldwide Propaganda Network Built by the C.I.A.," *New York Times*, December 24, 1967; Saunders, *Who Paid the Piper?*, 245; Hugh Wilford, *The Mighty Wurlitzer: How the CIA Played America*（Cambridge, MA: Harvard University Press, 2008）; Jason Epstein, "The CIA and the Intellectuals," *New York Review of Books* 8, no. 7（April 20, 1967）: 10; Winks, *Cloak and Gown*, 327; Richard Pells, *Not Like Us: How Europeans Have Loved, Hated, and Transformed American Culture since World War II*（New York:

Basic Books, 1997); Penny Von Eschen, *Satchmo Blows up the World: Jazz Ambassadors Play the Cold War* (Cambridge, MA: Harvard University Press, 2004), 4. Volker Berghahn, *America and the Intellectual Cold Wars in Europe* (Princeton: Princeton University Press, 2001); Edward W. Said, "Hey Mister, You Want Dirty Book?," *London Review of Books* (September 1999): 8—9; 以及 Hugh Wilford, " 'Unwitting Assets?': British Intellectuals and the Congress for Cultural Freedom," *Twentieth Century British History* 11, no. 1 (January 1, 2000): 第42—60页。关于萨义德对桑德斯的简要批判，见 *Humanism and Democratic Criticism*, 第36页。

2. Saunders, *Who Paid the Piper?*; Wilford, *The Mighty Wurlitzer*; Peter Coleman, *The Liberal Conspiracy: The Congress for Cultural Freedom and the Struggle for the Mind of Postwar Europe* (New York: Free Press, 1989), 276; Von Eschen, *Satchmo Blows up the World*; and Said, *Humanism and Democratic Criticism*, 35, 276.

3. Serge Guilbaut, *How New York Stole the Idea of Modern Art* (Chicago: University of Chicago Press, 1985); Serge Guilbaut ed., *Be-Bomb: The Transatlantic War of Images and All that Jazz* (Barcelona: Museu d'Art Contemporani de Barcelona, 2007); Jane de Hart Mathews, "Art and Politics in Cold War America," *American Historical Review* 81, no. 4 (October 1, 1976): 762—787, doi: 10.2307/1864779; Robert Burstow, "The Limits of Modernist Art as a 'Weapon of the Cold War': Reassessing the Unknown Patron of the Monument to the Unknown Political Prisoner," *Oxford Art Journal* 20, no. 1 (January 1, 1997): 68—80. 关

于舞蹈，见 David Caute, *The Dancer Defects: The Struggle for Cultural Supremacy during the Cold War* (New York: Oxford University Press, 2005); Naima Prevots, *Dance for Export: Cultural Diplomacy and the Cold War* (Hanover, NH: University Press of New England, 1998)。关于音乐，见 Mark Carroll, *Music and Ideology in Cold War Europe* (New York: Cambridge University Press, 2003), 第21页; Ian Wellens, *Music on the Frontline: Nicolas Nabokov's Struggle against Communism and Middlebrow Culture* (Burlington, VT: Ashgate, 2002)。

4. Hugh Wilford, *The CIA, the British Left, and the Cold War: Calling the Tune* (London: F. Cass, 2003); Liam Kennedy 和 Scott Lucas, "Enduring Freedom: Public Diplomacy and U. S. Foreign Policy," *American Quarterly* 57 (2005): 第309—333页; 以及 Penny Von Eschen, "Enduring Public Diplomacy," *American Quarterly* 57 (2005): 第335—343页。

5. Von Eschen, *Satchmo Blows Up the World*, 24.

6. 见萨义德, *Orientalism*, 第275页; 萨义德, *Culture and Imperialism*, 第64—65, 243页; John Carlos Rowe, "Edward Said and American Studies," *American Quarterly* 56, no. 1 (2004): 33—47; Amy Kaplan, *The Anarchy of Empire in the Making of U. S. Culture* (Cambridge, MA: Harvard University Press, 2005); 以及 Bruce Cumings, *Dominion from Sea to Sea: Pacific Ascendancy and American Power* (New Haven: Yale University Press, 2009), 第389页。

7. John Sutherland, *Stephen Spender: A Literary Life* (New York: Oxford University Press, 2005).

8. Kathryn Dyer, 美国中央情报局, 信息隐私协调员给作者的复函，2000年6月28日。

9. Sol Stein, "A Short Account of International Student Politics with Particular Reference to the NSA, CIA," *Ramparts* 5, no. 9 (1967): 29—38.

10. Thomas W. Braden, "I'm Glad the CIA Is Immoral," *Saturday Evening Post*, May 20, 1967, 12.《邂逅》当时有两位编辑，一位是在纽约的詹姆斯·劳夫林，另外一位是在伦敦的斯蒂芬·斯彭德。

11.《国家安全法》规定，中央情报局局长将"保护情报来源和获取方法免于未经授权的泄露"。National Security Act of 1947, 50 USC§552（b）（1）（2010）.

12. *Rubin v. Central Intelligence Agency*, 2001WL1537706（Southern District of NewYork［SDNY］, December 3, 2001）.

13. Tim Weiner, *Legacy of Ashes: The History of the CIA*（New York: Anchor, 2008）; William Blum, *Killing Hope: U. S. Military and CIA Interventions since World War II*（Monroe, ME: Common Courage Press, 1995）.

14. *Central Intelligence Agency v. Sims*, 471 U. S. 159, 105 S. Ct. 1881, 85 L. Ed. 2d 173 (1985).

15. 50 U.S.C. §195 (2010)(formerly 50 USC §195)(formally §40)(2010). 乔治·阿甘本（Giorgio Agamben）, *State of Exception*, Kevin Attell 译（Chicago: University of Chicago Press, 2005）。

16. 关于国家安全的豁免条款是 5 USC §552（b）（1），而授予中央情报局局长保护情报免于未经授权的泄露的权力的豁免条款是 5 USC §552（b）（3）。

17. 12958 号行政命令；60 Fed. Reg. 19825（April 17，1995）。

18. Agamben，*State of Exception*，23.

19. Franz Kafka，*The Complete Stories*，trans. Nahum Glatzer（New York：Schocken，1995）.

20. *Rubin v. Central Intelligence Agency*，2001WL1537706（SDNY，December 3，2001）.

21. 同上。

22. *Central Intelligence Agency v. Sims*，471 U. S. 159，105 S. Ct. 1881，85 L. Ed. 2d 173（1985）.

23. 同上。

24. 50 USC § 552（b）（1）（2010）.

25. 希姆斯认为这些过分琐碎的信息不值得"保护其免于未经授权的泄露"："根据 102（d）(3)，中央情报局局长有权不披露表面上无害的信息。"我们应该问的是法庭没有问什么。保护信息免于泄露与不泄露信息之间难道没有区别吗？除了国家安全的原因之外，这种"预防式"的语言是从哪里来的？

26. 见 Jonathan Hafetz，"Secret Evidence and the Courts in the Age of National Security：Habeas Corpus，Judicial Review，and Limits of Secrecy in Detentions at Guantanamo，" *Cardozo Public Law*，*Policy*，*and Ethics Journal*（2006 年秋季）：第 127—169 页。

27. 这些案例中最有趣的是约翰·伯杰的小说《我们时代的一位画家》（*A Painter of Our Times*），中情局费尽周折，想用大量负面评论埋葬这部小说。巴勃罗·聂鲁达也是中情局试图边缘化的作家之一，中情局通过迅速复制他的"献给斯大林的颂歌"（Ode to Sta-

lin) 试图抹黑他。

28. 迈克尔·博鲁 (Michael Bérubé) 提出了有意思的一点, 因为文化自由代表大会认为西方民主国家容忍了在艺术和文学上持不同政见者, 所以"持不同政见不是一个中情局支持的艺术家可以不同意的立场。那么, 持不同政见在开放的社会是可能而不是必需的; 由此我们可以得出, 对于冷战战士而言, 持不同政见在美国不是自由的指标而是一种背叛形式"。Michael Bérubé, "American Studies without Exception," *PLMA* 118, no. 1 (January 2003): 106.

29. Theodor W. Adorno, *Current of Music*, trans. Robert Hullot-Kentor (Cambridge, MA: Polity, 2009), 374—378.

30. Said, *Culture and Imperialism*, 93.

31. Bruce Cumings, "Boundary Displacement: Area Studies and International Studies during and after the Cold War," in *Universities and Empire: Money and Politics in the Social Sciences during the Cold War*, ed. Christopher Simpson (New York: New Press, 1998), 159—188.

32. George Kennan, "The Sources of Soviet Conduct," *Foreign Affairs* 25, no. 4 (1947): 575; also see Nikhil Pal Singh, "Cold War Redux: On the 'New Totalitarianism,'" *Radical History Review* 85 (2003): 174.

33. Denis de Rougement, "Looking for India," *Encounter*, no. 1 (October 1953): 36—42; George Mikes, "Letter from Norway," *Encounter*, no. 7 (April 1954): 38—44; Daniel Bell, "Letter from New York: At Vecherinka," *Encounter*, no. 34 (July 1956): 65—68; Melvin Lasky, "A Sentimental Traveler in Japan," *Encounter*, no. 2 (November

1953）：5—12；and Sudhin Datta,"World Cities：Calcutta,"*Encounter* 45（June 1957）：35—45.

34. George Orwell, *The Collected Essays*, *Journalism*, *and Letters*, Sonia Orwell 和 Ian Angus 编（New York：Harcourt and Brace, 1968），1：390。

35. Vijay Prashad, *The Darker Nations*：*A People's History of the Third World*（New York：New Press, 2008）.

36. Said, *Culture and Imperialism*, 324.

37. Casanova, *The World Republic of Letters*, 11—12.

38. 当美国政府向欧洲出口美国现代艺术的时候，国会也在急于审查国内的展览。简·德·赫德·马修斯（Jane de Hart Mathews）写道,"运用具有如此阴谋思维特征的严密推理修辞，乔治·唐德罗（George Dondero）[共和党的公共作品内务委员会主席] 辩称，现代主义已经被用来反对沙皇政府，当时托洛茨基的朋友瓦西里·康定斯基（Wassily Kandinsky）就曾发布了关于俄国的'主义的黑骑士'：立体主义、未来主义、达达主义、表现主义、建构主义、超现实主义以及抽象主义。每一个都是致命的。按照唐德罗的说法，立体主义旨在用'设计的混乱'进行破坏；未来主义则是通过'机器的神话'；达达主义通过'调侃'；表现主义通过'模仿犯罪和疯狂'；抽象主义通过'创造头脑风暴'；超现实主义，通过'否定理性'……'一群国外的艺术破坏者'在二战前不久到达了这个国家，传播他们有害的主义。这些'国际艺术暴徒'的追随者现在包括美国人罗伯特·马瑟韦尔（Robert Motherwell）、威廉·巴兹奥特斯（William Baziotes）、杰克逊·波洛克（Jackson Pollock）等……总之，一个"在俄罗斯的黑心脏构想的邪恶阴谋"已经成为美国文化机构的威胁,也是那些试图保护他们的文化遗产免遭作为一种外国的意识形态象征的新形式侵蚀的忠诚艺术家们的威胁"("Art and Politics in Cold War America",第 772 页)。

39. Main Badiou,"'We Need a Popular Discipline': Contemporary Politics and the Crisis of the Negative," *Critical Inquiry* 34, no. 4 (2008): 649.

第二章 奥威尔与文学的全球化

本章的部分内容曾经出现在 Andrew N. Rubin, "Orwell and Empire: Anti-Communism and Globalization of Literature," *Alif: Journal of Comparative Poetics* 28 (2008):第 75—101 页。本书的刊登获得了许可。

1. John Rodden, *The Politics of Literary Reputation: The Making and Claiming of "St. George" Orwell* (New York: Oxford University Press, 1989).

2. Lionel Trilling, *Homage to Catalonia* 引言 (New York: Harcourt Brace, 1952), x-xi; Richard Hoggart, "George Orwell and *The Road to Wigan Pier*," *Critical Quarterly* 7, no. 1 (Spring 1965): 81; and Mary McCarthy, "The Writing on the Wall," *New York Review of Books* (January 30, 1969): 5. 关于奥威尔的集体性甚至经常是强迫性的观点的批判,见 Edward W. Said, "Tourism among the Dogs," in *Reflections on Exile* (Camnbridge, MA: Harvard University Press, 2000),第 97 页;以及 Simon Dentith, *A Rhetoric of the Real* (New York: St. Martin's Press, 1990),第 148—173 页。

3. Raymond Williams, *Politics and Letters* (London: New Left Books, 1979), 384.

4. 同上。

5. James Miller, "Is Bad Writing Necessary? George Orwell, Theodor Adorno, and the Politics of Literature," *Lingua Franca* (December/January 2000): 12—18; Judith Butler, "A 'Bad Writer' Writes Back," *New York Times*, March 20, 1999, A15; and Cleo McNelly, "On Not Teaching Orwell," *College English* 38 (1977): 553—566.

6. Ranajit Guha, "Not at Home in Empire," *Critical Inquiry* 23 (Spring 1997): 493.

7. 关于奥威尔对集权主义的表现的重要性的讨论，见 Étienne Balibar, *Masses, Classes, Ideas: Studies on Politics and Philosophy Before and After Marx*, trans. James Swenson (New York: Routledge, 1994), 第36页; Michael Halberstam, *Totalitarianism and the Modern Conception of Politics* (New Haven: Yale University Press, 1999), 第118页; Irving Howe, *Politics and the Novel* (New York: Columbia University Press, 1987), 第235—251页; 以及 William Pietz, "The 'Postcolonialism' of Cold War Discourse," *Social Text* 19/20 (1988年秋季): 第61页。

8. *George Orwell: The Critical Heritage*, ed. Jeffrey Meyers (London: Routledge & Kegan Paul, 1975), 273, 286.

9. John Rodden, *The Politics of Literary Reputation: The Making and Claiming of "St. George" Orwell* (1989), *Every Intellectual's Big Brother: George Orwell's Literary Siblings* (Austin: University of Texas Press, 2006), and *Scenes of an Afterlife: The Legacy of George Orwell* (Wilming-

ton, DE: ISI Books, 2003).

10. Neil Genzlinger, "Bending Minds with Rats," *New York Times* online, March 25, 2009, http://theater.nytimes.com/2009/03/25/theater/reviews/25geor.html.

11. John Rodden, *Scenes from an Afterlife*, 247.

12. 同上。

13. Darryl Campbell, "Orwell and the Tea Party," *The Millions* (blog), posted July 26, 2010, http://www.themillions.com/2010/07/orwell-and-the-tea-party.html.

14. Timothy Garton Ash, "Orwell for Our Time," *Guardian*, May 5, 2001.

15. Murray Sperber, "Gazing into the Glass Paperweight: The Structure and Psychology of Orwell's 1984," *Modern Fiction Studies* 26, no. 2 (Summer 1980): 226.

16. 彼得·戴维森（Peter Davison）给出了一个非常好的总结，载于 *The Complete Works of George Orwell*, vol. 20, Peter Davison 编 (London: Secker and Warburg, 1998), 第323—325页。也见 Perry Anderson, "A Ripple of the Polonaise," *London Review of Books* (November 1999): 第7页; Christopher Hitchens, letter to the editor, *London Review of Books* (January 6, 2000): 第3页; Perry Anderson, 对 Christopher Hitchens 来信的回复, *London Review of Books* (Janury 20, 2000): 第3页; Christopher Hitchens, 对 Perry Anderson 来信的回复, *London Review of Books* (February 3, 2000): 第3页; 以及 Christopher Hitchens, "George Orwell and Raymond Williams," *Critical Quarterly*

41, no. 3 (1999): 第 3—22 页。

17. Orwell, *The Complete Works of George Orwell*, Peter Davison 编, 18: 第 383 页。

18. 引自 Ros Wynne-Jones, "Orwell's Little List Leaves the Left Gasping for More," *Independent*, July 14, 1996, 第 10 页。

19. Gerald Kaufman, "Big Brother of the FO," *Evening Standard*, July 11, 1996, 17.

20. 引自 Ros Wynne-Jones, "Orwell's Little List", 第 10 页。

21. Christopher Hitchens, "Was Orwell a Snitch?" *Nation* (December 14, 1998): 8.

22. Orwell, *The Complete Works*, 20: 326.

23. Bernard Crick, "Why Are Radicals so Eager to Give Up One of Their Own?" *Independent*, July 14, 1996, 10.

24. 2000 年 8 月 2 日给作者的信。也见 Hitchens, "Was Orwell a Snitch?," 第 8 页; 以及 *Why Orwell Matters* (New York: Penguin, 2002), 第 111—121 页。

25. 见 Dario Biocca, "Ignazio Silone e la polizia politica," *Nuova Storia Contemporanea* 2, no. 3 (May-June 1998); Mauro Canali, "Il fiduciario 'Silvestri'," *Nuova Storia Contemporanea* 3, no. 1 (January-February 1999); 以及 "Ignazio Silone and the Fascist Political Police," *Journal of Modern Italian Studies* 5, no. 1 (2000): 第 36—60 页。

26. Canali, "Ignazio Silone," 36—60.

27. 同上,第 60 页。

28. Paul Krugman, "Reign of Error: The Bush Administration Re-

writes History," *Pittsburgh Post-Gazette*, July 29, 2006, B7. 其他的, 见 Ryan Blethen, "Orwell Wrote Bush's Script," *Seattle Times*, February 17, 2006, B6。

29. 玛格丽特·阿特伍德写道:"第一空降场的政府,温斯顿的'国家',是残酷的。不断的监视,无法坦率地与任何人交谈,正在逼近的不祥的'大哥'形象,那个政权对敌人和战争的需要——虽然可能是虚构的——都可以被用来恐吓人民,并用仇恨、麻木心灵的口号、语言的扭曲将人民团结起来,对所真正发生过的事情的破坏是把任何关于它的记录塞进记忆的空洞中——这些给我留下了很深的印象。让我再说一遍:他们抽走我满满的记忆让我感到恐惧。奥威尔……这一点做得很好使我可以想象到这类事情正在到处发生"(着重号为作者强调)。Margaret Atwood, "Orwell and Me," *Guardian*, 2003 年 6 月 16 日刊发。http://books.guardian.co.uk/departments/generalfiction/story/0,6000,978474,00.html.

30. Andreas Huyssen, "Geographies of Modernism in a Globalizing World," 196. 将海森对"世界文化"更令人信服的看法与詹姆森对"世界文学"的概念化进行对比,并作为在民族文学形式之间进行沟通的一个过程,是很有趣的。詹姆森写道:"我们的研究对象是……民族文化幻影的产物;而旅游,这个产业组织了对那些幻影和景象或者图像的消费。这就是为什么我们绝不希望用世界文化的术语来解释我们的学科,或以一个对歌德关于世界文学的观点的错误理解作为准则,或者作为所有历史杰作的想象的博物馆。事实上,歌德先见之明所想的是一个非常信息或传播的概念:对于他而言,世界文学并不意味着拜伦勋爵(Lord Byron)或者鲁米(Rumi)或者夏琨塔拉（the Shakuntala）（他很佩服这三个人），而是《爱丁堡评论》（*Edinburgh Review*）和《全球评论》（*Revue des deux mondes* 或 *Le Globe*）。当不同国家可以相互谈论各自国家的特殊性和它们的文字作品时，世界文学就出现了"（Fredric Jameson,"New Literary History after the End of the New," *New Literary History* 39, no. 3（2009）：第379—380页）。

31. Emily Apter, *The Translation Zone：A New Comparative Literature*（Princeton：Princeton University Press, 2006）, 6.

32. Bernard Crick, *George Orwell：A Life*（London：Penguin, 1980）, 556.

33. 同上，第638页。

34. Michael Shelden, *George Orwell：The Authorized Biography*（New York：HarperCollins, 1991）, 429.

35. 奥威尔名单上有36个人的身份一直被英国外交办公室保密至2003年。

36. Orwell, *The Complete Works*, 20：255.

37. 同上。

38. 同上。

39. 同上，第249页。

40. 同上。

41. 同上，18：第231页。

42. 同上，18：第322页。

43. 乔治·奥威尔致西莉亚·柯万（Celia Kirwan）的信函，1949年5月2日，Public Records Office（此后简称为PRO），Kew Gar-

dens, London, Foreign Office（此后简称为 FO）1110/189。

44. "Outline of Communist Strategy in South-East Asia," August 15, 1949, PRO, Kew Gardens, London, FO 1110/22; Ernest Bevin, "Top Secret Cabinet Paper on Future of Foreign Publicity Policy," FO 1110/IRD.

45. "Outline of Communist Strategy in South-East Asia," August15, 1949, PRO, Kew Gardens, London, FO 1110/221.

46. "Progress Report: Paper on Communist Strategy in South East Asia," PRO, FO 1110/189.

47. 西莉亚·柯万致 Ralph Murray, Adam Watson 和 Lieutenant Colonel Leslie Sheridan 的信函，1949 年 3 月 30 日，PRO, Kew Gardens, London, FO 1110/189。

48. 同上。

49. 同上。

50. 乔治·奥威尔致西莉亚·柯万的信函，1949 年 5 月 2 日，PRO, Kew Gardens, London, FO 1110/189。

51. 奥威尔，*The Complete Works*, 20: 249。

52. 秘密共产主义本身——一个首先由议员汤姆·德赖伯格使用的新词，后来奥威尔在批判他的时候也使用了这个词——其原则具有构成共产主义者身份的虚伪的模糊性的特征。这个认识论有其自身的逻辑。

53. Orwell, *The Complete Works*, 20: 255.

54. George Bernard Shaw, *Prefaces by George Bernard Shaw* (London: Oxford University Press, 1934), 361.

55. 同上, 第 359 页。

56. Bill Jones, *The Russia Complex: The British Labour Party and the Soviet Union* (Manchester: Manchester University Press, 1977), 26.

57. J. B. Priestley, "The War-and After," *Horizon* 1, no. 1 (Janury 1941): 15.

58. 衡平法院致情报研究处 (Information Research Department) (之后缩写为 IRD) 的密函, 1954 年 9 月 27 日, PRO, 1079/39。

59. 衡平法院致情报研究处的信函, 1954 年 9 月 27 日, PRO 1079/39。

60. Martin Bauml Duberman, *Paul Robeson* (New York: Knopf, 1988), 342—350.

61. Paul Robeson Files, Home Office (之后将此文件地址缩写为 HO), Alien Records, PRO, Kew Gardens, London, HO 382/6。

62. Geoffrey Crowther, Home Office, Ministry of Home Security, PRO, Kew Gardens, London, HO 335/40, 1949—1950.

63. Orwell, *Complete Works*, 20: 99.

64. 同上, 第 101 页。

65. Raphael Samuel, *The Lost World of British Communism* (New York: Verso, 2006).

66. Leszek Kołakowski, *Main Currents of Marxism: The Founders, the Golden Age, the Breakdown* (New York: Oxford University Press, 1978), 1.

67. Perry Anderson, "Components of the National Culture," *New Left Review* 50 (1968): 3—57.

68. 同上，第11页。

69. E. P. Thompson, "Outside the Whale," in *The Poverty of Theory and Other Essays* (New York: Monthly Review Press, 1978), 213.

70. Frantz Fanon, *The Wretched of the Earth*, trans. Constance Farrington (New York: Grove Press, 2005), 79.

71. 见 George Kennan, "The Long Telegram," February 22, 1949, http://www.ntanet.net/KENNAN.html。

72. Anders Stephanson, *Kerman and the Art of Foreign Policy* (Cambridge, MA: Harvard University Press, 1989), 42—43.

73. "Progress Report: Paper on Communist Strategy in South East Asia," PRO, FO 1110/189.

74. R. V. Burks, "Statistical Profile of the Greek Communist," *Journal of Modern History* 27, no. 2 (1955): 153—158.

75. "Devolution," in *The Oxford English Dictionary*. See online at http://oxford dictionaries.com/definition/devolution.

76. 同上。

77. 引自 Vijay Prashad, *The Darker Nations: A People's History of the Third World* (New York: New Press, 2008), 第38页。

78. Ernest Bevin, "Top Secret Cabinet Paper on Future Foreign Publicity Policy," January 4, 1948, PRO, Kew Gardens, London, P01110/221.

79. See Melvyn Leffler, *A Preponderance of Power: National Security, the Truman Administration, and the Cold War* (Stanford, CA: Stanford University Press, 1992), 506—509.

80. George Kennan, "The Sources of Soviet Conduct," *Foreign Affairs* 25, no. 4 (1947): 566.

81. 同上, 第568页。

82. British Foreign Office, Memorandum, "Outline of Communist Strategy in South-East Asia," August 15, 1949, PRO, Kew Gardens, London, FO 1110/221.

83. 同上。

84. 拉尔夫·穆雷致梅休（Mayhew）的信函, January 28, 1949, PRO, Kew Gardens, London, FO1110/221。

85. 见 Valerie Holman, "Carefully Concealed Connections: The Ministry of Information and British Publishing, 1939—1946," *Book History* 8, no. 1 (2005): 第197—226页。

86. PRO, Kew Gardens, London, FO 1110/738.

87. "Progress Report: Paper on Communist Strategy in South East Asia," PRO, Kew Gardens, London, FO 1110/189.

88. Orwell, *The Complete Works*, 18:444.

89. George Orwell, *Animal Pham: Oru Palankatha*, trans. Em Pi Rosi (Kottayam: Nasanal Buick Satal, 1956).

90. George Orwell, *O Tsiphliki Ton Zoon* (Athens: Graphikai Technai AspioteElka, 1951); George Orwell, *Cuoc cách-mang trong trai súc - vât* (Saigon: Imprint d'Extrême-orient, 1951); George Orwell, *Negara Binatang*, trans. Aus Suriatna (Bandung: Penerbitan Sangkreti, 1949).

91. 欧内斯特·梅因（Ernest Main）致拉尔夫·穆雷的信函, 1949年4月4日, PRO, Kew Gardens, London, FO 1110/221。

92. "Proposal to Co-operate with the Americans in Producing an Arabic Version of *Animal Farm*, by George Orwell," October 25, 1950, PRO, Kew Gardens, London, FO1110/319.

93. 同上。

94. Explanatory Notes, PRO, Kew Gardens, London, FO 1110/319.

95. C. F. MacLaren to Leslie Sheridan, March 3, 1951, PRO, Kew Gardens, London, FO 1110/392.

96. 欧内斯特·梅因致拉尔夫·穆雷的信函, 1949 年 4 月 4 日, PRO, Kew Gardens, London, FO 1110/221。

97. "Proposal to Co-operate with the Americans in Producing an Arabic Version of *Animal Farm*, by George Orwell," PRO, Kew Gardens, London, FO 1110/319.

98. "Negotiations for the Production *of Animal Farm*," August 1951, PRO, Kew Gardens, London, FO 1110/392.

99. Memorandum from Jean Sanders to Lieutenant Colonel Leslie Sheridan, 19516/19, PRO, Kew Gardens, London, FO 1110/392.

100. 同上。

101. T. S. 塔尔（T. S. Tull）致情报研究处官员的信函, 1951 年 8 月 10 日, PRO, Kew Gardens, London, FO 1110/392。

102. 信息研究处改编西方艺术和文化作品还同时采用另一种形式：乔纳森·斯威史特（Jonathan Swift）的《格列佛游记》（*Gulliver's Travels*）和伏尔泰的《老实人》（*Candide*）合在一部作品中，题为 "Greenhorn's Travels in Stalinovia"。参见 "Greenhorn's Travels," PRO, Kew Gardens, n. d., FO 1110/392；T. S. 塔尔致约翰·雷

纳 (John Rayner) 的信函, 1951 年 8 月 3 日, PRO, Kew Gardens, London, FO 1110/392。

103. Masao Miyoshi, *Off Center: Power and Culture Relations between Japan and the United States* (Cambridge, MA: Harvard Univerity Press, 1991), 103.

104. Memorandum from Labor Policy Section Chief M. Machida to Chief of Kanto Civil Affairs, August 7, 1950, National Archives Records Administration, Washington, D. C., Record Group 331. 2747 (17).

105. "Reports of Distribution Reaction *to Animal Farm*, a Cartoon Blast at Communism, August 1946—1951," National Archives Records Administration, Washington, D. C., Record Group 331. 2747 (17).

106. "Reactions over the Showing of *Animal Farm* throughout Ten Prefectures in the Kanto Area," n. d., National Archives Records Administration.

107. "Reports of Distribution Reaction to *Animal Farm*, a Cartoon Blast at Communism, August 1946—1951," National Archives Records Administration, Washington, D. C., Record Group 331. 2747 (17).

108. Jay Rubin, "From Wholesomeness to Decadence," *Journal of Japanese Studies* 11, no. 1 (Winter 1985): 100.

109. 乔治·奥威尔致伦纳德·摩尔的信函, 1949 年 8 月 30 日, 载于 *Complete Works of George Orwell*, 20: 第 162 页。

110. 未署名的评论顾问给情报研究处人员的报告, 1955 年 2 月 21 日, PRO, Kew Gardens, London, FO 1110/738。

111. George Orwell, *O Porco Triunfante*, trans. Almirante Alberto

Aprú (Lisbon: Livraria Popular de Francisco Franco, 1946).

112. 乔治·奥威尔致伦纳德·摩尔的信函，1945 年 11 月 11 日，Berg Archive, New York Public Library。

113. 乔治·奥威尔致伦纳德·摩尔的信函，1947 年 1 月 9 日，Berg Archive, New York Public Library, New York, New York。

114. 乔治·奥威尔致伦纳德·摩尔的信函，1949 年 7 月 20 日，载于 Complete Works of George Orwell, 20：第 148 页。

115. 西莉亚·柯万致杰克·布里梅尔的信函，1949 年 7 月 18 日，Public Records Office, P01110/221, PR920。

116. George Orwell, *Skotsky Khutor*, trans. Gleb Struve (Limburg, Germany: Possev, 1950).

117. 弗拉基米尔·普加乔夫（Vladimir Pugachev）致乔治·奥威尔的信函，1949 年 6 月 24 日，PRO, Kew Gardens, London, FO 1110/221。

118. 乔治·奥威尔致伦纳德·摩尔的信函，1949 年 7 月 20 日，载于 *Complete Works of George Orwell*, 20：第 148 页。

119. PRO, FO 1110/221, PR 920.

120. 乔治·奥威尔致伦纳德·摩尔的信函，1949 年 7 月 20 日，载于 *Complete Works of George Orwell*, 20：第 143 页。

121. 乔治·奥威尔致伦纳德·摩尔的信函，1949 年 7 月 28 日，载于 *Complete Works of George Orwell*, 20：第 153 页。

122. 乔治·奥威尔致梅尔文·拉斯基的信函，1949 年 9 月 21 日，载于 *Complete Works of George Orwell*, 20：第 172 页。

123. 见 Andrew Defty, *Britain, America and Anti-Communist Propa-

ganda, 1945—1953: *The Information Research Department*（London: Routledge, 2004），第 110—113 页。

124. 西莉亚·柯万致查尔斯·塞耶的信函，1949 年 11 月 4 日，PRO, Kew Gardens London, FO 1110/221; P01110/738。

125. 小米勒（E. C. Miller Jr.）给日本银行的建议书，未注明日期，National Archives and Records Administration, Maryland, 290: 15/34/07, Box 4079, C2—4。

126. Dean Acheson, "Participation of Books in Department's Fight against Communism," April 11, 1951, National Archives Records Administration, Maryland, 511. 412/6—2 851.

127. 未署名的评论顾问给情报研究处人员的报告摘要，1955 年 2 月 21 日，PRO, Kew Gardens, London, FO 1110/738。

128. Tony Shaw, *British Cinema and the Cold War: The State, Propaganda and Consensus* (London: I. B. Tauris, 2001), 95.

129. RD-DR 公司与哈拉斯和巴彻勒卡通电影有限公司之前关于《动物庄园》的合同，1951 年 11 月 19 日，Halas and Batchelor Collections, University of Surrey; "Comment on *Animal Farm* Script," Psychological Strategy Board, 1953 年 1 月 23 日, Psychological Strategy Board Papers, Harry S. Truman Library, Independence, Missouri; Telegram from Louis de Rochemont to Borden Mace, 1954 年 8 月 24 日, Papers of Louis de Rochemont, American Heritage Center, University of Wyoming, Laramie, Wyoming。

130. H. A. H. 科尔塔兹（H. A. H. Cortazzi）致道格拉斯·威廉斯（Douglas Williams）的信函，1955 年 1 月 25 日，PRO, Kew Gardens,

London, FO 1110/740。

131. Information Section of British Embassy to the Information Policy Department, March 9, 1955, PRO, Kew Gardens, London, FO 1110/740；H. A. H. 科尔塔兹致道格拉斯·威廉斯的信函，1955年1月25日，PRO, Kew Gardens, London, FO 1110/740。

132. H. A. H. 科尔塔兹致道格拉斯·威廉斯的信函，1955年1月25日，PRO, Kew Gardens, London, FO 1110/740。

133. 索尔·斯坦写给巴黎剧院的信，1955年7月11日，American Committee for Cultural Freedom Papers, New York University, Tamiment Library。

134. 来自索尔·斯坦的报告，1955年7月11日，American Committee for Cultural Freedom Papers, New York University, Tamiment Library。

135. Casanova, *The World Republic of Letters*, 22—23.

136. 同上，第22页。

137. 同上，第23页。

138. 关于文学如何根据涉及文学数据的发送、接受、反馈和存储的话语系统发挥作用的讨论，见弗里德里克·A. 基特勒（Friedrich A. Kittler），*Discourse Networks*, 1800 / 1900 (Stanford, CA：Stanford University Press, 1990)，第370页。然而，基特勒所忽略的是有些文学"数据"如何没有被"存储"或"接收"。

139. 萨义德，《文化与帝国主义》，第309页。

140. 同上，第328页。

141. Walter Benjamin, "Theses on the Philosophy of History," 载于 *Il-*

luminations*, Harry Zohn 译（New York：Schocken Books, 1969），第256页。

142. John Guillory, *Cultural Capital*（Chicago：University of Chicago Press, 1993），55—56.

143. 萨义德,《文化与帝国主义》,第306页。

第三章 跨国文学空间的战争

1. 见 Odd Arne Westad, *The Global Cold War：Third World Interventions and the Making of Our Times*（New York：Cambridge University Press, 2005）；William Blum, *Killing Hope：U. S. Military and CIA Interventions since World War II*（New York：Common Courage Press, 1995）；Richard J. Barnet, *Intervention and Revolution*（Washington D. C.：Institute for Policy Studies, 1968）；V. G. Kiernan, *America：The New Imperialism：From White Settlement to World Hegemony*（London：Zed Press, 1978）。

2. Douglas Coombs, *Spreading the Word：The Library Work of the British Council*（London：Mansell Publishing Limited, 1988），3.

3. Bernard Lewis, *British Contributions to Arabic Studies*（London：British Council and Longmans, 1941）. Stephen Spender, *Poetry since 1939*（London：Longmans, 1949）；Edmund Blunden, *John Keats*（London：Published for the British Council by Longmans, Green & Co., 1950）；Rex Warner, *E. M. Forster*（London：Published for the British Council by Longmans, Green & Co., 1950）；Herbert Read, *Byron*（London：Published for the British Council by Longmans, Green & Co.,

1951); John Lehmann, *Edith Sitwell* (New York: Published for the British Council by Longmans, Green & Co., 1951); Stephen Spender, *On "The Cocktail Party"* (London: Published for the British Council by Longmans, Green & Co., 1950); James Sutherland, *Defoe* (London: Published for the British Council and the National Book League by Longmans, Green & Co., 1954); 以及 Oliver Warner, *Joseph Conrad* (London: Published for the British Council and the National Book League by Longmans, Green & Co., 1950)。

4. Lewis, *British Contributions to Arabic Studies*. 对刘易斯作品的批判分析，见 Edward W. Said, *Orientalism*, 第 315—320 页。

5. 刘易斯作为东方学家的权威可以追溯到 1939 年，那一年英国文化协会出版了他的小册子，这比后来的作品如《伊斯兰起义》（1964 年）和《伊斯兰的回归》（1976 年）要早得多，后来的这些作品确立了他作为反对和诋毁穆斯林的最有影响力的人物之一的地位，他诋毁穆斯林是非理性、狂热和无法控制激情的信仰——这对西方来说一直都是威胁，相比之下，西方社会的定义、组织方式和定位都是反对这些威胁的（见 Said, *Orientalism*, 第 315—320 页）。

6. John Hampden, "Books and the British Council," 载于 *The Book World Today* (New York: Books for Libraries Press, 1957), 第 230 页。

7. 同上，第 226 页。

8. 同上，第 230 页。

9. T. S. Eliot, "Notes towards the Definition of Culture," 载于 *Christianity and Culture* (New York: Harcourt, Brace, 1949), 第 170 页.

10. Michael Coyle, "'This Rather Elusory Broadcast Technique':

T. S. Eliot and the Genre of Radio Talk," *ANQ* 11, no. 4 (Fall 1998): 32.

11. T. S. Eliot, "The Man of Letters and the Future of Europe," *Sewanee Review* 53, no. 3 (1945): 341.

12. R. P. Blackmur, "The Logos in the Catacomb: The Role of the Intellectual," *Kenyon Review* 21, no. 1 (1959): 8.

13. 同上, 第5页。

14. 同上, 第7页。

15. Jean Franco, *The Decline and Fall of the Lettered City* (Cambridge, MA: Harvard University Press, 2002), 23—24. 也见 Elizabeth Anne Cobbs, *The Rich Neighbor Policy: Rockefeller and Kaiser in Brazil* (New Haven: Yale University Press, 1992)。

16. William Buxton, "John Marshall and the Humanities in Europe: Shifting Patterns of Rockefeller Foundation Support," *Minerva* 41, no. 2 (2003): 133—153.

17. Lawrence H. Schwartz, *Creating Faulkner's Reputation: The Politics of Modern Literary Criticism* (Knoxville: University of Tennessee Press, 1988), 81.

18. Robert Fitzgerald, *Enlarging the Change: The Princeton Seminars in Literary Criticism, 1949—1951* (Boston: Northeastern University Press, 1985), 10—11.

19. 同上。

20. 威廉斯对浪漫艺术家与文学市场的发展之间的关系的观察是非常有用的, 为笔者此处的讨论提供了一个大概的模式。然而, 他提出"也许不太可能直至我们的世纪它才如此普及至几乎占据主导地位",这削弱了他对"文学市场"发展不均匀的观点。精确的一点是这个过程不是普遍的,但是许多批评家却认为是普遍的。见 Raymond Williams, *Culture and Society*: *1780—1950*(New York: Columbia University Press, 1983), 第33页。

21. Congress for Cultural Freedom Papers, Regenstein Library, University of Chicago, Chicago, Illinois. 也见 Peter Coleman, *The Liberal Conspiracy*; 以及 Franco, *The Decline and Fall of the Lettered City*。

22. 见,比如 Neil Smith, *Uneven Development*: *Nature*, *Capital*, *and the Production of Space* (Cambridge, MA: Blackwell, 1991); 以及 Fernando Enrique Cardoso, *Dependency and Development in Latin America* (Berkeley: University of California Press, 1979)。

23. C. L. R. James, "Britain's New Monthlies," *Saturday Review* (May 22, 1954): 13.

24. B. Rajan, "Bloomsbury and the Academies: The Literary Situation in England," *Hudson Review* 2, no. 3 (1949): doi: 10.2307/3847799.

25. Geoffrey Wagner, "The Minority Writer in England," *Hudson Review* 7, no. 3 (1954): 427—435.

26. T. S. Eliot and Ezra Pound, "Letters concerning *The Waste Land*," *Nine*, no. 4 (Summer 1950): 176—179.

27. Raymond Williams, "Editorial Commentary," *Essays in Criticism* 4, no. 3 (1954): 341. doi:10.1093/eic/IV.3.341.

28. Christopher Lasch, *The Agony of the American Left*; Saunders, *Who Paid the Piper?*; Coleman, *Liberal Conspiracy*.

29. Coleman, *Liberal Conspiracy*, 275—276.

30. 见，比如 Arthur M. Schlesinger, *The Vital Center: The Politics of Freedom* (New York: Transaction Publishers, 1997)。

31. Edward W. Said, *Humanism and Democratic Criticism*, 35—36.

32. Coleman, *Liberal Conspiracy*, 60.

33. 同上。

34. F. J. 西克（F. J. Seeker）致 H. 奥弗里（H. Overy）的信函，1953年6月，Warburg Papers, University of Reading, UK。

35. *Encounter*, no. 1 (October 1953).

36. Mary L. Dudziak, *Cold War Civil Rights: Race and the Image of American Democracy* (Princeton: Princeton University Press, 2002); Nikhil P. Singh, *Black Is a Country: Race and the Unfinished Struggle for Democracy* (Cambridge, MA: Harvard University Press, 2004); 以及 Penny M. Von Eschen, *Race against Empire: Black Americans and Anticolonialism, 1937—1957* (Ithaca: Cornell University Press, 1997)。

37. 见 E. P. Thompson's "Socialist Humanism: An Epistle to the Philistines," *New Reasoner*, no. 1 (Summer 1957): 第107页。

38. Dwight Macdonald, "America! America!" 载于 *Discriminations* (New York: De Capo, 1985), 第49页。

39. Norman Birnbaum, "Open Letter to the Congress for Cultural Freedom," *Universities and Left Review* (Janury 1959): 5.

40. Wagner, "The Minority Writer in England," 431.《哈德逊评论》（*Hudson Review*）创办于1947年，创办人是弗雷德里克·摩根（Frederick Morgan）和约瑟夫·贝内特（Joseph Bennett），两人都是

普林斯顿的校友，也是诗人艾伦·泰特的学生。杂志于 2007 年停刊。

41. 同上，第 432 页。

42. Peter Burger, *Theory of the Avant-Garde*（Minneapolis：University of Minnesota Press, 1984）.

43. Congress for Cultural Freedom Papers, Regenstein Library, University of Chicago, Illinois. 也见 Coleman, *Liberal Conspiracy*。

44. Michel Foucault,"What is an Author?"载于 *Language, Counter-Memory, Practice*, Donald Bouchard 译（Ithaca：Cornell University Press, 1977），第 137 页。

45. T. S. Eliot,"Dante,"载于 *Selected Prose*, Frank Kermode 编（New York：Farrar, Straus and Giroux, 1975），第 205—230 页。

46. Franco, *The Decline and Fall of the Lettered City*, 35.

47. Casanova, *The World Republic of Letters*, 136.

48. *Encounter*, no. 1（October 1953）.

49. *Der Monat*, vol. 5（September 1954）.

50. *Der Monat*, vol. 3（September 1953）.

51. *Preuves*, no. 45（November 1954）.

52. 雷蒙德·威廉斯关于大都市成为一个即时传播点的论述见于 *The Politics of Modernism：Against the New Conformists*（New York：Verso, 1989），第 37 页。

53. 例如，维特尔德·贡布罗维奇（Witold Gombrowiscz）与康斯坦丁·杰伦斯基（Constantin Jelenski）很亲近，后来成为他的翻译。杰伦斯基是《证据》的董事会成员之一。见 Casanova, *The*

World Republic of Letters,第144页。

54. Raymond Williams, *Culture* (London: Fontana, 1981), 197.

55. *Hiwar*, no. 1 (1963): 61—70.

56. Peter Benson, "'Border Operators': *Black Orpheus* and the Genesis of Modern African Art and Literature," *Research in African Literatures* 14, no. 4 (1983): 432.

57. Frantz Fanon, *The Wretched of the Earth*, 43.

58. Janheinz Jahn, "World Congress of Black Writers," *Black Orpheus*, no. 1 (September 1957): 40.

59. Wole Soyinka, *You Must Set Forth at Dawn: A Memoir* (New York: Random House, 2007), 74.

60. Coyle, "'This Rather Elusory Broadcast Technique,'" 32.

61. Humphrey Carpenter, *The Envy of the World: Fifty Years of the BBC Third Programme and Radio 3, 1946—1996* (London: Weidenfeld and Nicolson, 1996), 164.

62. George Orwell, *The Collected Essays, Journalism, and Letters*, 1: 331.

63. Theodor W. Adorno, *Current of Music*, 376—377.

64. Stephen Spender, "We Can Win the Battle for the Minds of Europe," *New York Times*, April 25, 1948, SM15.

65. Lionel Trilling, *The Gathering of Fugitives* (New York: Harcourt, Brace, Jovanovich, 1956), 69.

66. Lionel Trilling, "The Situation of the American Intellectual at the Present Time," 载于 *The Moral Obligation to be Intelligent: Selected Essays*,

Leon Wieseltier 编（New York：Farrar, Straus and Giroux, 2000），第282页。

67. 见，比如 André Visson 的 *As Others See Us*（New York：Doubleday, 1948）。

68. Sidney Hook,"Report on the International Day of Resistance to Dictatorship and War," *Partisan Review* 16, no. 7 (Fall 1949)：43.

69. James Burnham, *What Europe Thinks of America* (New York：John Day, 1953), viii.

70. Spender,"We Can Win the Battle for the Minds of Europe," SM15.

71. Richard Wright,"What Africa Means to Me," *Encounter*, no. 12 (September 1954)：27.

72. Hugh Wilford, *The Mighty Wurlitzer*, 24. 关于 NSC—4 指令的文本，见"Memorandum from the Executive Secretary (Souers) to the Members of the National Security Council", 1947年12月9日。. 刊于 http://wwvv.fas.org/irp/offdocs/nsc-hst/nsc-4.htm。

73. NSC—4,"Memorandum from the Executive Secretary (Souers) to the Members of the National Security Council", 1947年12月9日。刊于 http://www.fas.org/irp/offdocs/nsc-hst/nsc-4.htm.

74. 引自 Liam Kennedy 和 Scott Lucas,"Enduring Freedom,"第312页。

75. Jameson,"New Literary History after the End of the New," 379.

76. 同上。

77. R. P. Blackmur,"The Economy of the American Writer,"载于 *The Lion and the Honeycomb：Essays in Solicitude and Critique* (New

York: Harcourt, Brace and Company, 1955),第 50 页。

78. T. S. Eliot, "Notes towards the Definition of Culture," 202.

79. R. P. Blackmur, "Toward a Modus Vivendi," 载于 *The Lion and the Honeycomb: Essays in Solicitude and Critique* (New York: Harcourt, Brace and Company, 1955),第 152 页,第 157 页。

80. James Laughlin, "The Function of This Magazine," *Perspectives USA* 1, no. 1 (Fall 1952): 5.

81. Hayden Carruth to Lionel Trilling, March 3, 1953, Lionel Trilling Papers, Butler Library, Columbia University, New York.

82. 正如雷蒙德·威廉姆斯所评述的:"'文学市场'作为作者与其读者之间这种关系的发展已经导致了许多态度上的根本改变。当然,有一点必须加上,那就是如此的发展总是不均匀的,无论在其操作层面还是在其效果层面"(*Culture and Society: 1780—1950* [New York: Columbia University Press, 1983],第 330 页)。也见 Antonio Candido, "Literature and Underdevelopment," 载于 *On Literature and Society*, Howard S. Becker 译 (Princeton: Princeton University Press, 1995),第 119—141 页。

83. 引自 Edward W. Said, "The Horizon of R. P. Blackmur," 载于 *Reflections on Exile* (Cambridge, MA: Harvard University Press, 2000),第 246 页。

84. R. P. Blackmur, "Editor's Commentary," *Perspectives USA*, no. 6 (Winter 1954): 134.

85. 同上。

86. Blackmur, "Toward a Modus Vivendi," 4.

87. 萨义德,"The Horizon of R. P. Blackmur",第261页。

88. 同上,第262页。

89. 这是一种有趣的对比,在此这一论述是对萨义德在《文化与帝国主义》中的"现代主义旁注"("Note on Modernism")的一种修正。对于萨义德而言,"空间性"成为了审美特征而不是政治统治的特征。笔者所要说的是,在美国处于支配地位的背景下,统治的政治方面保持了其某些现代主义的元素,恰恰是因为冷战与非殖民化的时间是不连续的。如此,布莱克默对于新的过渡办法的描述为支配优势尚处于动荡未稳状态的现代性提供了说明,然后通过一种新的文学与文化探险它们被放在了一起,这对于早期的批评家而言是不可获得的,将它们放在一起比较是很有意思的。这进一步证明了艾米·卡普兰(Amy Kaplan)的重要观察,即美国例外主义是内在的、易变的计划。由于意识形态的无界限,在其(如布莱克默)试图想象有趣的视野时导致了无序化。见卡普兰(Kaplan),《帝国的无政府状态》(*The Anarchy of Empire in the Making of U. S. Culture*)。

90. Blackmur, "Editor's Commentary," 134.

91. 同上,第134—135页。

92. 同上。

93. 同上,第135。

94. 国务院罗伊斯·莫克(Royce Moch)致莱昂内尔·特里林的信函,1949年3月29日,Lionel Trilling Papers, Butler Library, Columbia University, New York;美国新闻署署长詹姆斯.L. 米德(James L. Meader)致莱昂内尔·特里林的信函,1956年10月24日,Lionel Trilling Papers, Butler Library, Columbia University, New York。

注 释

95. 约翰·汤普森致莱昂内尔·特里林的信函，1956年8月29日，Lionel Trilling Papers, Butler Library, Columbia University, New York。参见特里林致汤普森的信函，1956年9月20日，Lionel Trilling Papers, Butler Library, Columbia University, New York。

96. 索尔·斯坦因致莱昂内尔·特里林的信函，1954年10月27日，Lionel Trilling Papers, Butler Library, Columbia University, New York。也见珀尔·克鲁格（Pearl Kluger）致莱昂内尔·特里林的信函，1952年2月28日，Lionel Trilling Papers, Butler Library, Columbia University, New York；文化自由美国委员会的项目与出版总监丹尼尔·詹姆斯（Daniel James）致莱昂内尔·特里林的信函，1952年4月3日，Butler Library, Columbia University, New York。关于文化自由代表大会，见尼古拉·纳博科夫致莱昂内尔·特里林的信函，1956年6月15日，Lionel Trilling Papers, Butler Library, Columbia University, New York。关于美国军方，见国务院罗伊斯·莫克致莱昂内尔·特里林的信函，1949年3月29日，Lionel Trilling Papers, Butler Library, Columbia University, New York。

97. 莱昂内尔·特里林致詹姆斯·劳夫林的信函，1952年11月10日，Lionel Trilling Papers, Butler Library, Columbia University, New York；莱昂内尔·特里林致欧文·克里斯托尔（Irving Kristol）的信函，1952年10月22日，Lionel Trilling Papers, Butler Library, Columbia University, New York；莱昂内尔·特里林致麦尔文·拉斯基（Melvin Lasky）的信函，1953年12月7日，Lionel Trilling Papers, Butler Library, Columbia University, New York。

98. 沃尔特·W. 威金斯（Walter W. Wriggins）致戴安娜·特里

林（Diana Trilling）的信函，1975年12月29日；菲利普斯·布鲁克斯（Phillips Brooks）致莱昂内尔·特里林的信函，1957年3月25日，Lionel Trilling Papers, Butler Library, Columbia University, New York。

99. Mark Krupnick, *Lionel Trilling and the Fate of Cultural Criticism* (Evanston, IL: Northwestern University Press, 1986), 102.

100. 约翰 A. 克劳特（John A. Krout）致莱昂内尔·特里林的信函，1956年5月21日，Lionel Trilling Papers, Butler Library, Columbia University, New York。

101. 美国对外服务处的赫伯特·雅各布森（Herbert Jacobsen）致莱昂内尔·特里林的信函，1957年5月29日，Lionel Trilling Papers, Butler Library, Columbia University, New York。

102. 哈罗德·E. 豪兰（Harold E. Howland）致莱昂内尔·特里林的信函，1957年6月4日，Lionel Trilling Papers, Butler Library, Columbia University, New York。

103. 国务院杂志联络部的罗伊斯·莫克致莱昂内尔·特里林的信函，1949年6月7日，Lionel Trilling Papers, Butler Library, Columbia University, New York。

104. 国务院的罗伊斯·莫克致莱昂内尔·特里林的信函，1949年3月29日，Lionel Trilling Papers。"Outlines of Psychoanalysis"以 *Art and Neurosis* 为书名出版（Charlottesville: University of Virginia, 1949）。

105. 1956年8月，汤普森感谢特里林推荐并鼓励他申请法菲尔德基金会的职位。"我们今年夏天谈论的那个工作已经成熟，"汤普森写道,"并且我已经接受了这份工作。是在法菲尔德基金会,我觉得你提到过这个名字,但那时我对它毫无概念……我猜想你对与这份工作相关的大量作品都是熟悉的,希望你可以就此和我进行一些讨论。"约翰·汤普森致莱昂内尔·特里林的信函,1956年8月29日。参见莱昂内尔·特里林致汤普森的信函,1956年9月20日。

106. Saunders, *Who Paid the Piper?*, 358.

107. 美国新闻署署长詹姆斯·L. 米德(James L. Meader)致莱昂内尔·特里林的信函,1956年10月24日,Lionel Trilling Papers, Butler Library, Columbia University, New York。

108. 莱昂内尔·特里林致美国新闻署署长詹姆斯·L. 米德的信函,1957年3月6日,Lionel Trilling Papers, Butler Library, Columbia University, New York。

109. Lionel Trilling, "Editor's Commentary," 5.

110. 同上。

111. 同上,第8页。

112. 同上,第5页。

113. 同上,第10页。

114. 海登·卡鲁斯(Hayden Carruth)致莱昂内尔·特里林的信函,1953年3月3日,Lionel Trilling Papers, Butler Library, Columbia University, New York;以及Lionel Trilling, "Editor's Commentary,"第5页。

115. Mary McCarthy, "America the Beautiful: The Humanist in the Bathtub," *Perspectives USA* 1, no. 2 (Winter 1953): 11.

116. 同上,第16页。

117. 同上，第 17 页。

118. 同上，第 17—18 页。

119. 同上，第 18 页。

120. Simone de Beauvoir, *America Day by Day* (New York: Grove, 1953).

121. James Baldwin, "Everybody's Protest Novel," *Perspectives USA* 1, no. 2 (Winter 1953): 11 and 16; Richard Gibson, "A No to Nothing," *Perspectives USA* 1, no. 2 (Winter 1953): 11.

122. 见 Jonathan Arac, *Critical Genealogies: Historical Situations for Postmodern Literary Studies* (New York: Columbia University Press, 1987), 第 310—314 页。也见 Russell J. Reising, "Lionel Trilling, *The Liberal Imagination*, and the Emergence of the Discourse of Anti-Stalinism," *boundary* 2 20, no. 1 (1993): 第 94—124 页。

123. "Draft of Guidelines," n. d., Lionel Trilling Papers, Butler Library, Columbia University, New York.

124. 莱昂内尔·特里林，致主编的信，*New York Times*，1953 年 11 月 24 日。

第四章　批判理论档案

本章部分内容已经在安德鲁·罗宾的"阿多诺档案"中出现过，载于 *Adorno: A Critical Reader*, ed. Nigel Gibson and Andrew Rubin (New York: Wiley-Blackwell, 2002)，第 172—190 页。

1. "Institute for Social Research/Columbia University"，联邦调查局，《信息自由法案》。

注　释

2. Alexander Stephan, *Communazis*: *FBI Surveillance of German Émigré Writers*, Jan van Heurck 译 (New Haven: Yale University Press, 2000), 第 2 页。关于他对联邦调查局的监视活动的分析的未删减版, 见 Stephan 此书的德语版本, *Int Visier des FBI*: *Deutsche Exilschriftsteller in den Akten amerikanischer Geheimdienste* (Stuttgrt: Metzler, 1995)。

3. Stephan, *Communazis*, 2.

4. 同上, 第 231 页。

5. 同上, 第 50 页。

6. J. 埃德加·胡佛致信联邦调查局纽约分部, 1942 年 10 月 31 日的备忘录, 联邦调查局,《信息自由法案》。

7. 联邦调查局关于菲利克斯·韦尔 (Felix Weil)、阿尔卡迪·古尔兰 (Arkadij Gurland) 以及卡尔·魏特夫 (Karl Wittfogel) 的案件报告, 1942 年 9 月 9 日, 联邦调查局,《信息自由法案》。

8. 同上。

9. 未署名的特工致信 J. 埃德加·胡佛, 1940 年 4 月 31 日, 联邦调查局,《信息自由法案》。

10. 联邦调查局洛杉矶分局, 未签名及未标注日期的备忘录, 联邦调查局,《信息自由法案》。

11. 联邦调查局报告, 1943 年 12 月 7 日, 联邦调查局,《信息自由法案》。

12. 爱德华·A. 塔姆 (Edward A. Tamm) 致信莱德 (Ladd), 1943 年 6 月 25 日的备忘录, 联邦调查局,《信息自由法案》。

13. 1942 年, 研究所聘请了犹他州的前参议员金 (King) 作为法律顾问。爱德华 A. 塔姆致信莱德，1943 年 6 月 25 日的备忘录，联邦调查局，《信息自由法案》。塔姆写道："我告诉参议员，如果社会研究所参与任何违反美国法律的活动，都将会被联邦法院起诉和控告。"

14. Rolf Wiggershaus, *The Frankfurt School：Its History, Theories, and Political Significance*, Michael Robertson 译（Cambridge, MA：MIT Press, 1994），第 401 页。

15. 同上。

16. 同上。

17. 同上。

18. 同上。

19. 同上。

20. 同上。

21. J. 埃德加·胡佛致信纽约特工主管（SAC），1955 年 5 月 20 日的备忘录，联邦调查局，《信息自由法案》。

22. J. 埃德加·胡佛致信莱德，1941 年 7 月 18 日，联邦调查局，《信息自由法案》。

23. J. 埃德加·胡佛致信得克萨斯州的厄尔巴未提及姓名的特工，1941 年 6 月 18 日，联邦调查局，《信息自由法案》。

24. "Censorship Daily Reports," vol. 6, 1942 年 6 月 22 日，联邦调查局，《信息自由法案》。

25. Theodor Adorno, *Minima Moralia：Reflections on a Damaged Life*, E. F. N. Jephcott 译（London：Verso, 1978），第 46—47 页。

26. Dr. Lazarsfeld, Memorandum, n. d., Paul Lazarsfeld Papers,

Butler Library, Columbia University, New York.

27. Theodor W. Adorno, *Current of Music*, 10.

28. Wiggershaus, *Frankfurt School*, 239.

29. 保罗·拉扎斯菲尔德（Paul Lazarsfeld）致信肯切尔博士和斯坦顿博士，1938年1月1日的备忘录，Paul Lazarsfeld Papers, Butler Library, Columbia University, New York。

30. Adorno, *Current of Music*, 139.

31. 阿多诺致信拉扎斯菲尔德，未注明日期，Paul Lazarsfeld Papers, Butler Library, Columbia University, New York。

32. Theodor W. Adorno, "A Social Critique of Radio Music," *Kenyon Review* 8 (1945): 208—217; and "The Radio Symphony: An Experiment in Theory," *Radio Research* (New York: Harper, 1941): 110—139.

33. 拉扎斯菲尔德致信阿多诺，未注明日期，Paul Lazarsfeld Papers, Butler Library, Columbia University, New York。

34. Wiggershaus, *Frankfurt School*, 243.

35. Theodor W. Adorno, "Scientific Experiences of a European Scholar in America," 载于 *Critical Models: Interventions and Catchwords*, Henry Pickford 译（New York: Columbia University Press, 1998），第222页。

36. "The Psychological Analysis of Propaganda," Paul Lazarsfeld Papers, Butler Library, Columbia University, New York.

37. 同上，第16页。

38. 同上，第18页。

39. Harold D. Lasswell, "Psychological Policy Research and Total Strategy," *Public Opinion Quarterly* 16, no. 4 (1952): 498.

40. Theodor W. Adorno 与 Max Horkheimer, *Dialectic of Enlightenment*, Edmund Jephcott 译 (Palo Alto, CA: Stanford University Press, 2007), 第 1 页。

41. 同上, 第 3 页。

42. 同上, 第 7 页。

43. 同上, 第 4—7 页。

44. 同上, 第 8 页。

45. 同上, 第 41 页。

46. 同上。

47. Theodor W. Adorno, *Prisms: Culture Criticism and Society*, Samuel 与 Shierry Weber 译 (London: Spearman, 1981), 第 98 页。

48. Adorno, *Minima Moralia*, 87.

49. 同上。

50. Adorno, "Scientific Experiences of a European Scholar in America," 222.

51. Martin Jay, *Adorno* (Cambridge, MA: Harvard University Press, 1984), 47.

52. Wiggershaus, *Frankfurt School*, 399.

53. 对于麦克罗伊在西德所起到的作用, 见 Kai Bird, *The Chairman: John McCloy; the Making of the American Establishment* (New York: Simon and Schuster, 1992)。

54. Jay, *Adorno*, 48.

55. Wiggershaus, *Frankfurt School*, 479.

56. Pierre Grémion, *Intelligence de l'anticommunisme：Le Congrès pour la Liberté de in culture à Paris（1950—1975）*（Paris：Fayard，1995），421.

57. Wiggershaus, *Frankfurt School*, 405.

58. Adorno, "Extorted Reconciliation"，载于 *Notes to Literature*, vol. 1, Shierry Weber Nicholsen 译, Rolf Tiedemann 编（New York：Columbia University Press, 1991），第218页。

59. Wiggershaus, *Frankfurt School*, 434.

60. 同上，第452页。

61. 同上。

62. Theodor W. Adorno et al., *The Authoritarian Personality*（New York：Harper, 1950）.

63. Theodor W. Adorno, "The Meaning of Working through the Past"，载于 *Critical Models：Interventions and Catchwords*, Henry Pickford 译（New York：Columbia University Press, 1998），第90页。

64. 同上，第100—103页。

65. Theodor W. Adorno, "Opinion Delusion Society"，载于 *Critical Models：Interventions and Catchwords*, Henry Pickford 译（New York：Columbia University Press, 1998），第121页。

66. Adorno, "The Meaning of Working through the Past," 94.

67. Theodor W. Adorno, "Sociology and Empirical Research"，载于 *The Positivist Dispute in German Sociology*, Glyn Adley 和 David Frisby 译（London：Heinemann, 1976）。

68. 同上，第 70 页。

69. Theodor W. Adorno, *Sound Figures*, Rodney Livingstone 译（Palo Alto, CA: Stanford University Press, 1999），第 7 页。

70. Theodor W Adorno, "Critique", 载于 *Critical Models: Interventions and Catchwords*, Henry Pickford 译（New York: Columbia University Press, 1998），第 288 页。

71. 同上，第 273 页。

72. Theodor W. Adorno, "Marginalia to Theory and Praxis," 载于 *Critical Models: Interventions and Catchwords*, Henry Pickford 译（New York: Columbia University Press, 1998），第 277 页。

73. Lucien Goldmann, "Goldrnann and Adorno: To Describe, Understand and Explain", 载于 *Cultural Creation in Modem Society*（Sint Louis, MO: Telos Press, 1976），第 131 页。

74. Theodor W. Adorno, "Commitment", 载于 *Notes to Literature*, vol. 2, Shierry Weber Nicholsen 译, Rolf Tiedemann 编（New York: Columbia University Press, 1991），第 93 页。

75. Theodor W. Adorno, *Aesthetic Theory*, Robert Hullot-Kentor 译（Minneapolis: University of Minnesota Press, 1997），第 6 页。

76. Goldmann, "Goldmann and Adorno," 135—136.

77. 萨义德，《文化与帝国主义》，第 278 页。

78. 此外，需要指明的是阿多诺对于巴勒斯坦和以色列的处境有相似的观点。当阿多诺抗议德国警察谋杀学生（此学生一直抗议伊朗国王对柏林的访问）时，就 1967 年阿拉伯—以色列战争谴责阿拉伯国家，构成了他的评论。阿多诺声称，阿拉伯国家"对以色列造成了严重威胁"。见 Wolfgang Kraushaar 编, *Frankfurter Schule und Studentenbewegung*: *Von der Flaschenpost zum Molotowcocktail 1946 bis 1995*, vol.2（Hamburg: Roger und Bernhard bei Zweitausendeins, 1998），第 123 页。

79. Adorno, "Marginalia to Theory and Praxis," 269—270.

80. Adorno, "Extorted Reconciliation," 240.

81. Fredric Jameson, *Late Marxism*: *Adorno*; *or*, *The Persistence of the Dialectic*（New York: Verso, 1990），5.

第五章　人文主义、领土和问题技巧

1. Friedrich Nietzsche, "On Truth and Lies in a Nonmoral Sense", 载于 *The Nietzsche Reader*, Keith Ansell Pearson 和 Duncan Large 编, Daniel Breazeale 译（Malden, MA: Blackwell, 2006），第 117 页。

2. 此类作品的一个绝对不完整的清单将包括：Adel Iskandar 和 Hakem Rustom, *Edward Said*: *A Legacy of Emancipation and Representation*（Berkeley: University of California Press, 2010），Abdirahrnan A. Hussein, *Edward Said*: *Criticism and Society*（New York: Verso, 2004）; Silvia Nagy-Zekmi, *Paradoxical Citizenship*: *Essays on Edward Said*（Lanham, MD: Lexington Books, 2008）; William V. Spanos, *The Legacy of Edward W. Said*（Urbana: University of Illinois Press, 2009）; Basak Ertur et al., *Waiting for the Barbarians*: *A Tribute to Edward W. Said*（New York: Verso, 2008）; Ferial Ghazoul, *Edward Said and Critical Decolonization*（Cairo: American University in Cairo Press, 2007）; May Telmissany 和 Stephanie Tara Schwartz, *Counterpoints*: *Edward*

Said's Legacy (Newcastle upon Tyne, UK: Cambridge Scholars Publishing, 2010); Bill Ashcroft 和 Pal Ahluwalia, *Edward Said* (New York: Routledge, 2008); Patrick Williams, *Edward Said*, vols. 1—4 (New York: Sage Publications, 2001); Ranjan Ghosh, *Edward Said and the Literary, Social, and Political World* (New York: Routledgé, 2009); Paul A. Bove et al., *Edward Said and the Work of the Critic: Speaking Truth to Power* (Durham, NC: Duke University Press Books, 2000); Mustapha Marrouchi, *Edward Said at the Limits* (Stonybrook: State University of New York Press, 2003); Michael Sprinker 编, *Edward Said: A Critical Reader* (New York: Wiley-Blackwell, 1993); Valerie Kennedy, *Edward Said and the Work of the Critic* (Malden, MA: Blackwell, 2000); 以及 William Hart, *Edward Said and the Religious Effects of Culture* (New York: Cambridge University Press, 2000)。

3. Edward W. Said, *Orientalism.* 关于东方主义的众多讨论以及围绕它的争议，见，比如，Gyan Prakash,"Orientalism Now," *History and Theory* 34, no. 3 (1995): doi:10. 2307/2505621; James Clifford, "On Orientalism", 载于 *The Predicament of Culture: Twentieth Century Ethnography, Literature and Art* (Cambridge, MA: Harvard University Press, 1988), 第 255—276 页; Marjorie Levinson, "The Discontents of Aijaz Ahmed," *Public Culture* 6 (Fall 1993): 第 97—131 页; Moustafa Marrouchi, "Countemarrative, Recoveries, and Refusals," *boundary* 2 25, no. 2 (1998): 第 205—257 页; Bruce Robbins, "The East as Career: The Logics of Professionalism", 载于 *Edward Said: A Critical Reader*, Michael Sprinker 编 (Cambridge, MA: Blackwell, 1992), 第 48—73 页。

4. Edward W. Said, *Joseph Conrad and the Fiction of Autobiography* (Cambridge, MA: Harvard University Press, 1966); Edward W Said, *Reflections on Exile and Other Essays* (Cambridge, MA: Harvard University Press, 2000); Edward W. Said, *Culture and Imperialism*; 以及 Edward W. Said, *Humanism and Democratic Criticism*。

5. 见 Edward W. Said, "The Horizon of R. Blackmur", 载于 *Reflections on Exile*, 第246—267页。

6. 见 Edward W. Said, *Power, Politics, and Culture: Interviews with Edward Said*, Gauri Viswanathan 编 (New York: Pantheon, 2001)。

7. 见，比如 Gil Anidjar, "Secularism", *Critical Inquiry* 33 (2006): 第52页。

8. 例如詹姆斯·克利福德 (James Clifford) 写到了萨义德对于总体的"永无休止的怀疑"，载于 *The Predicament of Culture: Twentieth-Century Ethnography, Literature, and Art*, 第87页。

9. 萨义德,《文化与帝国主义》, 第80—97页。

10. Edward W. Said, "From Silence and Sound and Back Again: Music, Literature, and History", 载于 *Reflections on Exile and Other Essays* (Cambridge, MA: Harvard University Press, 2000)。见 Ranajit Guha, *Dominance without Hegemony: History and Power in Colonial India* (Cambridge, MA: Harvard University Press, 1997); Ranajit Guha, "The Prose of Counter-Insurgency", 载于 *Selected Subaltern Studies*, Ranajit Guha 和 Gayatri Spivak 编 (New York: Oxford University Press, 1988), 第45—86页。

11. 对于萨义德而言，外在性描述了东方主义者"使东方讲述，对东方进行描绘,为了西方也是向西方渲染东方的神秘大地……除非东方作为其言论的首要推动力,否则东方主义者从不会关注东方"(《东方主义》,第20—21页)的过程。萨义德从福柯那里借鉴而来的外在性这一概念,成为一种使能结构,东方主义者由此可以对东方进行具体化。将萨义德对外在性这一概念的运用与福柯进行比较,见 Michel Foucault, *The Archaeology of Knowledge*, A. M. Sheridan Smith 译(London: Routledge, 1972),第107—108,118—125页;Said, *Orientalism*,第20—21页。

12. 萨义德,"Orientalism Reconsidered",载于 *Reflections on Exile* (Cambridge, MA: Harvard University Press, 2000),第200页。

13. Said, *Orientalism*, 12.

14. 同上。

15. 在《开始:意图和方法》(*Beginnings: Intention and Method*)中,萨义德是最早用"字母文化",也就是 ABC 的文化,将福柯的作品介绍给英语读者的批评家之一。见 Edward W. Said,"Abecedarium Culturae",载于 *Beginnings: Intention and Method* (New York: Basic Books, 1985),第279—343页。此作品的早期版本亦被刊登为 "*Abecedariwn Culturae*: Structuralism, Absence, Writing", *TriQuarterly* (Winter 1971)。

16. Raymond Williams, *The Country and the City* (New York: Oxford University Press, 1973)。萨义德,"Orientalism Reconsidered", *Reflections on Exile*, 第200页。

17. 萨义德,《文化与帝国主义》,第26页。

18. Edward W. Said,"Secular Criticism", 载于 *The World, the Text,*

and the Critic（Cambridge, MA：Harvard University Press, 1983），第23页。

19. Raymond Williams, *Politics and Letters*（London：New Left Books, 1979），252.

20. 对于萨义德而言，对位批判主义使得阅读文本需要对艺术作品的政治经济的效果是什么有所理解，只要对位阅读（作为一种理解过程）强调所有艺术家和作者不仅仅与他们最近的周遭事物保持一种关系，还与世界其他地理区域保持关系，应该阅读他们的作品从而可以看到互相重叠的经验和互相依赖的历史，以及冲突和交流的文化。见萨义德的《文化与帝国主义》，第66—67页。

21. 对于萨义德而言，隶属关系与使欧洲人文主义传统合法性的过程是息息相关的。在"世俗批判"中，萨义德写道，"隶属关系的秩序……暗中复制了封闭紧密的家庭结构，确保彼此之间一代代的等级制度"。也就是说，隶属关系划定了欧洲中心主义的过程，基于此，借助其结构性功能，通过这样的方式"我们的文学作品凡是优良的……值得吸收和融入我们的人文主义研究的项目中"，以复制并巩固欧洲文学作品与文化的关系。见萨义德的"世俗批判"，载于《世界、文本与批判》，第21和24页。

22. 同上，第26页。

23. Anidjar,"*Secularism*," 64.

24. 萨义德，"Identity, Authority and Freedom：The Potentate and the Traveler"，载于 *Reflections on Exile*，第404页。

25. Edward W. Said, *Out of Place*（London：Knopf, 1999）.

26. 萨义德，《东方主义》，第25页。

27. Edward W. Said,"Intellectual Exile: Expatriates and Marginals," *Grand Street*, no. 47 (1993): 116.

28. 见 Geoffrey Green, *Literary Criticism and the Structures of History: Erich Auerbach and Leo Spitzer* (Lincoln: University of Nebraska Press, 1982); Michael Holquist, "The Last European: Erich Auerbach as Precursor in the History of Cultural Criticism," *MLQ*, 53, no. 3 (September 1993): 371—391; 以及 Seth Lerer 编, *Literary History and the Challenge of Philology* (Palo Alto, CA: Stanford University Press, 1996)。

29. 关于东方主义与人文主义之间冲突的论述,见 Emily Apter, "Saidian Humanism", *boundary* 2 31, no. 2 (2004): 第35—53页。

30. Auerbach, "Philology and *Weltliteratur*," 1—17; 萨义德,《东方主义》,第258—260页;萨义德, *The World, the Text, and the Critic*, 第16页;萨义德,《文化与帝国主义》,第47页;以及萨义德,"History, Literature and Geography", 载于 *Reflections on Exile*, 第457—458页。

31. Emily Apter, "Saidian Humanism," *boundary* 2 31, no. 2 (2004): 35—53; Aamir R. Mufti, "Secularism and Minority: Elements of a Critique," *Social Text*, no. 45 (1995): 75—96; Aamir R. Mufti, "Auerbach in Istanbul: Edward Said, Secular Criticism, and the Question of Minority Culture," *Critical Inquiry* 25, no. 1 (1998): 95—125; Aamir R. Mufti, "Critical Secularism: A Reintroduction for Perilous Times," *boundary* 2 31, no. 2 (2004): 1—9; Bruce Robbins, "Secularism, Elitism, Progress, and Other Transgressions: On Edward Said's

'Voyage in,'" *Social Text*, no. 40 (1994): 25—37; Moustafa Bayoumi, "Our Philological Home Is the Earth," *Arab Studies Quarterly* 26, no. 4 (Fall 2004): 53—66; Stathis Gourgouris, "Transformation, Not Transcendence," *boundary* 2 31, no. 2(2004):55—79; W. J. T. Mitchell, "Secular Divination: Edward Said's Humanism," *Critical Inquiry* 31, no. 2 (2005): 462—471; Yumna Siddiqi, "Edward Said, Humanism, and Secular Criticism," *Alif*: *Journal of Comparative Poetics*, no. 25 (2005): 65—88.

32. Said, *The World, the Text, and the Critic*, 5.

33. Erich Auerbach, *Mimesis*: *The Representation of Reality in Western Literature*, Willard R. Trask 译 (Princeton: Princeton University Press, 2003), 第557页。

34. 同上, 第574页。

35. 萨义德, *The World, the Text, and the Critic*, 第6页。

36. 萨义德, introduction to *Mimesis*, by Erich Auerbach, 第xxxi页。

37. 同上, 第xvii-xviii页。

38. 见 Erich Auerbach, "Figura", 载于 *Scenes from the Drama of European Literature*: *Six Essays*, Ralph Mannheim 译 (Manchester: Manchester University Press, 1984), 第11—79页。

39. Hayden White, *Figural Realism*: *Studies in the Mimesis Effect* (Baltimore: Johns Hopkins University Press, 1999), 95.

40. 萨义德, introduction to *Mimesis*, by Erich Auerbach, 第xxi-xxii页。

41. 同上, 第xxii页。

42. Auerbach, *Mimesis*, 443—444.

43. 同上，第201—202页。

44. 萨义德，"History, Literature, Geography"，载于 *Reflections on Exile*（Cambridge, MA：Harvard University Press, 2000），第457页。

45. Mufti, "Auerbach in Istanbul," 103.

46. Apter, "Saidian Humanism," 43.

47. Auerbach, "Philology and *Weltliteratur*," 3.

48. 同上，第2页。

49. 同上，第3页。

50. 同上，第6页。

51. 同上。

52. 同上，第2页。

53. 同上，第4页。

54. 同上，第3页。

55. 同上，第7页。

56. Erich Auerbach, *Literary Language and Its Public in Late Latin Antiquity and in the Middle Ages*, Ralph Manheim 译（Princeton：Princeton University Press, 1993），第16页。

57. Auerbach, "Philology and *Weltliteratur*," 21.

58. 同上，第16—17页。

59. 同上，第17页。

60. 萨义德，《文化与帝国主义》，第336页。

61. 萨义德，"History, Literature, Geography," 第457页。

62. 萨义德，《文化与帝国主义》，第47页。

注 释

63. 同上。1929 年，吕西安·费夫乐与马克·布洛赫（Marc Bloch）合作创立了年鉴出版物《经济与社会历史年鉴》(*Annales d'histoire économique et sociale*)。在他们以及他们的学生的作品中，长期（*longue durée*）、深层时间以及世界体系的概念成为莫雷蒂、卡萨诺瓦以及其他人必不可少的理论装备。《年鉴》的相关历史，见 Lynn Hunt, "French History in the Last Twenty Years: The Rise and Fall of the Annales Paradigm", *Journal of Contemporary History*, vol. 21, no. 2（1986）: doi: 10.2307/260364。对于核心假设的研究，见 J. H. Hexter, "Fernand Braudel and the Monde Braudellien", *Journal of Modern History* 44, no. 4（1972）: doi: 10.2307/1876806。法国历史学家弗朗索瓦·菲雷（François Furet）曾经与《年鉴》有所联系并提供了一篇重要的评论文章，见 "Beyond the Annales", *Journal of Modern History* 55, no. 3（1983）: doi: 10.2307/1878595。

64. 萨义德,《文化与帝国主义》，第 48 页。

65. 同上。

66. 阿多诺分析认为，这种思想的不足之处在于其复制了简化论思维中的问题。"黑格尔在前言中谈论了位于主要问题之上的任何人的虚荣和空虚，因为他并非在他们的内部。抽象的否定需要即刻从外部现象中嗅出缺陷，好像它为了能够确定某人自身相对与他们的优越性，仅仅为了满足某人自身知识上的自我陶醉，因此从一开始就存在滥用的可能性。抵制诱惑无疑是辩证法准则的首要要求之一，但亦不能过于强调。我们发现我们要比强加于我们的欺骗好得多。我们不能允许这就是故事的结尾，这是确定否定的需求中所蕴含的。"见 Theodor W. Adorno, *Lectures on Negative Dialectics: Fragments*

of a Lecture Course, *1965/1966*（Cambridge, MA: Polity, 2008），第 25—26 页。

67. 萨义德，"History, Literature, Geography,"第 470—471 页。

68. 同上。

69. 同上，第 470 页。

70. 萨义德，"History, Literature, Geography,"第 467 页。

71. 同上。

72. 萨义德，*The World, the Text, and the Critic*，第 26 页。

73. 萨义德，"Between Worlds"，载于 *Reflections on Exile*，第 565 页。

74. 萨义德，《文化与帝国主义》，第 61 页。

75. 莱西娅·罗森塔尔（Lecia Rosenthal）对《晚期风格》（*Late Style*）和《人文主义与民主批判》（*Humanism and Democratic Criticism*）之间的关系提供了一种精彩的解读。但是她很大程度上忽视了萨义德的成果；多半看来是因为整个人类历史的概念被视为一种控制力的目标，而没有被理解成作为一种知识潜能的历史主义话语内的一种批判类别。许多方面的态度都反映了罗森塔尔将人文主义断定为一种关于或为了将来的问题的决定的症兆，她将重点放在了时间性上，而与此同时，正如笔者一直说的那样，对于萨义德而言，地理才是活动的地带。"人文主义"中所使用的空间比喻在许多方面定义了人文主义的条件并且成为文本现代主义的重要部分。她对于现代主义理论的研究忽视了文本是决定现代主义实践的方面（因此关于贝克特的参考资料见文末）。不妥协的主旨，当然要与阿多诺的晚期风格联系起来，很大程度上与萨义德发表这些演讲时所处的环境有关，也与萨义德对班达关于知识分子的社会功能的观点的理解有关。正如罗森塔尔所说，人文主义不仅仅是"力量"。晚期艺术，如他所说，是一个暂时的家。但是，有很好的理由将知识领域置于晚期艺术领域，也有更好的理由描述当萨义德写"不妥协"的时候一个人可能占据的位置。笔者清楚地记得"9·11"后的氛围以及几次可以表达异议的情形。也记得无数对他人格的攻击。乔纳森·科尔以学术自由面临的挑战为主题写了大量作品，这在萨义德修改这些演讲的时候是很常见的，幸好近些年这种趋势已经消散。但是，他们在文化中保留了一种积极和残余的元素。对班达的反对的概念的重要性的忽视是可以理解的。许多人忽视班达因为，正如萨义德所言，班达过于强调孤立的知识分子的能力，从而不能有效抵制组织的集体热情。对于萨义德而言，他自己的经验似乎证实了他的论述，班达关于孤独知识分子的思想并不是一种唐吉诃德式的抵抗，也不是毫无道理的。对破坏普世价值的狂热政治组织的孤立反对终究是一种局部抵抗的形式，无论游说团体、国家、党派或者运动的规模或者范围，知识分子的职责都是维护一套普世价值。反对的地方可能是"不合时宜"的，但是"这正是其所在"。这是重要的局部反抗形式。如班达所说，淡薄无为、因循守旧甚至更为糟糕的一种对集体意志的肯定，所有这些的替代都是真正的知识分子的背叛（*trahison de clercs*）。"不妥协"也捕捉到了晚期作品的否定性；它充分总结了提供一种可以想象的替代的可能性的条件。美国正处于发动另一场基于虚假理由的战争的边缘，而对巴勒斯坦的占领在阿里尔·沙龙（Ariel Sharon）的领导下一直在继续。

137

笔者已经在前言部分记录了一些这样的活动。"我从未见过它如此糟糕，"萨义德对我说，"这简直不可想象。"这是 2003 年 9 月他过世前，我最后一次见到他。Lecia Rosenthal, "Between Humanism and Late Style," *Cultural Critique* 67（Fall 2007）: doi:10.1353/cul.2007.0033. 关于自"9·11"后学术自由所面临的挑战和威胁的相关论述，见 Jonathan R. Cole, "Defending Academic Freedom and Free Inquiry," *Social Research: An International Quarterly* 76, no.3 （Fall 2009）: 第811—844 页; "The New McCarthyism," *Chronicle of Higher Education* 52, no.3（2005）: B7; "Academic Freedom under Fire," *Daedalus* 135, no.2（Spring 2005）: 第1—13 页; 以及"The Patriot Act on Campus: Defending the University post-9/11," *Boston Review* 28, nos. 第3—4 页（Summer 2003）: 第13—16 页。关于萨义德对班达的讨论，见 Said, "Secular Criticism"，载于 *The World, the Text, and the Critic*, 第14—15 页。

76. 这并不是说萨义德对于历史主义进行了全面批判，虽然他希望如此，他甚至还借用了许多历史主义的基本假设并拒绝了其他的假设。譬如，他依然认为，关于世界历史编纂学需要有更为广阔的批判，与世界文学史编纂学一样，它们有许多相同的局限。在"再论东方主义"中，他写道，"从未发生的是对历史主义发展之间的连接的一种认识论上的批判，历史主义已经发展延伸到足以容纳对立的观点，一方面，譬如西方帝国主义意识形态与帝国主义批判，而另一方面，在另一种现实的帝国主义实践的层面，通过领土人口的累积，使经济控制以及历史的合并和同质化得以维持。有鉴于此，我们就会发觉，比如，在方法论的假设和世界历史的实践中——这是意识形态上的反帝国主义——极少或者没有对文化实践予以关注，像与帝国主义相关的东方学或者人种学，在谱系事实中成为世界历史自己的父亲。因此，在世界历史中作为一门学科而进行的重点研究，已经是关于经济和政治的实践，这种实践由世界历史书写的过程所定义，正如在某种意义上说，与世界历史产生的知识是分离的和不同的，同样也是受影响的。令人好奇的结果是，关于世界规模、或者资本主义的世界体系，或者专制主义谱系的理论的累积依赖于相同的目光敏锐的历史主义观察者，他们在三代之前曾是东方主义学者或者殖民旅行家。这些理论同样也依赖于同质化并且纳入（一个）世界历史的机制，这一机制将各个非同步的发展、历史、文化和民族进行同化。"萨义德的"再论东方主义"载于 *Reflections on Exile*，第210页。

77. 萨义德是否对发展现代主义理论感兴趣，我们可以说他确实如此，因为另类现代性的研究为我们批判性地理解全球化提供了一个更好的概念基础。正如安德里亚斯·胡塞恩（Andreas Huyssen）注意到的，"现代主义地理为我展现的是一幅更为抽象的空间组织图像，与更为字面的理解全然不同，但是对于我论述现代主义与当今的全球化之间的潜在联系至关重要……我们需要问一问，市场是否能够获得跨国交流和联系的新传统和新形式。但是，如果我们过早地排除考虑审美价值与政治影响之间的复杂关系的问题，那么我们就会放弃作为批判主义知识分子的职责，这个问题从根本上是由现代主义传统提出的，需要对在全球化魔咒之下的所有文化的当代分析之后才能解决。见 Andreas Huyssen，"Geographies of Modernism in a Globalizing World," *New German Critique*，no. 100（2007）：第197

页,第 207 页。

78. 见,比如 Sheldon Pollock,"Future Philology? The Fate of a Soft Science in a Hard World", *Critical Inquiry* 35, no. 4 (2009): doi: 10.1086/599594。

79. Said, *Humanism and Democratic Criticism*, 35.

80. 同上,第 36 页。

81. 同上。

82. 同上。

83. 同上,第 38 页。

84. 同上。

85. 同上,第 49 页。

86. 他对发展"现代主义"理论和实践(与战后殖民主义理论和实践相反)的兴趣,是他研究在全盛的现代主义的教条下源属和从属附属物之间区别的基础。在"世俗批判"中,萨义德观察到了"一大群"19 世纪末和 20 世纪初的作家的一种"创作冲动的失败"。他写道,艾略特的《荒原》(*The Waste Land*)、乔伊斯的《尤利西斯》(*Ulysses*)、曼的《威尼斯之死》(*Death in Venice*),甚至弗洛伊德的俄狄浦斯情结的理论——"假定生育孩子的潜在谋杀结果的一个重要而有影响的方面"——以一种或者另一种方式与再生有关。"没有孩子的夫妇、成为孤儿的孩子、被中止的分娩以及顽固不化的禁欲主义的男人和女人,构成了拥有非凡执着的高度现代主义的世界,他们所有人都暗示着源属的困难,"他写道(萨义德的"世俗批判"载于《世界、文本与批判》第 17 页)。尽管这种观察使他研究出源属性与从属性的一个重要区别,并将其与附属物的问题

注 释

联系起来,现代主义与世俗也以其他的方式联系起来,但却远离了标题。*In saecula saeculorum* 的意思是"一代的一代",对于一篇文章的一个值得注意的事实是,投入了过多的精力去描述源属再生力量缺失的关系,却没有定义世俗。所有这些说明,对于萨义德而言,现代主义成为了他思考附属问题的方式,并依此发展一种批判语言,使他可以研究文化与体制之间可能被批判性占据的位置。如果世俗命名了由人类创造的历史,那么,当归属的形式揭示了自身作为隐藏它们预设的置换行为的幻象的时候,现代主义就提供了条件。

87. 萨义德,*Humanism and Democratic Criticism*,第144页。

88. 爱德华·萨义德,《关于晚期风格》(*On Late Style*)(New York:Knopf,2006)。

89. Adorno, *Lectures on Negative Dialectics: Fragments of a Lecture Course, 1965/1966*, 30.

90. 萨义德,*Humanism and Democratic Criticism*,第68页。

91. 同上,第75—76页。

92. 同上,第76页。

93. 同上,第82页。

94. 同上,第81页。

95. 同上,第83页。

96. 同上,第144页。

97. 同上,第81页。

参考文献

未公布的政府信息来源

Central Intelligence Agency. Freedom of Information and Privacy Acts. Langley, Virginia.

——Congress for Cultural Freedom.

——Encounter magazine.

——Stephen Spender.

Federal Bm-eau of Investigation. U. S. Department of Justice: Freedom of Information and Privacy Acts. Washington, D. C.

——Hanns Eisler.

——Herbert Marcuse.

——Institute for Social Research/Columbia University.

——Max Horkheimer.

——Theodor W. Adorno.

National Archives. National Archives Records Administration. Record Group 331. Washington, D. C.

——Memorandum from Labor Policy Section Chief M. Machida to

Chief of Kanto Civil Affairs, August 7, 1950. National Archives Records Administration, Washington, D. C. , Record Group 331. 2747 (17).

—— "Participation of Books in State Department's Fight against Communism, "April 11, 1951, National Archives Records Administration, Record Group 511. 412/6 – 2 851.

—— "Reactions over the Showing of *Animal Farm* throughout Ten Prefectures in the Kanto Area. " National Archives Records Administration, Washington, D. C. , Record Group 331. 2747.

—— "Reports of Distribution Reaction to *Animal Farm*, a Cartoon Blast at Communism, August 1946—1951, " National Archives Records Administration, Washington, D. C. , Record Group 331. 2747 (17).

Public Records Office. Papers of the Foreign Office. Kew Gardens, London.

——*Animal Farm*: Acquisition of Cartoon Rights. Foreign and Commonwealth Office: Information Research Department. Foreign Office (hereafter FO) 1110/365.

——*Animal Farm*. Production of Strip Cartoon and Successor. Foreign and Commonwealth Office: Information Research Department. FO 1110/392.

——Films: "Animal Farm. " Cartoon Strip for Use in Colonial Territories. Foreign and Commonwealth Office: Information Research Department. FO1110/392.

——Meeting with George Orwell. Foreign and Commonwealth Office: Information Research Department. Personal Correspondence. FO 1110/189.

——Proposal to Produce Arabic Version of *Animal Farm*. Foreign and Commonwealth Office: Information Research Department. FO 1110/319.

——Russian Language Version of Animal Farm. Foreign and Commonwealth Office: Information Research Department, FO 1110/221.

——Suggestions for Book Publishing. Foreign and Commonwealth Office: Information Research Department. FO 1110/221.

——Supply of Publication and Articles to Posts. Foreign and Commonwealth Office: Information Research Department. FO 1110/221.

Public Records Office. Papers of the Home Office. Kew Gardens, London.

——Geoffrey Crowther Files. Home Office (hereafter abbreviated as HO) 335/40.

——Paul Robeson Files. HO 382/6.

手稿收藏

American Committee for Cultural Freedom. Papers. Tamiment Collection. New York University, New York.

Congress for Cultural Freedom Papers. Regenstein Library. University of Chicago, Chicago.

Encounter Papers. University of Reading, Reading, England.

George Orwell Papers. Berg Archive. New York Public Library, New York.

George Orwell Papers. George Orwell Archive. University College London, London.

帝国权威的档案

Halas and Batchelor Papers. University of Surrey, England.

Lionel Trilling Papers. Butler Library. Columbia University; New York.

Louis de Rochemont Papers. American Heritage Center, University of Wyoming, Laramie.

Paul Lazarsfeld Papers. Butler Library. Columbia University, New York.

Psychological Strategy Board Papers. Harry S. Truman Library, Independence, Missouri.

法律和司法文件

Central Intelligence Agency Act, 1947. United States Code 50 § 403.

Central Intelligence Agency v. Sims, United States Supreme Court, April 16, 1985.

Executive Order No. 12958. 60 Fed. Reg. 19825. April 17, 1995.

Freedom of Information Act. United States Code 5 § 552.

National Security Act of 1947, 50 USC 552 (b) (I) (2010).

Rubin v. Central Intelligence Agency, 2001WL1537706 (Southern District of NewYork [SDNY], December 3, 2001).

期刊和报纸

Al-Adwa

Black Orpheus

The Criterion

参考文献

Cuadernos

Der Monat

Encounter

Forum

Hiwar

Hudson Review

The Independent

The London Magazine

New Reasoner

New Statesman and Society

Partisan Review

Perspectives Belgiurn

Perspectives Africa

Perspectives India

Perspectives Japan

Perspectives USA

Prgsence Africaine

Preuves

Quadrant

Solidarity

Tempo Presente

Transition

The Tribune

参考书目

Adams, Rachel. "The Worlding of American Studies." *American Quarterly* 53, no. 4 (2001): doi:10.1353/aq.2001.0034.

Adorno, Theodor W. *Aesthetic Theory*. Trans. Robert Hullot-Kentor. Minneapolis: University of Minnesota Press, 1997.

—— "Alienated Masterpiece: The *Missa Solemnis*." Telos 28 (1976): 113—124.

—— "Analytical Study of the NBC 'Music Appreciation Hour." Musical Quarterly78, no. 2 (1994): 325—377.

—— "Commitment." In *Notes to Literature*. Vol. 2. Translated by Shierry WeberNicholsen. Edited by Rolf Tiedmann. New York: Columbia University Press, 1991.

——*Critical Models: Interventions and Catchwords*. Trans. Henry Pickford. NewYork: Columbia University Press, 1998.

—— "The Culture Industry Reconsidered." *Critical Theory and Society: A Reader*. Ed. Stephen Eric Bronner. New York: Routledge, 1989.

——*The Culture Industry: Selected Essays on Mass Culture*. London: Routledge, 1991.

——*Current of Music*. Trans. Robert Hullot-Kentor. Cambridge, MA: Polity, 2009.

—— "The Curves of the Needle." Trans. Thomas Y. Levin. *October* 55 (1990): 49—55.

—— "Extorted Reconciliation." In *Notes to Literature*. Vol. 1, trans. Shierry WeberNicholsen; ed. RolfTiedemann. NewYork: Columbia University Press, 1991.

——"The Form of the Phonograph Record." Trans. Thomas Y. Levin. October 55 (1990): 56—61.

——"Freudian Theory and the Pattern of Fascist Propaganda." *The Essential Frankfurt School Reader*. Ed. Andrew Arato and Eike Gebhardt. Oxford: Blackwell, 1978.

——*In Search of Wagner*. Trans. Rodney Livingstone. London: New Left Books, 1981.

——*Introduction to Sociology*. Stanford, CA: Stanford University Press, 2000.

——*Introduction to the Sociology of Music*. New York: Continuum, 1989.

——"Is Marx Obsolete?" *Diogenes* 64 (Winter 1968): 1—16.

——*Lectures on Negative Dialectics: Fragments of a Lecture Course*, 1965/1966. Cambridge, MA: Polity, 2008.

——"Marginalia to Theory and Praxis." In *Critical Models: Interventions and Catchwords*, trans. Henry Pickford. New York: Columbia University Press, 1998.

——"The Meaning of Working through the Past." In Criticat-Modds: Interventions *and Catchwords*, trans. Henry Pickford. New York: Columbia University Press, 1998.

——*Minima Moralia: Reflections from Damaged Life*. Trans. E. EN. Jephcott. London: New Left Books, 1974.

——"Music, Language, and Composition." *Musical Quarterly* 77, no. 3 (Fall 1993): 401—414.

——*Negative Dialectics*. Trans. E. B. Ashton. New York: Seabury Press, 1973.

——*Notes to Literature*. Vols. 1 and 2. Trans. Shierry Nicholson Weber. NewYork: Columbia University Press, 1991.

——"On the Fetish Character in Music and the Regression in Listening." In *The Essential Frankfurt School Reader*, ed. Andrew Arato and Eike Gebhardt. Oxford: Blackwell, 1978.

——"Opera and the Long-Playing Record." Trans. Thomas Y. Levin. October 55 (1990): 62—66.

——*Philosophy of Modern Music*. Trans. Anne G. Mitchell and Wesley V. Blomster. New York: Continuum, 1994.

——*The Positivist Dispute in German Sociology*. Trans. Glyn Adley and David Frisby. London: Heinemann, 1976.

——*Prisms*. Trans. Samuel and Shierry Weber. Cambridge, MA: MIT Press, 1981.

——*Quasi Una Fantasia: Essays on Modern Music*. Trans. Rodney Livingstone. New York: Verso, 1992.

——"Scientific Experiences of a European Scholar in America." In *Critical Models: Interventions and Catchwords*, trans. Henry Pickford. New York: Columbia University Press, 1998.

——"A Social Critique of Radio Music." *Kenyon Review* 8 (1945): 208—217.

——"Sociology and Empirical Research." In *The Positivist Dispute* in *German Sociology*, trans. Glyn Adley and David Frisby. London: Heinemann, 1976.

——*Sound Figures*. Trans. Rodney Livingstone. Stanford, CA: Stanford University Press, 1999.

—— "Transparencies on Film." *New German Critique: An Interdisciplinary Journal of German Studies* 24—25 (1981): 186—205.

Adorno, Theodor W., Else Frenkel-Brunswik, Daniel J. Levinson, and R. Nevitt Sanford. *The Authoritarian Personality*. New York: Harper, 1950.

Adorno, Theodor W., and Hanns Eisler. *Composing for the Films*. London: Heinemann, 1994.

Adorno, Theodor W., and Max Horkheimer. *Dialectic of Enlightenment*. Trans. Edmund Jephcott. Palo Alto, CA: Stanford University Press, 2007.

Adorno, Theodor W., and Walter Benjamin. *The Complete Correspondence*, 1928—1940. Cambridge, MA: Harvard University Press, 1999.

Agamben, Giorgio. *Homo Sacer: Sovereign Power and Bare Life*. Trans. Daniel Heller-Roazen. Chicago: University of Chicago Press, 1998.

——*Means without End: Notes on Politics*. Minneapolis: University of Minnesota Press, 2000.

——*State of Exception*. Chicago: University of Chicago Press, 2005.

Ahmad, Eqbal. "Political Culture and Foreign Policy: Notes on American Interventions in the Third world." In *For Better or Worse: The American Influence in the World*, ed. Allen F. Davis. Westport, CT: Greenwood Press, 1981.

Alcalay, Ammiel. *Memory, Imagination, Resistance*. New York:

Rest Press, 2003.

Anderson, Perry. "The Antinomies of Antonio Gramsci." *New Left Review* 100 (November 1976): 5—78.

——"Components of the National Culture." *New Left Review* 50 (1968): 3—57.

——*Considerations in Western Marxism.* London: Verso, 1976.

——*English Questions.* London: Verso, 1992.

——"Renewals." *New Left Review* 1 (January-February 2000): 1—15.

Anidjar, Gil. "Secularism." *Critical Inquiry* 33 (Autumn 2006): 52—77.

Appadurai, Arjun, ed. *Globalization.* Durham, NC: Duke University Press, 2001.

——*Modernity at Large: Cultural Dimensions of Globalization.* Minneapolis: University of Minnesota Press, 1996.

Apter, Emily. "Global 'Translatio': The 'Invention' of Comparative Literature, Istanbul, 1933." *Critical Inquiry* 29, no. 2 (2003): doi: 10. 2307/1344418.

——"The Human in the Humanities." *October* 96 (2001): doi: 10. 2307/779118.

——"On Translation in a Global Market." *Public Culture* 13, no. 1 (2001): 1—12.

——"Saidian Humanism." *boundary* 2 31, no. 2 (2004): doi: 10. 2307/4131870.

——*The Translation Zone*. Princeton: Princeton University Press, 2006.

—— "Untranslatables: A World System." *New Literary History* 39, no. 3 (2008): doi: 10.1353/nlh. 0. 0055.

Arac, Jonathan. "Commentary: Literary History in a Global Age." *New Literary History* 39, no. 3 (2008): 747—760.

——*Critical Genealogies: Historical Situations for Postmodern Literary Studies*. NewYork: Columbia University Press, 1987.

——*Postmodernism and Politics*. Minneapolis: University of Minnesota Press, 1986.

—— "What Good Can Literary History Do?" *American Literary History* 20, nos. 1—2 (2008): 1—11.

Arendt, Hannah. *The Origins of Totalitarianism*. New York: Harcourt Brace, 1951.

Arnold, Matthew. *Culture and Anarchy*. New York: Cambridge University Press, 1960.

Ashcroft, Bill, and Pal Ahluwalia. *Edward Said*. NewYork: Routledge, 2008.

Auerbach, Erich. "Figura." In *Scenes from the Drama of European Literature: Six Essays*, trans. Ralph Mannheim. Manchester: Manchester University Press, 1984.

——*Literary Language and Its Public in Late Latin Antiquity and in the Middle Ages*. Trans. Ralph Manheim. Princeton: Princeton University Press, 1993.

——*Mimesis: The Representation of Reality in Western Literature.*

Princeton: Princeton Uuiversity Press, 2003.

——"*Philology and Weltliteratur.*" Trans. Edward and Marie Said, *Centennial Review* 13 (1969): 1—17.

Badiou, Alain. *Being and Event.* New York: Continuum, 2005.

——"'We Need a Popular Discipline': Contemporary Politics and the Crisis of the Negative." Critical Inquiry 34, no. 4 (2008): 645—679.

Baldwin, James. "Everybody's Protest Novel." *Perspectives USA* 1, no. 2 (Winter1953): 11.

Balibar, Étienne. *Masses, Classes, Ideas: Studies on Politics and Philosophy Before and After Marx.* Trans. James Swenson. New York: Routledge, 1994.

Bardenstein, Carol. "Threads of Memory and Discourses of Rootedness: Of Trees, Oranges, and the Prickly Pear Cactus in Israel/Palestine." *Edebiyât* 8 (1998): 1—36.

Barnet, Richard J. *Intervention and Revolution.* Washington, D. C.: Institute for Policy Studies. Dublin, Ireland: Mentor Books, 1972.

——*The Roots of War.* New York: Atheneum, 1972.

Barnhisel, Greg. "*Perspectives USA* and the Cultural Cold War: Modernism in Service of the State." *Modernism/modernity* 14, no. 4 (2007): doi: 10.1353/mod.2007.0080.

Barrows, Adam. *The Cosmic Time of Empire: Modern Britain and World Literature.* Berkeley: University of California Press, 2011.

Barthes, Roland. *Writing Degree Zero.* Trans. Annette Lavers and Co-lin Smith. NewYork: Hill and Wang, 1967.

Baucom, Ian. "Globalit, Inc. ; or, The Cultural Logic of Global Literary Studies. " *PMLA* 116, no. 1 (2001): 158—172.

Bayoumi, Moustafa. "Our Philological Home Is the Earth. " *Arab Studies Quarterly* 26, no. 4 (Fall 2004): 53—66.

Beauvoir, Simone de. *America Day by Day*. New York: Grove, 1953.

Bell, David F. "Infinite Archives. " *SubStance* 33, no. 3 (2004): doi:10. 1353/sub. 2004. 0034.

Benjamin, Walter. *Illuminations*. Trans. Harry Zohn. New York: Schocken Books, 1969.

——*Reflections: Essays, Aphorisms, Autobiographical writing*. Trans. Peter Demetz. New York: Schocken Books, 1986.

——*Understanding Brecht*. New York: Verso Editions, 1998.

Bercovitch, Sacvan. "Problems in the writing of American Literary History: The Examples of Poetry and Ethnicity. " *American Literary History* 15, no. 1 (2003): 1—3.

Berghahn, Volker. *America and the Intellectual Cold Wars in Europe*. Princeton: Princeton University Press, 2001.

Berman, Russell. "Adorno's Politics." In *Adorno: A Critical Reader*, ed. Nigel Gibson and Andrew N. Rubin. MaLden, MA: Blackwell, 2002.

Bernstein, Jay. "Art against Enlightenment: Adono's Critique of Habermas. " In *The Problems of Modernity: Adorno and Benjamin*, ed. Andrew Benjamin, 49—66. London: Routledge, 1989.

——*The Fate of Art: Aesthetic Alienation from Kant to Derrida and*

Adorno. University Park: Pennsylvania State University Press, 1992.

Bérubé, Michael. "American Studies without Exception." *PMLA* 118, no. 1 (January 2003): 106.

Biocca, Dario, "Ignazio Sione e la polizia politica." *Nuova Storia Contemporanea* 2, no. 3 (May-June 1998).

Biocca, Frank A. "The Pursuit of Sound: Radio, Perception and Utopia in the Early Twentieth Century." *Media, Culture & Society* 10, no. 1 (1988): doi:10.1177/016344388010001005.

Bird, Kai. *The Chairman: John McCloy; The Making of the American Establishment*. New York: Simon and Schuster, 1992.

Birnbaum, Norman. "The End of Anti-Communism." *Partisan Review* 29, no. 3 (1962): 386—394.

—— "Open Letter to the Congress for Cultural Freedom." *Universities and Left Review* (January 1959): 5.

Blackmur, Richard P. "Editor's Commentary." *Perspectives USA* 6 (Winter 1954): 134—136

—— "Henry Adams: Three Late moments." *Kenyon Review* 2, no. 1 (1940): doi: 10.23o7/4332122.

——*The Lion and the Honeycomb: Essays in Solicitude and Critique*. New York: Harcourt, Brace, and Company, 1955.

—— "The Logos in the Catacomb: The Role of the Intellectual." *Kenyon Review* (1959): 1—22.

—— "The Politics of Human Power." *Kenyon Review* (1950): 663—673.

—— "Reflections of Toynbee." *Kenyon Review* 17, no. 3 (1955): doi: 10.2307/4333585

—— "The Substance that Prevails." *Kenyon Review* (1955): 94—110.

—— "Toward a Modus Vivendi." *Kenyon Review* (1954): 507—535.

Bloom, Alexander. *Prodigal Sons: The New York Intellectuals.* New York: Oxford University Press, 1986.

Bloom, Harold. *George Orwell.* New York: Chelsea House, 1987.

Blum, William. *Killing Hope: U.S. Military and C.I.A. Interventions since World War II.* Monroe, ME: Common Courage Press, 1995.

Bourdien, Pierre. *Distinction: A Social Critique of the Judgement of Taste.* Cambridge, MA: Harvard University Press, 1984.

——*The Field of Cultural Production: Essays on Art and Literature.* New York: Columbia University Press, 1993.

——*The Logic of Practice.* Boston: Blackwell, 1990.

——*Practical Reason: On the Theory of* Action. Cambridge: Polity Press, 1998.

——*The Rules of Art: Genesis and Structure of the Literary Field.* Cambridge: Polity Press, 1996.

Bové, Paul A., ed. *Edward Said and the Work of the Critic: Speaking Truth to Power.* Durham, NC: Duke University Press Books, 2000.

Braden, Thomas W. "I'm Glad the CIA Is Immoral." *Saturday Evening Post*, May 20, 1967.

Brennan, Timothy. *At Home in the World: Cosmopolitanism Now.* Cambridge, MA: Harvard University Press, 1997.

—— "The Illusion of a Future: Orientalism as Traveling Theory." *Critical Inquiry* 26 (Spring 2000): 558—583.

Buck-Morss, Susan. *The Origin of Negative Dialectics: Theodor W. Adorno's Debt to Walter Benjamin.* New York: Free Press, 1977.

Bürger, Peter. *Theory of the Avant-Garde.* Minneapolis: University of Minnesota Press, 1984.

Burnham, James. *What Europe Thinks of America.* New York: John Day Co., 1953.

Burstow, Robert. "The Limits of Modernist Art as a 'Weapon of the Cold War': Reassessing the Unknown Patron of the Monument to the Unknown Political Prisoner" *Oxford Art Journal* 20, no. 1 (January 1, 1997): 68—80.

Butler, Judith. "A 'Bad Writer' Writes Back." *New York Times*, March 20, 1999, A15.

Buxton, William. "John Marshall and the Humanities in Europe: Shifting Patterns of Rockefeller Foundation Support." *Minerva* 41, no. 2 (2003): 133—153.

Calder, Jenni. *Chronicles of Conscience: A Study of George Orwell and Arthur Koestler.* Pittsburgh: University of Pittsburgh Press, 1968.

Canali, Mauro. "Ignazio Silone and the Fascist Political Police." *Journal of Modern Italian Studies* 5, no. 1 (2000): 36—60.

—— "Il fiduciario 'Silvestri.'" *Nuova Storia Contemporanea* 3, no. 1（January-February 1999）.

Candido, Antonio. *On Literature and Society*. Trans. Howard Saul Becker. Princeton: Princeton University Press, 1995.

Cantril, Hadley. "Causes and Control of Riot and Panic." *Public Opinion Quarterly* 7, no. 4（1943）: doi:10. 2307/2745636.

——"Concerning the Nature of Perception." *Proceedings of the American Philosophical Society* 104, no. 5（1960）: doi: 10. 2307/985231.

——"The Effect of Modern Technology and Organization upon Social Behavior." *Social Forces* 15, no. 4（1937）: doi: 10. 2307/2571419.

——"Propaganda Analysis." *English Journal* 27, no. 3（1938）: doi:10. 2307/806063.

——"A Psychological Reason for the Lag of 'Non-Material' Culture Traits." *SocialForces* 13, no. 3（1935）: doi: 10. 2307/2570400.

——"The Qualities of Being Human." *American Quarterly* 6, no. 1（1954）: doi:10. 2307/3031431.

——"The Role of the Radio Commentator." *Public Opinion Quarterly* 3, no. 4（1939）: doi:10. 2307/2744999.

——"The Roles of the Situation and Adrenalin in the Induction of Emotion." *American Journal of Psychology* 46, no. 4（1934）: doi: 10. 2307/1415495.

——*Soviet Leaders and Mastery over Man*. New Brunswick: Rutgers University Press, 1960.

Cantril, Hadley, and William A. Hunt. "Emotional Effects Produced by the Injection of Adrenalin." *American Journal of Psychology* 44, no. 2

(1932): doi:10. 2307/1414829.

Cardoso, Fernando Enrique. *Dependency and Development in Latin America*. Berkeley: University of California Press, 1979.

Carpenter, Humphrey: *The Envy of the World: Fifty Years of the BBC Third Programme and Radio 3, 1946—1996*. London: Weidenfeld and Nicolson, 1996.

Carroll, Mark. *Music and Ideology in Cold War Europe*. New York: Cambridge University Press, 2003.

Casanova, Pascale. "Literature as a World." *New Left Review*, no. 31 (2005): 71—90.

——*La République mondiale des letters*. Paris: Éditions du Seuil, 1999.

——*The World Republic of Letters*. Trans, M. B. DeBois. Cambridge, MA: Harvard University Press, 2004.

Caute, David. *The Dancer Defects: The Struggle for Cultural Supremacy during the Cold War*. New York: Oxford University Press, 2005.

Cheah, Pheng. "The Material World of Comparison." *New Literary History* 40, no. 3 (2009): doi: 10. 1353/nlh. 0. 0105.

Cheah, Pheng, and Bruce Robbins. *Cosmopolitics: Thinking and Feeling beyond the Nation*. Minneapolis: University of Minnesota Press, 1998.

Chomsky, Noam. *Deterring Democracy*. New York: Verso, 1991.

——"Intellectuals and the State." *Towards a New Cold War*. New York: Pantheon, 1982.

——"The Politicization of the University." In *Radical Priorities*, ed. Carlos P. Otero. Montreal: Black Rose Books, 1984.

―― "The Responsibility of the Intellectuals." In *The Noam Chomsky Reader*, ed. James Peck. New York: Pantheon, 1987.

Clifford, James. "On Orientalism." In *The Predicament of Culture: Twentieth Century Ethnography, Literature and Art*. Cambridge, MA: Harvard University Press, 1988.

――*The Predicament of Culture: Twentieth-Century Ethnography, Literature, and Art*. Cambridge, MA: Harvard University Press, 1988.

Cohen, Debra Rae. "Radio Modernism: Literature, Ethics, and the BBC, 1922—1938 (Review)." *Modernism/modernity* 14, no. 3 (2007): doi: 10.1353/mod.2007.0057.

Colby, Gerard, and Charlotte Dennett. *Thy Will Be Done: The Conquest of the Amazon; Nelson Rockefeller and Evangelism in the Age of Oil*. New York: HarperCollins, 1995.

Cole, David. *Enemy Aliens: Double Standards and Constitutional Freedoms in the War on Terrorism*. New York: New Press, 2003.

Coleman, Peter. *The Liberal Conspiracy*. New York: Free Press, 1989.

Collini, Stefan. *Absent Minds: Intellectuals in Britain*. New York: Oxford University Press, 2006.

――*Common Reading: Critics Historians, Publics*. New York: Oxford University Press, 2008.

Combe, Sonia. *Archives interdites: L'histoire confisguée*. Paris: La Découverte, 2001.

Coombs, Douglas. *Spreading the Word: The Library Work of the British Council*. London: Mansell Publishing Limited, 1988.

Cooppan, Vilashini. "Ghosts in the Disciplinary, Machine: The Uncanny Life of World Literature." *Comparative Literature Studies* 41, no. 1 (2004): 10—36.

Coyle, Michael. "'This Rather Elusory Broadcast Technique': T. S. Eliot and the Genre of Radio Talk." *ANQ* 11, no. 4 (Fall 1998): 32—42.

Crewdson, John, and Joseph Treaster. "Worldwide Propaganda Network Built by the C. I. A." *New York Times*, December 24, 1967.

Crick, Bernard R. *George Orwell: A Life.* London: Penguin, 1980.

Crossman, Richard, ed. *The God that Failed: Six Studies in Communism.* London: Hamish Hamilton, 1950.

Cumings, Bruce. "Boundary Displacement: Area Studies and International Studies during and after the Cold War." In *Universities and Empire: Money and Politics in the Social Sciences during the Cold War*, ed. Christopher Simpson. New York; New Press, 1998.

——*Dominion from Sea to Sea: Pacific Ascendancy and American Power.* New Haven: Yale University Press, 2009.

Damrosch, David. *What Is World Literature?* Princeton: Princeton University Press, 2003.

Davison, Peter, ed. *The Complete Works of George Orwell.* Vol. 20. London: Secker and Warburg, 1998.

——*George Orwell: A Literary Life.* New York: St. Martin's Press, 1996.

Defty Andrew. *Britain, America and Anti-Communist Propaganda, 1945—1953: The Information Research Department.* London: Routledge, 2004.

Dentith, Simon. *A Rhetoric of the Real*. London: Hemel Hempstead, 1990.

Dimock, Wai Chee. "Deep Time: American Literature and World History." *American Literary History* 13, no. 4 (2001): doi: 10.2307/3054595.

—— "Literature for the Planet." *PMLA* 116, no. 1 (2001): 173—188.

——*Through Other Continents: American Literature aross Deep Time*. Princeton: Princeton University Press, 2008.

Dimock, Wai Chee, and Laurence Buell, eds. *Shades of the Planet: American Literature as World Literature*. Princeton: Princeton University Press, 2007.

Donoghue, Denis. "*Nineteen Eighty-Four*: Politics and Fable." In *George Orwell and "Nineteen Eighty-Four: The Man and the Book*. Washington, D. C.: Library of Congress, 1985.

Douglas, Ann. "The Failure of the New York Intellectuals." *Raritan* 17, no. 4 (Spring 1998): 1—23.

—— "Periodizing the American Century: Modernism, Postmodernism, and Postcolonialism in the Cold War Context." *Modernism/modernity* 5, no. 3 (Sept. 1998): 71—98.

Duberman, Martin Bauml. *Paul Robeson*. New York: Knopf, 1988.

Dudziak, Mary L. *Cold War Civil Rights: Race and the Image of American Democracy*. Princeton: Princeton University Press, 2002.

Eagleton, Terry. *Against the Grain: Essays, 1975—1985*. London: Verso, 1986.

——*Exiles and Émigrés: Studies in Modern Literature*. London: Chatto & Windus, 1970.

——*The Function of Criticism: From the Spectator to Post-Structuralism.* London: Verso, 1984.

——*The Idea of Culture.* Malden, MA: Blackwell, 2000.

——*The Ideology of the Aesthetic.* Cambridge, MA: Basil Blackwell, 1990.

Eliot, T. S. "The Man of Letters and the Future of Europe." *Sewanee Review* 53, no. 3 (1945): 333—342.

—— "Notes towards the Definition of Culture." In *Christianity and Culture.* NewYork: Harcourt, Brace, 1949.

——*Selected Prose.* Ed. Frank Kermode. New York: Farrar, Straus and Giroux, 1975.

Eliot, T. S., and Ezra Pound, "Letters concerning *The Waste Land.*" *Nine*, no. 4 (Summer 1950): 176—179.

Engelhardt, Tom. *The End of Victory Culture: Cold War America and the Disillusioning of a Generation.* New York: Basic Books, 1995.

Engerman, David C. "Rethinking Cold War Universities: Some Recent Histories." *Journal of Cold War Studies* 5, no. 3 (2003): 80—95.

Epstein, Jason. "The CIA and the Intellectuals." *New York Review of Books* (April 20: 1967): 2—9.

Ertur, Basak, et al., eds. *Waiting for the Barbarians: A Tribute to Edward W. Said.* NewYork: Verso, 2008.

Fanon, Frantz. *Black Skin, White Masks.* New York: Grove Press, 1967.

——*A Dying Colonialism.* New York: Grove Press, 1967.

——*The Wretched of the Earth.* Trans. Constance Farrington. New

York: Grove Press, 1963.

Fekete, John. *The Critical Twilight: Explorations in the Ideology of Anglo-American Literary Theory from Eliot to McLuhan*. London: Rontledge & Kegan Paul, 1977.

Ferguson, Frances. "Planetary Literary History: The Place of the Text." *New Literary History* 39, nos. 3—4 (2009): doi: 10.1353/nlh.0.0042.

Fergusson, Francis. "The Human Image." *Kenyon Review* 19 (1957): 1—14.

Fitzgerald, Robert. *Enlarging the Change: The Princeton Seminar in Literary Criticism, 1949—1951*. Boston: Northeastern University Press, 1985.

Foner, Eric. *The Story of American Freedom*. New York: W. W. Norton, 1998.

Foucault, Michel. *The Archaeology of Knowledge*. NewYork: Pantheon Books, 1972.

——*Discipline and Punish: The Birth of the Prison*. New York: Pantheon Books, 1977.

——*The History of Sexuality*. New York: Vintage Books, 1990.

——*Madness and Civilization: A History of Insanity in the Age of Reason*. New York: Pantheon Books, 1965.

——*The Order of Things: An Archaeology of the Human Sciences*. New York: Pantheon Books, 1971.

——*Politics, Philosophy, Culture: Interviews and Other Writings, 1977—1984*. NewYork: Routledge, 1990.

——*Power*. Trans. James D. Faubion. New York: New Press, 2000.

——*Power/Knowledge*: *Selected Interviews and Other Writings*, *1972—1977*. NewYork: Pantheon Books, 1980.

——*Security, Territory, Population*: *Lectures at the Collège de France, 1977—1978*. Edited by Michel Senellart, François Ewald, and Alessandro Fontana. New York: Palgrave Macmillan, 2007.

—— "Society Must Be Defended": *Lectures at the Collège de France, 1975—1976*. Trans. David Macey. London: Allen Lane, 2003.

Fowler, Roger. *The Language of George Orwell*. New York: St. Martin's Press, 1995.

Franco, Jean. *The Decline and Fall of the Lettered City*: *Latin America in the Cold War*. Cambridge, MA: Harvard University Press, 2002.

Furlough, Ellen. "Selling the American Way in Interwar France: 'Prix Uniques' and the Salons des Arts Ménagers." *Journal of Social History* 26, *no.* 3 (1993): doi:10.2307/3788624.

Fyvel, T. R. *George Orwell*: *A Personal Memoir*. London: Weidenfeld and Nicolson, 1982.

Gaonkar, Dilip, ed. *Alternative Modernities*. Durham, NC: Duke University Press, 2001.

Gendzier, Irene L. *Managing Political Change*: *Social Scientists and the Third World*. Boulder, CO: Westview Press, 1985.

Ghazoul, Ferial. *Edward Said and Critical Decolonization*. Cairo: American University in Cairo Press, 2007.

Ghosh, Ranjan. *Edward Said and the Literary, Social, and Political World*. New York: Routledge, 2009.

Goldknopf, David. "The New Ambassadors." *Antioch Review* 12, no. 1 (1952): doi:10. 2307/4609538.

Goldmann, Lucien. "Goldmann and Adorno: To Describe, Understand and Explain." In *Cultural Creation in Modern Society*. Saint Louis, MO: Telos Press, 1976.

Golffing, F. "Review: Humanist in the Enemy Camp." *Kenyon Review* (1959): 164—168.

Gourgouris, Stathis. "Transformation, Not Transcendence." *boundary* 2 31, no. 2 (2004): doi:10. 2307/4131871.

Graft, Gerald. *Professing Literature: An Institutional History*. Chicago: University of Chicago Press, 1997.

Gramsci, Antonio. *Selections from the Prison Notebooks of Antonio Gramsci*. Trans. Quintin Hoare and Geoffrey Nowell-Smith. London: Lawrence & Wishart, 1971.

Green, Geoffrey. *Literary Criticism and the Structures of History: Erich Auerbach and Leo Spitzer*. Lincoln: University of Nebraska Press, 1982.

Grémion, Pierre. *Intelligence de l 'anticommunisme: Le Congrès pour la liberté de la culture à Paris (1950—1975)*. Paris: Fayard, 1995.

Guha, Ranajit. *Dominance without Hegemony: History and Power in Colonial India*. Cambridge, MA: Harvard University Press, 1997.

—— "Not at Home in Empire." *Critical Inquiry* 23 (Spring 1997): 482—493.

—— "The Prose of Counter-Insurgency." In *Selected Subaltern Studies*, ed. Ranajit Guha and Gayatri Spivak. New York: Oxford, 1988.

Guilbaut, Serge. *How New York Stole the Idea of Modern Art: Abstract Expressionism, Freedom, and the Cold War.* Trans. Arthur Goldhammer. Chicago: University of Chicago Press, 1985.

——*Reconstructing Modernism: Art in New York, Paris, and Montreal, 1945—1964.* Cambridge: MIT Press, 1992.

Guilbaut, Serge, and Manuel J. Borja-Villel. *Be-Bomb: The Transatlantic War of Images and All that Jazz.* Barcelona: Museu d'Art Contemporani de Barcelona, 2007.

Guillory, John. *Cultural Capital: The Problem of Literary Canon Formation.* Chicago: University of Chicago Press, 1993.

Gunn, Giles. "Introduction: Globalizing Literary Studies." *PMLA* 116, no. 1 (2001): 16—31.

Habermas, Jürgen. *The Philosophical Discourse of Modernity.* Trans. Frederick G. Lawrence. Cambridge, MA: MIT Press, 1987.

——*The Structural Transformation of the Public Sphere: An Inquiry into a Category of Bourgeois Society.* Trans. Thomas Burger. Cambridge. MA: M. I. T Press, 1991.

Hafetz, Jonathan. "Secret Evidence and the Courts in the Age of National Security: Habeas Corpus, Judicial Review, and Limits of Secrecy in Detentions at Guantanamo. " *Cardozo Public Law, Policy, and Ethics Journal* (Fall 2006): 127—169.

Halberstam, Michael. *Totalitarianism and the Modern Conception of Politics.* New Haven: Yale University Press, 1999.

Halliday, Denis. *The Second Cold War.* New York: Verso, 1984.

参考文献

Hampden, John. "Books and the British Council." In *The Book World Today*. New York: Books for Libraries Press, 1957.

Harding, James Martin. *Adorno and "A Writing of the Ruins."* Albany: State University of New York Press, 1997.

——"Adorno, Ellison, and the Critique of Jazz." *Cultural Critique* 31 (1995): 129—158.

Hardt, Michael, and Antonio Negri. *Empire.* Cambridge, MA: Harvard University Press, 2000.

Hart, William. *Edward Said and the Religious Effects of Culture.* New York: Cambridge University Press, 2000.

Hitchens, Christopher. *Blood, Class, and Nostalgia.* New York: Farrar, Straus and Giroux, 1990.

——"George Orwell and Raymond Williams." *Critical Quarterly* 41. no. 3 (1999) 3—22.

——*Orwell's Victory.* London: Penguin, 2002.

——"Was Orwell a Snitch?" *Nation*, December 14, 1998, 8.

Hofstadter, Richard. *Anti-Intellectualism in American Life.* New York: Vintage, 1962.

——*The Paranoid Style in American Politics and Other Essays.* New York: Knopf, 1965.

Hohendahl, Peter. "The Displaced Intellectual? Adorno's American Years Revisited." *New German Critique* 56 (1992): 76—100.

——*Prismatic Thought: Theodor W. Adorno.* Lincoln: University of Nebraska Press, 1995.

Holman, Valerie. "Carefully Concealed Connections: The Ministry of Information and British Publishing, 1939—1946. " *Book History* 8, no. 1 (2005): 197—226.

Holquist, Michael. "The Last European: Erich Auerbach as Precursor in the History of Cultural Criticism. " *MLQ*, 53, no. 3 (September 1993) 371—391.

Horkheimer, Max, and Theodor W. Adorno. *Dialectic of Enlightenment*. London: Allen Lane, 1973.

Horsman, Reginald. *Race and Manifest Destiny: The Origin of American Racial Anglo-Saxonism.* Cambridge, MA: Harvard University Press, 1981.

Howe, Irving. *Politics and the Novel*. New York: Columbia University Press, 1987.

Hullot-Kentor, Robert. " Notes on Dialectic of Enlightenment: Translating the Odysseus Essay. " *New German Critique* 56 (1992): 101—108.

—— "Odysseus or Myth and Enlightemnent. " *New German Critique* 56 (1992): 109—141.

Hussein, Abdirahman A. *Edward Said: Criticism and Society*. New York: Verso, 2004.

Huyssen, Andreas. "Adorno in Reverse: From Hollywood to Richard Wagner. " In *Adorno: A Critical Reader*, ed. Nigel Gibson and Andrew Rubin. Malden, MA: Blackwell, 2002.

——*After the Great Divide: Modernism, Mass Culture, Postmodernism.* Bloomington: Indiana University Press, 1986.

—— "Geographies of Modernism in a Globalizing World." *New German Critique* 100 (2007): 189—207.

—— "Introduction: Modernism after Postmodernity." *New German Critique* 99 (2006): 1—5.

—— "Postscript 2000." In *Adorno: A Critical Reader*, ed. Nigel Gibson and Andrew Rubin. Malden, MA: Blackwell, 2002.

Irzik, Sibel. "Istanbul." In *The Novel*, ed. Franco Moretti. Vol. 2. Princeton: Princeton University Press, 2006.

Iskandar, Adel, and Hakem Rustom. *Edward Said: A Legacy of Emancipation and Representation. Berkeley*: University of California Press, 2010.

Israel, Nico. "Damage Control: Adorno, Los Angeles, and Dislocation of Culture." *Yale Journal of Criticism* 10, no. 1 (1997): 95—121.

——*Outlandish: Writing between Exile and Diaspora.* Palo Alto, CA: Stanford University Press, 2000.

James, C. L. R. "Britain's New Monthlies." *Saturday Review* (May 22, 1954): 13.

Jameson, Fredric. *Late Marxism: Adorno; or, The Persistence of the Dialectic.* New York: Verso, 1990.

——Marxism and Form. Princeton: Princeton University Press, 1971.

—— "New Literary History after the End of the New." *New Literary History* 39, no. 3 (July 2008): 375—387.

——*The Political Unconscious: Narrative as a Socially Symbolic Act.* Ithaca: Cornell University Press, 1981.

——*A Singular Modernity: Essay on the Ontology of the Present.* New

York: Verso, 2002.

——"T. W. Adorno; or, Historical Tropes." *Salmagundi* 2, no. 1 (1967): 3—43.

Jay, Martin. *Adorno*. Cambridge, MA: Harvard University Press, 1984.

——"Adorno in America." *New German Critique* 31 (Winter 1984): 157—182.

——*The Dialectical Imagination: A History of the Frankfurt School and the Institute of Social Research, 1923—1950*. London: Heinemann, 1973.

Kadir, Djelal. "To World, to Globalize-Comparative Literature's Crossroads." *Comparative Literature Studies* 41, no. 1 (2004): doi: 10.2307/40468099.

Kafka, Franz. *The Complete Stories*. Trans. Nahum Glatzer. New York: Schocken, 1995.

Kaplan, Amy. *The Anarchy of Empire in the Making of U.S. Culture*. Cambridge, MA: Harvard University Press, 2005.

Katz, B. M. "The Criticism of Arms: The Frankfurt School Goes to War." *Journal of Modern History* (1987): 439—478.

Keddie, Nikki. *Roots of Revolution: An Interpretive History of Modern Iran*. New Haven, CT: Yale University Press, 1981.

Kennan, George. "The Sources of Soviet Conduct." *Foreign Affairs* 25, no. 4 (1947): 566—582.

——"The Long Telegram." February 22, 1949, http://www.ntanet.net/KENNAN.html.

Kennedy, Liam, and Scott Lucas. "Enduring Freedom: Public Diplomacy and U. S Foreign Policy. " *American Quarterly* 57 (2005): 309—333.

Kennedy, Valerie. *Edward Said and The Work of the Critic*. Malden, MA: Blackwell, 2000.

Khoury, Elias. *Gate of the Sun*. Trans. Humphrey Davis. New York: Vintage, 2006.

Kiberd, Declan. *Inventing Ireland*. Cambridge, MA: Harvard University Press, 1996.

Kiernan, V. G. *America: the New Imperialism; From White Settlement to World Hegemony*. London: Zed Press, 1978.

——*European Empires from Conquest to Collapse, 1815—1960*. Leicestershire: Leicester University Press, 1982.

——*The Lords of Human Kind: Black Man, Yellow Man, and White Man in an Age of Empire*. New York: Columbia University Press, 1986.

Kirkpatrick, B. J. "E. M. Forster's Broadcast Talks. " *Twentieth Century Literature* 31, nos. 2/3 (1985): doi:10. 2307/441300.

Kittler, Friedrich A. *Discourse Networks, 1800/1900*. Stanford, CA: Stanford University Press, 1990.

Koestler, Arthur. *Darkness at Noon*. Trans. Daphne Hardy. New York, Bantam, 1968.

——*The Spanish Testament*. London: Victor Gollancz, 1937.

Kołakowski, Leszek. *Main Currents of Marxism: The Founders, the Golden Age, the Breakdown*. New York: Oxford University Press.

Kraushaar, Wolfgang, ed. *Frankfurter Schule und Studentenbewe-*

gung: *Von der Flaschenpost zum Molotowcocktail 1946 bis 1995*. Vols. 1 and 2. Hamburg: Roger und Bernhard bei Zweitausendeins, 1998.

Krupnick, Mark. *Lionel Trilling and the Fate of Cultural Criticism*. Evanston, IL: Northwestern University Press, 1986.

Kurzweil, Edith, and Jon Westling. "Our Country, Our Culture Conference." *Parti san Review* 69, no. 4 (2002): 501—508.

Lasch, Christopher. *The Agony of the American Left*. London: Andre Deutsch, 1968.

Lashmar, Paul, and James Oliver. *Britain's Secret Propaganda War*. London: Sutton Publishing, 1998.

Lasswell, Harold D. "The Contribution of Freud's Insight Interview to the Social Sciences." *American Journal of Sociology* 45, no. 3 (1939): doi:10.2307/2769853.

—— "The Function of the Propagandist." *International Journal of Ethics* 38, no. 3 (1928): doi:10.2307/2378152.

—— "Psychological Policy Research and Total Strategy." *Public Opinion Quarterly* 16, no. 4 (1952): 491—500.

—— "Review: Personality, Prejudice, and Politics." *World Politics: A Quarterly Journal of International Relations* (1951): 399—407.

—— "The Strategy of Soviet Propaganda." *Proceedings of the Academy of Political Science* 24, no. 2 (1951): doi:10.2307/1173235.

—— "The Study of the Ill as a Method of Research into Political Personalities." *American Political Science Review* 23, no. 4 (1929): doi:10.2307/1946501.

参考文献

Latham, Sean. "New Age Scholarship: The Work of Criticism in the Age of Digital Reproduction." *New Literary History* 35, no. 3 (2004): doi:10.1353/nlh.2004.0043.

Lazarsfeld, Paul Felix. *Radio Listening in America: The People Look at Radio—Again.* New York: Prentice-Hall, 1948.

Leavis, F. R., ed. *A Selection from Scrutiny.* Vols. 1—2. London: Cambridge University Press, 1968.

Leffler, Melvyn P. *A Preponderance of Power: National Security, the Truman Administration, and the Cold War.* Stanford, CA: Stanford University Press, 1992.

Lerer, Seth, ed. *Literary History and the Challenge of Philology.* Palo Alto, CA: Stanford University Press, 1996.

Levin, Thomas Y. "For the Record: Adorno on Music in the Age of Its Technological Reproducibility." *October* 55 (1990): 23—47.

Levinson, Marjorie. "The Discontents of Aijaz Ahmed." *Public Culture* 6 (Fall 1993): 97—131.

Lewis, Bernard. *British Contribution to Arabic Studies.* London: British Council and Longmans, 1941.

Livingston, Robert E. "Global Knowledges: Agency and Place in Literary Studies." *PMLA* (2001): 145—157.

Logue, Christopher. "To My Fellow Artists." *Universities and Left Review* 4 (Summer 1958): 1.

Louis, William Roger. *Imperialism at Bay: The United States and the Decolonization of the British Empire, 1941—1945.* London: Oxford University Press, 1977.

Lowenthal, Leo. "Introduction." *Public Opinion Quarterly* 16, no. 4 (1952): v-x.

Lukács, György. *A Defence of History and Class Consciousness: Tailism and the Dialectic.* Trans. Esther Leslie. New York: Verso, 2000.

——*Essays on Realism.* Trans. Rodney Livingstone. Cambridge, MA: MIT Press, 1981.

——*History and Class Consciousness: Studies in Marxist Dialectics.* Trans. Rodney Livingstone. Cambridge, MA: MIT Press, 1972.

——*The Theory of the Novel : A Historico-Philosophical Essay on the Forms of Great Epic Literature.* Trans. Ann Bostock. Cambridge, MA: MIT Press, 1971.

Macdonald, Dwight. *Against the American Grain.* New York: Random House, 1962.

—— "America! America!" In *Discriminations.* New York: De Capo, 1985.

——*The Ford Foundation: The Men and the Millions.* New York: Reynal, 1956.

Marrouchi, Moustafa. "Counternarrative, Recoveries, and Refusals." *boundary 2* 25, no. 2 (1998): 205—257.

——*Edward Said at the Limits.* Stonybrook: State University of New York Press, 2003.

Masuji, Ibusé "The Crazy Iris." *Encounter* 6, no. 5 (May 1956): 10—19.

Mathews, Jane de Hart. "Art and Politics in Cold War America." *American Historical Review* 81, no. 4 (October 1, 1976): 762—287, doi: 10. 2307/1864779.

Mattelart, A. "An Archaelogy of the Global Era: Constructing a Belief." *Media, Culture & Society* 24, no. 5 (2002): 591.

May, Ernest R., ed. *American Cold War Strategy: Interpreting NSC 68*. Boston: Bedford, 1993.

McCarthy, Mary. "America the Beautiful: The Humanist in the Bathtub." *Perspectives USA* 1, no. 2 (Winter 1953): 11.

——"The Writing on the Wall." *New York Review of Books*, January 30, 1969.

McFate, Montgomery. "Anthropology and Counterinsurgency: The Strange Story of Their Curious Relationship." *Military Review* 85, no. 2 (2005): 24—37.

——"Iraq: The Social Context of IEDs." *Military Review* 85, no. 3 (2005): 37—40.

——"The Military Utility of Understanding Adversary Culture." *Joint Forces Quarterly*, no. 38 (2005): 42—48.

McFate, Montgomery, and Andrea Jackson. "The Object Beyond War." *Military Review* 86 (January-February 2006): 13—26.

——"An Organizational Solution for the DOD's Cultural Knowledge Needs." *Military Review* 85 (July-August 2005): 18—21.

McFate, Montgomery, and Steve Fondacaro. "Cultural Knowledge and Common Sense." *Anthropology Today* 24, no. 1 (2008): 27.

McNelly, Cleo. "On Not Teaching Orwell." *College English* 38 (1977): 553—566.

Menocal, Rosa. *The Ornament of the World*. New York: Little, Brown and Company, 2002.

Miller, James. "Is Bad Writing Necessary? George Orwell, Theodor Adorno, and the Politics of Literature." *Lingua Franca* (December/January 2000): 12—18.

Mitchell, W. J. T. "Postcolonial Culture, Postimperial Criticism." *Transition* 56 (1992): 11—24.

——"Secular Divination: Edward Said's Humanism." *Critical Inquiry* 31, no. 2 (2005).

Miyoshi, Masao. "'Globalization' and the University." In *The Cultures of Globalization*, ed. Fredric Jameson and Masao Miyoshi. Durham, NC: Duke University Press, 1998.

——"Ivory Tower in Escrow." *boundary* 2 27, no. 1 (Spring 2000): 7—50.

——*Off Center: Power and Culture Relations between Japan and the United States*. Cambridge, MA: Harvard University Press, 1991.

Modisane, Bloke. "African Writers' Summit." *Transition* 5 (July 30, 1962): 5—6.

Moreiras, Alberto. "Global Fragments: A Second Latinamericanism." In *The Cultures of Globalization*, ed. Fredric Jameson and Masao Miyoshi. Durham, NC: Duke University Press, 1998.

Moretti, Franco. "Conjectures on World Literature." *New Left Re-*

view 1 (January 2000): 54—68.

——*Graphs, Maps, Trees: Abstract Models for a Literary History*. New York: Verso, 2005.

——*The Modern Epic: The World-System from Goethe to García Márquez*. New York: Verso, 1996.

——"More Conjectures." *New Left Review* 20 (March 2003): 73—81.

——"The Novel: History and Theory." *New Left Review* 52 (July 2008): 111—124.

Mufti, Aamir R. "Auerbach in Istanbul: Edward Said, Secular Criticism, and the Question of Minority Culture." *Critical Inquiry* 25, no. 1 (1998): doi:10.2307/1344135.

——"Critical Secularism: A Reintroduction for Perilous Times." *boundary 2* 31, no. 2 (2004): 1—9.

——"Global Comparativism." *Critical Inquiry* 31, no. 2 (2005): doi: 10.2307/3651499.

——"Orientalism and the Institution of World Literatures." *Critical Inquiry* 36, no. 3 (March 2010): 458—493.

——"Secularism and Minority: Elements of a Critique." *Social Text* no. 45 (1995): 75—96.

Mulhern, Francis. *Culture/Metaculture*. London: Routledge, 2000.

Nagy-Zekmi, Silvia. *Paradoxical Citizenship: Essays on Edward Said*. Lanham, MD: Lexington Books, 2008.

Ngugi, J. T. "A Kenyan at the Conference." *Transition* 5 (July 30,

1962): 5.

Nietzsche, Friedrich. "On Truth and Lies in a Nonmoral Sense." In *The Nietzsche Reader*, ed. Keith Ansell Pearson and Duncan Large; trans. Daniel Breazeale. Malden, MA: Blackwell, 2006.

Nixon, Rob. *London Calling*. New York: Oxford University Press, 1989.

Nye, Joseph S. *Soft Power: The Means to Success in Word Politics*. New York: Public Affairs, 2004.

O'Hara, Daniel T. *Lionel Trilling: The Work of Liberation*. Madison: Wisconsin University Press, 1988.

Ohmann, Richard M. "English and the Cold War." In *The Cold War and the University*, ed. Noam Chomsky. New York: New Press, 1997.

——*English in America: A Radical View of the Profession*. Middletown, CT: Wesleyan University Press, 1996.

——*Politics of Letters*. Middletown, CT: Wesleyan University Press, 1987.

Orwell, George. *All Propaganda Is Lies, 1941—1942*. London: Secker & Warburg, 1998.

——*Animal Pham: Oru Palankatha*. Trans. Em Pi Rosi. Kottayam: Nasanal Bukk Satal, 1956.

——*Collected Essays*. London: Secker and Warburg, 1961.

——*The Collected Essays, Journalism, and Letters*. Ed. Sonia Orwell and Ian Angus. NewYork: Harcourt and Brace, 1968.

——*The Complete Works of George Orwell*. Vols. 1—20. Ed. Peter

Davison. London: Secker and Warburg, 1998.

——*Cuoc cách-mang trong trai súc-vât.* Saigon: Imprint d'Extrême-orient, 1951.

——*Facing Unpleasant Facts, 1937—1939.* London: Secker & Warburg, 1998.

——*Homage to Catalonia.* New York: Harcourt Brace, 1952.

——*I Belong to the Left, 1945.* London: Secker & Warburg, 1998.

——*I Have Tried to Tell the Truth, 1943—1944.* Complete ed. London: Secker & Warburg, 1998.

——*It Is What I think, 1947—1948.* Complete ed. London: Secker & Warburg, *1998.*

——*Keeping Our Little Corner Clean, 1941—1942.* London: Secker & Warburg, 1998.

——*A Kind of Compulsion, 1903—1936.* Complete ed. London: Secker & Warburg, 1998.

——*The Lion and the Unicorn: Socialism and the English Genius.* London: Secker & Warburg, 1941.

——*Negara Binatang.* Trans. Aus Suriatna. Bandung: Penerbitan Sangkreti, 1949.

——*O Porco Triunfante.* Trans. Almirante Alberto Aprá. Lisbon: Livraria Popular de Francisco Franco, 1946.

——*O Tsiphliki Ton Zoon.* Athens: Graphikai Technai Aspiote-Elka, 1951.

——*Our Job Is to Make Life Worth Living, 1949—1950.* Complete ed. London: Secker & Warburg, 1998.

——A Patriot after All, 1940—1941. London: Secker & Warburg, 1998.

——Rebelión en la granja. Buenos Aires: G. Kraft, 1948.

——Skotsky Khutor. Trans. Gleb Struve. Limburg, Germany: Possev 1950.

——Smothered under Journalism, 1946. London: Secker & Warburg, 1998.

——Talking to India. London: G. Allen & Unwin, 1943.

Osborne, Peter. "A Marxism for the Postmodern? Jameson's Adorno." New German Critique 56 (1992): 171—192.

Padmore, George. "Behind the Mau Mau." Phylon 14, no. 4 (1953): doi: 10.2307/272073.

Pamuk, Orhan. The Black Book. Trans. Güneli Gün. New York: Farrar, Straus and Giroux, 1994.

Pease, Donald E. and Robyn Wiegman. The Futures of American Studies. Durham, NC: Duke University Press, 2002.

Pells, Richard. Not Like Us: How Europeans Have Loved, Hated, and Transformed American Culture since World War II. NewYork: Basic Books, 1997.

Pickford, Henry. "Critical Models: Adorno's Theory and Practice of Cultural Criticism." Yale Journal of Criticism 10, no. 2 (1997): 247—270.

Pietz, William. "The 'Postcolonialism' of Cold War Discourse." Social Text 19/20 (Fall 1988).

Pizer, John. "Goethe's 'World Literature' Paradigm and Contemporary Cultural Globalization." *Comparative Literature* 52, no. 3 (2000): 213—227.

——"Toward a Productive Interdisciplinary Relationship: Between Comparative Literature and World Literature." *Comparatist* 31 (May 2007): 6—28.

Pletsch, Carl E. "The Three Worlds; or, The Division of Social Scientific Labor, circa 1950—1975." *Comparative Studies in Society and History* 23, no. 4 (October 1981): 565—590.

Poulantzas, Nicos, and Patrick Camiller. *State, Power, Socialism.* New York: Verso, 2001.

Prakash, Gyan. "Orientalism Now." *History and Theory* 34, no. 3 (1995): doi:10.2307/2505621.

Prashad, Vijay. *The Darker Nations: A People's History of the Third World.* New York: New Press, 2008.

Prendergast, Christopher. "Making the Difference: Paul de Man, Fascism, and Deconstruction." In *Intellectuals: Aesthetics, Politics, and Academics*, ed. Bruce Robbins. Minneapolis: University of Minnesota Press, 1990.

Prendergast, Christopher, and Benedict R. O'G. Anderson, eds. *Debating World Literature.* New York: Verso, 2004.

Prevòts, Naima. *Dance for Export: Cultural Diplomacy and the Cold War.* Hanover, NH: University Press of New England, 1998.

Rajan, Balachandra. "Bloomsbury and the Academies: The Literary Situation in England." *Hudson Review* 2, no. 3 (1949): doi:

10. 2307/3847799.

Ratner, Michael. *Guantanamo: What the World Should Know.* New York: Chelsea Green, 2004.

Rees, Richard. George Orwell, *Fugitive from the Camp of Victory.* London: Secker and Warburg, 1961.

Reising, Russell J. "Lionel Trilling, *The Liberal Imagination*, and the Emergence of the Discourse of Anti-Stalinism." *boundary* 2, 20, no. 1 (1993): 94—124.

Robbins, Bruce. "Comparative Cosmopolitanism." *Social Text* nos. 31/32 (1992): 169—186.

—— "The East as Career: The Logics of Professionalism." In *Edward Said: A Crit ical Reader*, ed. Michael Sprinker. Cambridge, MA: Blackwell, 1992.

——*Feeling Global: Internationalism in Distress.* New York: New York University Press, 1999.

——*Intellectuals: Aesthetics, Politics, Academics.* Minneapolis: University of Minnesota Press, 1990.

——*The Phantom Public Sphere.* Minneapolis: University of Minnesota Press, 1993.

—— "Secularism, Elitism, Progress, and Other Transgressions: On Edward Said's 'Voyage in.'" *Social Text*, no. 40 (1994): 25—37.

——*Secular Vocations: Intellectuals, Professionalism, Culture.* New York: Verso, 1993.

Robbins, Louise S. "Publishing American Values: The Franklin

Book Programs as Cold War Cultural Diplomacy." *Library Trends* 55, no. 3 (2007): 638—650.

Rodden, John. *Every Intellectual's Big Brother: George Orwell's Literary Siblings.* Austin: University of Texas Press, 2006.

——ed. *Lionel Trilling and the Critics: Opposing Selves.* Nebraska: University of Nebraska Press, 1999.

——*The Politics of Literary Reputation: The Making and Claiming of "St. George" Orwell.* New York: Oxford University Press, 1989.

——*Scenes of an Afterlife: The Legacy of George Orwell* (Wilmington, DE: ISI Books, 2003).

Rougé, Jean-Robert. *L'anticommunisme aux États-Unis de 1946 à 1954.* Paris: Presses de l'Université de Paris-Sorbonne, 1995.

Rowe, John Carlos. "Edward Said and American Studies." *American Quarterly* 56, no. 1 (2004): 33—47.

Rubin, Jay. "From Wholesomeness to Decadence: The Censorship of Literature under the Allied Occupation." *Journal of Japanese Studies* 11, no. 1 (Winter1985).

Said, Edward W. "Abecedarium Culture." In *Beginnings: Intention and Method.* New York: Basic Books, 1985.

—— "Adorno as Lateness Itself." In *Adorno: A Critical Reader*, ed. Nigel Gibson and Andrew N. Rubin. Malden, MA: Blackwell, 2002.

——*Beginnings: Intention and Method.* New York: Columbia University Press, 1985.

——*Culture and Imperialism.* New York: Knopf, 1993.

——*The Edward Said Reader*. Ed. Moustafa Bayoumi and Andrew Rubin. New York: Vintage Books, 2000.

—— "From Silence and Sound and Back Again: Music, Literature, and History." In *Refections on Exile and Other Essays*. Cambridge MA: Harvard University Press, 2000.

—— "Globalizing Literary Study." *PMLA* 116, no. 1 (2001): 64—68.

—— "Hey Mister, You Want Dirty Book?" *London Review of Books* (September 1999): 8—9.

—— "History, Literature, Geography." In *Reflections on Exile*. Cambridge, MA: Harvard University Press, 2000.

—— "The Horizon of R. P. Blackmur." In *Reflections on Exile*. Cambridge, MA: Harvard University Press, 2000.

——*Humanism and Democratic Criticism*. New York: Columbia University Press, 2004.

——*Joseph Conrad and the Fiction of Autobiography*. Cambridge, MA: Harvard University Press, 1966.

——*Musical Elaborations*. New York: Columbia University Press, 1991.

——*On Late Style*. London: Bloomsbury; 2006.

——*Orientalism*. New York: Vintage Books, 2003.

—— "Orientalism Reconsidered." In *Reflections on Exile*. Cambridge, MA: Harvard University Press, 2000.

——*Power, Politics, and Culture: Interviews with Edward W. Said*. Ed. Gauri Viswanathan. New York: Pantheon Books, 2001.

——*The Question of Palestine*. New York: Vintage Books, 1992.

——*Reflections on Exile and Other Essays*. Cambridge, MA: Harvard University Press, 2000.

——*Representations of the Intellectual: The Reith Lectures*. New York: Pantheon Books, 1994.

—— "Secular Criticism. " In *The World, the Text, and the Critic*. Cambridge, MA: Harvard University Press, 1983.

—— "Tourism among the Dogs. " In *Reflections on Exile*. Cambridge, MA: Harvard University Press, 2000.

—— "Traveling Theory. " In *The World, the Text, and the Critic*. Cambridge, MA: Harvard University Press, 1983.

—— "Traveling Theory Reconsidered. " In *Critical Reconstructions: The Relationship of Fiction and Life*, ed. Robert M. Polhemus and Roger B. Henkle. Stanford, CA: Stanford University Press, 1994.

—— "An Unresolved Paradox. " *MLA Newsletter* (Summer 1999): 3.

——*The World, the Text, and the Critic*. Cambridge, MA: Harvard University Press, 1983.

Samuel, Raphael. *The Lost World of British Communism*. New York: Verso, 2006.

Samuels, Stuart. "English Intellectuals and Politics in the 1930s. " In *On Intellectu als: Theoretical Case Studies*, ed. Philip Rieff. New York: Doubleday and Company, 1969.

Saunders, Frances Stonor. *Who Paid the Piper? The CIA and the Cultural Cold War*. London: Granta Books, 1999.

Schlesinger, Arthur M. *The Vital Center: The Politics of Freedom.* Transaction Publishers, 1997.

Schrecker, Ellen W. *No Ivory Tower: McCarthyism and the Universities.* New York: Oxford University Press, 1986.

Schwartz, Lawrence H. *Creating Faulkner's Reputation: The Politics of Modern Literary Criticism.* Knoxville: University of Tennessee Press, 1987.

Shaw, George Bernard. *Prefaces by George Bernard Shaw.* London: Oxford UniversityPress, 1934.

Shaw, Tony. *British Cinema and the Cold War: The State, Propaganda and Consensus.* London: I. B. Tanris, 2001.

——"The Politics of Cold War Culture. " *Journal of Cold War Studies* 3, no. 3 (2001): 59—76.

Shelden, Michael. *Orwell: The Authorized Biography.* London: Heinemann, 1991.

Siddiqi, Yumna. "Edward Said, Humanism, and Secular Criticism. " *Alif: Journal of Comparative Poetics* no. 25 (2005): 65—88.

Siebers, Tobin. *Cold War Criticism and the Politics of Skepticism.* New York: Oxford University Press, 1993.

Simpson, Christopher. *Science of Coercion: Communication Research and Psychological Warfare.* New York: Oxford University Press, 1994.

Singh, Nikhil Pal. *Black Is a Country: Race and the Unfinished Struggle for Democracy.* Cambridge, MA: Harvard University Press, 2004.

——"Retracing the Black-Red Thread. " *American Literary History* 15, no. 4 (2003): doi: 10. 2307/3567939.

Smith, Barbara Herrnstein. *Contingencies of Value: Alternative Perspectives for Critical Theory.* Cambridge, MA: Harvard University Press, 1988.

Smith, Nell. *Uneven Development: Nature, Capital, and the Production of Space.* Cambridge, MA: B. Blackwell, 1991.

Soyinka, Wole. *You Must Set Forth at Dawn: A Memoir.* New York: Random House, 2007.

Spanos, William V. *The Legacy of Edward W. Said.* Urbana: University of Illinois Press, 2009.

Spender, Stephen. "The English Intellectuals and the World Today." *Twentieth Century* 149 (1951): 470—476.

—— "The New Orthodoxies." *New Republic* 129, no. 1 (1953): 15—17.

—— "One Man's Conscience." *New Republic* 128, no. 11 (1953): 18.

——*Poems for Spain.* London, 1939.

—— "The Predatory Jailer." *New Republic* 128, no. 25 (1953): 18.

—— "Speaking for Spain." *New Republic* 128, no. 5 (1953): 18—19.

——*The Still Centre.* London: Faber and Faber, 1939.

—— "We Can Win the Battle for the Minds of Europe." *New York Times*, April 25, 1948, SM15.

——*What I Believe.* London: F. Muller, 1937.

——*World within World: The Autobiography of Stephen Spender.* London: Hamish Hamilton, 1951.

Spender, Stephen, and Melvin J. Lasky. *Encounters: An Anthology from the First Ten Years of "Encounter" Magazine.* New York: Basic

Books, 1963.

Sperber, Murray. "Gazing into the Glass Paperweight: The Structure and Psychology of Orwell's *1984.* " *Modern Fiction Studies* 26, no. 2 (Summer 1980).

Spivak, Gayatri Chakravorty. "Rethinking Comparativism. " *New Literary History* 40, no. 3 (2009): doi: 10. 1353/nlh. 0. 0095.

Sprinker, Michael, ed. *Edward Said: A Critical Reader.* New York: Wiley-Blackwell, 1993.

Stansky, Peter, and William Miller Abrahams. *Orwell: The Transformation.* New York: Knopf, 1980.

——*The Unknown Orwell.* New York: Knopf, 1972.

Stephan, Alexander. *Communazis: FBI Surveillance of German Émigré Writers.* Trans. Jan van Heurck. New Haven: Yale University Press, 2000.

——*Im Visier des FBI: Deutsche Exilschriflsteller in den Akten amerikanischer Geheimdienste.* Stuttgart; Weimar: Metzler, 1995.

Stephanson, Anders. *Kennan and the Art of Foreign Policy.* Cambridge, MA: Harvard University Press, 1989.

——*Manifest Destiny: American Expansion and the Empire of Right.* New York: Hill and Wang, 1995.

Stoler, Ann Laura. *Along the Archival Grain: Epistemic Anxieties and Colonial Common Sense.* Princeton: Princeton University Press, 2008.

Strachey, John. *The End of Empire.* New York: Random House, 1960.

Strich, Fritz. *Goethe and World Literature.* London: Routledge &

Kegan Paul, 1949.

Sutherland, James. *Stephen Spender: A Literary Life*. New York: Oxford University Press, 2005.

Telmissany, May, and Stephanie Tara Schwartz. *Counterpoints: Edward Said's Legacy*. Newcastle upon Tyne, UK: Cambridge Scholars Publishing, 2010.

Thiong'o, Ngugi wa. "The Commitment of the Intellectual." *Review of African Political Economy*, no. 32 (1985): doi: 10.2307/4005703.

——*Penpoints, Gunpoints, and Dreams: Towards a Critical Theory of the Arts and the State in Africa*. New York: Oxford University Press, 1998.

Thompson, E. P. *The Poverty of Theory and Other Essays*. London: Monthly Review Press, 1978.

——"Socialist Humanism: An Epistle to the Philistines." *New Reasoner*, no. 1 (Summer 1957): 107.

Trilling, Lionel. "Editor's Commentary." *Perspectives USA* 1, no. 2 (Winter 1953): 4—6.

——*E. M. Forster*. Norfolk, CT: New Directions Books, 1943.

——*The Gathering of Fugitives*. New York: Harcourt, Brace, Jovanovich, 1956.

——Introduction to *Homage to Catalonia*. New York: Harcourt Brace, 1952.

——*The Liberal Imagination: Essays on Literature and Society*. New York: Viking Press, 1950.

——*Matthew Arnold*. New York: Columbia University Press, 1949.

——*The Middle of the Journey*. New York: Viking Press, 1947.

——*The Moral Obligation to Be Intelligent*: *Selected Essays*. New York: Farrar, Straus and Giroux, 2000.

——*The Opposing Self*: *Nine Essays in Criticism*. New York: Viking Press, 1955.

—— "Outlines of Psychoanalysis. " Published as *Art and Neurosis*. Charlottesville: University of Virginia, 1949.

—— "The Situation of the American Intellectual at the Present Time. " In *The Moral Obligation to be Intelligent*: *Selected Essays*, ed. Leon Wieseltier. New York: Farrar, Straus and Giroux, 2000.

—— "La valeur des idées augmente en Amérique. " *Preuves* 18 (Winter 1955): 54—66.

Trouillot, Michel-Rolph. *Silencing the Past*: *Power and the Production of History*. Boston: Beacon Press, 1995.

Varadharajan, Asha. *Exotic Parodies*: *Subjectivity in Adorno, Said, and Spivak*. Minneapolis: University of Minnesota Press, 1995.

Veit, Walter F. "Globalization and Literary History; or, Rethinking Comparative Literary History-Globally. " *New Literary History* 39, no. 3 (2008): doi: 10. 1353/nlh. 0. 0037.

Visson, Andre. *As Others See Us*. Garden City, NY: Doubleday, 1948.

Viswanathan, Gauri. *Masks of Conquest*: *Literary Study and British Rule in Colonial India*. New York: Columbia University Press, 1989.

Von Eschen, Penny M. "Enduring Public Diplomacy. " *American Quarterly* 57, no. 2 (2005): 335—343.

——*Race against Empire: Black Americans and Anticolonialism, 1937—1957*. Ithaca: Cornell University Press, 1997.

——*Satchmo Blows Up the World: Jazz Ambassadors Play the Cold War*. Cambridge, MA: Harvard University Press, 2004.

Voorhees, Richard J. *The Paradox of George Orwell*. Lafayette, IN: Purdue University, 1961.

Wagner, Geoffrey. "The Minority Writer in England." *Hudson Review* 7, no. 3 (1954): 427—435.

Walcott, Derek. "A Far Cry from Africa." *Universities and Left Review* 7 (Autumn 1959): 4.

Wald, Alan M. *The New York Intellectuals: The Rise and Decline of the Anti-Stalinist Left from the 1930s to the 1980s*. Chapel Hill: University of North Carolina Press, 1987.

Wang, Ban. "The Cold War, Imperial Aesthetics, and Area Studies." *Social Text* 72, no. 3 (Fall 2002): 45—65.

Weinberg, Albert K. *Manifest Destiny: A Study of Nationalist Expansionism in American History*. Gloucester, MA: Smith, 1958.

Weiner, Tim. *Legacy of Ashes: The History of the CIA*. New York: Anchor, 2008.

Wellens, Ian. *Music on the Frontline: Nicolas Nabokov's Struggle against Communism and Middlebrow Culture*. Burlington, VT: Ashgate, 2002.

Westad, Odd Arne. *The Global Cold War: Third World Interventions and the Making of Our Times*. New York: Cambridge University Press, 2005.

White, Hayden V. *The Content of the Form: Narrative Discourse and*

Historical Representation. Baltimore: Johns Hopkins University Press, 1987.

——*Figural Realism: Studies in the Mimesis Effect.* Baltimore: Johns Hopkins University Press, 1999.

——"Historicism, History, and the Figurative Imagination." *History and Theory* 14, no. 4 (1975): 48—67.

Whittemore, Reed. *Little Magazines*. Minneapolis: University of Minnesota Press, 1963.

Wiggershaus, Rolf. *The Frankfurt School: Its History, Theories, and Political Significance*. Cambridge, MA: MIT Press, 1994.

Wilford, Hugh. *The CIA, the British Left, and the Cold War: Calling the Tune*. London: F. Cass, 2003.

——*The Mighty Wurlitzer: How the CIA Played America*. Cambridge, MA: Harvard University Press, 2008.

——*The New York Intellectuals: From Vanguard to Institution*. Manchester: Manchester University Press, 1995.

——" 'Unwitting Assets?': British Intellectuals and the Congress for Cultural Freedom." *Twentieth Century British History* 11, no. 1 (January 1, 2000): 42—60.

Williams, Patrick. *Edward Said*. Vols. 1—4. New York: Sage Publications, 2001.

Williams, Raymond. "Base and Superstructure in Marxist Cultural Theory." *New Left Review* 82 (1973): 3—16.

——*The Country and the City*. London: Chatto and Windus, 1973.

——*Culture*. London: Fontana, 1981.

——*Culture and Materialism: Selected Essays.* London: Verso, 2005.

——*Culture and Society, 1780—1950.* New York: Columbia University Press, 1983.

——*The English Novel from Dickens to Lawrence.* London: Hogarth Press, 1984.

——*George Orwell.* New York: Columbia University Press, 1984.

——*The Long Revolution.* Orchard Park, NY: Broadview Press, 2001.

——*Marxism and Literature.* New York: Oxford University Press, 1977.

——*Politics and Letters: Intewiews with "New Left Review."* New York: New Left Books, 1979.

——*The Politics of Modernism: Against the New Conformists.* London: Verso, 1989.

——*Problems in Materialism and Culture: Selected Essays.* London: Verso, 1980.

——Writing in Society. New York: Verso, 1991.

Winks, Robin W. *Cloak and Gown: Scholars in the Secret War; 1939—1961.* New Haven: Yale University Press, 1987.

Wood, Neal. *Communism and British Intellectuals.* New York: Columbia University Press, 1959.

Woodcock, George. *The Crystal Spirit: A Study of George Orwell.* New York: Schocken Books, 1984.

Wynne-Jones, Ros. "Orwell's Little List Leaves the Left Gasping for More." *Independent*, July 14, 1996, 10.

Young, Robert J. C. *Colonial Desire: Hybridity in Theory, Culture and Race.* New York: Routledge, 1995.

——*Postcolonialism: A Historical Introduction.* Malden MA: Blackwell Publishers, 2001.

Žižek, Slavoj. *Did Somebody Say Totalitarianism?* New York: Verso, 2001.

—— "Georg Lukács as the Philosopher of Leninism. " In *A Defence of History and Class Consciousness: Tailism and the Dialectic.* New York: Verso, 2000.

——*Living in the End Times.* New York: Verso, 2011.

Zwerdling, Alex. *Orwell and the Left.* New Haven: Yale University Press, 1974.

索 引

（索引后的页码为原书页码，即本书边码。）

abstractionism 抽象主义,114n38

Abu's Pointed Well (Halas and Batchelor)《阿布的尖井》(哈拉斯与巴彻勒),43

Achebe, Chinua 钦诺瓦·阿切比,65

Acheson, Dean 迪安·艾奇逊,43

Adamic, Louis 路易·亚当,29

The Addams Family (Halas and Batchelor)《亚当斯家族》(哈拉斯与巴彻勒),43

Adelphi《艾德菲》,54

Adenauer, Konrad 康拉德·阿登纳,82

Adorno, Theodor 西奥多·阿多诺,22,61,74—75;美学理论,84,85;反共产主义的,81,82,83;关于反战运动,83,85;与文化自由代表大会,81;关于经验主义,82—83;得到美国高级委员会的雇佣,81—82;流亡,76,80,90;联邦调查局的监视,75—76;关于黑格尔,105;与知识分子,85—86,105—107;拉扎斯菲尔德,77;与卢卡奇,81,86;关于消极辩证法,86,105,136n66;与波普尔,82;关于实证主义,80,82—83;关于无线电广播,18,61;关于广播音乐,77—78;代表美国,76;普林斯顿广播研究项目的研究,22,76—79;与洛克菲勒基金会,78—79;萨义德的引用,86—88,99,107;晚期风格的理论,86,107;与犹太复国主义,131n78

Adorno, Theodor, works: *Aesthetic Theory* 西奥多·阿多诺作品:《美学理论》,

84，85；《专制人格》，82；批判模式，82—85；"批判"，84；《音乐潮流》，18，61；《启蒙辩证法》；79—80，83—84，94；"关于强迫性和解"，81，86；《关于否定辩证法的演讲》，105；"理论与实践的旁注"，84—85；"过去工作的意义"，83；《最低限度的道德》，76，80；《否定的辩证法》，86；《文学注释》，81；"观点错谬社会"，82；《棱镜》，80；"社会学与实证研究"，83；《声音人物》，83

Aesthetic Theory（Adorno）《美学理论》（阿多诺），84，85

aesthetic: autonomy of 美学的自主权，84，85，86，89，102—103，105—107；作为政治活动的传统障碍，56，66，67，84，103；与帝国，68；依非审美与审美之间区别而定的人文主义，105；与历史的不可调和，102；所提供的作为反对派知识分子的临时范畴，107；价值观，46，66。还可见 literature。

affiliation 隶属关系 17—18，57—58，65，89，94，133n21，138n86

Afghanistan: Anglo-American invasion of 英美入侵阿富汗，5；作为文化翻译的区域，5—8

Africa 非洲 10，20，43，53，57，159

African Congress of Writers and Intellectuals, 非洲作家与知识分子代表大会，60

African Voices（BBC）"非洲之音"（英国广播公司），9

Agamben, Giorgio 乔治·阿甘本，14—15，113n15

Alexandria 亚历山大，48

Algeria 阿尔及利亚，65

Allen Lane 艾伦·莱恩，37

America: An Orwellian Tale（Blair）《美国：一个奥威尔式的故事》（布莱尔），25

America, Day by Day（Beauvoir）《美国纪行》（波伏娃），71—72

American Anthropology Association 美国人类学协会，6

American Committee for Cultural Freedom 美国文化自由委员会，44，69

American exceptionalism 美国例外主义，68，73，125n89

Amis, Kingsley 金斯利·埃米斯，18

The Anarchy of Empire（Kaplan）《帝国的无政府状态》（卡普兰），126n89

Anderson, Perry 佩里·安德森,33

Angleton, James 詹姆斯·安格尔顿,1,109n1

Anglo-Iranian Oil Company 英国—伊朗石油公司,34

Anidjar, Gil 吉尔·阿尼迪雅尔,90,133n7,134n23

Animal Farm(Orwell) 《动物庄园》(奥威尔),37—43;改编,24—25;阿拉伯语的翻译版本,38;英国政府的宣传,38;中情局的改编,43—44;荷兰语的翻译版本,41;日本—美国版本,43;马拉雅拉姆语的翻译版本,37;葡萄牙语的翻译版本,40;俄语的翻译版本,40—42;泰卢固语的翻译版本,40;乌克兰语的翻译版本,41;美国部队的改编,39—40。还可参见 Information Research Department(IRD)。

Anna Livia Plurabelle(Joyce) 《安娜·丽维雅·普拉贝尔》(乔伊斯),51

Annales School 年鉴学派,3。见 *longue durée*。

Annan, Noel 诺埃尔·安南,62

Ansatzphänomen 现象,98。也见 philology。

Ansatzpunkt 出发点,98。也见 philology。

anticommunism:as antidemocratic force 作为反民主力量的反共产主义,83;与反犹太主义,83;其一致性,62;其基本的构成力量,34,36—39;与非殖民化,34,50;其话语,8,34—35,50,64,81;作为知识体系,8,10,13,18,103;其霸权,53,62,75;其机构,8,9,11,17,18,19,20,22,45,50—51,81;作为新的文明使命,34,36,50;其东方学根源,36;语文学与之,8;其政治失败,64,81;对英国殖民主义的重新表述,8,31,34,35,36;其修辞,34—38;与斯大林主义,36,62,64,71,73;与帝国权力的转移,34,45—46;与美国霸权,36,46—47。也见 Cold War。

anti-Semitism 反犹太主义,82—83

Aprá, Almirante Alberto, *O Porco Triunfante* 阿尔米兰特·阿尔贝托·阿普拉《大获全胜的猪》,40

Apter, Emily 艾米丽·阿普特,28,94,110n8,119n9,134n29,134n31,135n46

Arabic(language) 阿拉伯语(语言),17,37,38,59,68,69

Arac, Jonathan 乔纳森·阿拉克,

帝国权威的档案

110n8,110n118,128n122

Aragon, Louis 路易·阿拉贡,52

Archaeology of Knowledge（Foucault）《知识考古学》（福柯）,88

archive: authority of 权威档案,15;作为惩戒性的机制,13;作为不确定的权力地位,15;其研究性的批判,11,12,13—17,22,23,105,106;与文学史学,3,22,105—106,137n76;其文化传播的模式,9,10;对其作为一种详细论述形式的抵抗,9—10;作为文化统治的结构,8;美国政府对其的操控,16—17;作为无动于衷的领域,15。也见 Freedom of Information Act。

Area Studies 区域研究,18,20,104

Arena《竞技场》,52

Arendt, Hannah 汉娜·阿伦特,17

Argentina 阿根廷,57,74

Armenian genocide 亚美尼亚种族大屠杀,91

Arnold, Matthew 马修·阿诺德,33

Aron, Raymond 雷蒙·阿隆,17,58

art exhibitions, government sponsorship of 艺术展览的政府赞助,11—12,18,103,112n3,114n38

Ash, Timothy Garton 蒂莫西·加顿·阿什,25

ast veían a Stalin（Neruda）《斯大林因此看到》（聂鲁达）,12

Asia and Western Dominance（Panildcar）《亚洲与西方支配》（潘尼迦）,53

Atlantic Charter 大西洋宪章,46

Atlee, Clement 克莱门特·艾德礼,29

Atwood, Margaret 玛格丽特·阿特伍德,27

Auden, W. H. W. H. 奥登,9,17,21,33,54,58

Auerbach, Erich: and the Cold War 埃里希·奥尔巴赫与冷战,51,95;其世界主义,98—99;关于历史与文学的辩证法,95,97,99;与化身的教义,92;其欧洲中心主义,99;其流亡,91—92,94;由其设想的"形象",92—93;关于歌德,8,95;其历史主义,93—94,96—97,99;其犹太特性,92;关于民族主义,92,94,99;和语文学,91,95—98;其对世界文学的概念重建,8,95—97;与萨义德的人文主义,90—91,94,101—102,105;其世俗主义,91,94,101;关于维柯,95,97

Auerbach, Erich, works: *Literary Language and Its Public in Late Latin Antiq-*

280

uity and in the Middle Ages，埃里希·奥尔巴赫的作品《拉丁晚期与中世纪的文学语言及其受众》，97；《摹仿论：西方文学中所描绘的现实》，91—94；语文学与"世界文学"，8，91，94—95；《源自欧洲文学戏剧的场景》，92—93

Austen, Jane 简·奥斯汀，73，111n21

Australia 澳大利亚，12，57

The Authoritarian Personality（Adorno, et al.）《专制人格》（阿多诺等人），82

avant-garde，先锋派，33，51，56

Azerbaijan 阿塞拜疆，36

Bacon, Francis 弗朗西斯·培根，79

Badiou, Alain 阿兰·巴迪欧，23

Bagram, Afghanistan 阿富汗巴格拉姆，27

Bahrain 巴林，38

Baldwin, James 詹姆斯·鲍德温，72

Balibar, Étienne 艾蒂安·巴利巴尔，115n7

Bandung Conference 万隆会议，35，53，65

Barrès, Maurice 莫里斯·巴勒，88

Barzun, Jacques 雅克·巴尔赞，67

Basic English 基本英语，50

Batchelor, Joy 乔伊·巴彻勒，43—44

Baziotes, Williams 威廉斯·贝泽奥蒂斯，114n38

BBC（British Broadcasting Corporation）BBC（英国广播公司），9，20，49，61—62

Beauvoir, Simone de 西蒙娜·德·波伏娃，71—72

Beckett, Samuel 塞缪尔·贝克特，51，105，136n75

Beethoven, Ludwig von 路德维希·凡·贝多芬，77，88

Beethoven（Adorno）《贝多芬》（阿多诺），107

"Before the Law"（Kafka）"法律面前"（卡夫卡），15

Beginnings（Said）《开始》（萨义德），89

Beirut 贝鲁特，9，21，38，51，59

Belinsky, Vissarion 维萨里昂·别林斯基，54

Bell, Daniel 丹尼尔·贝尔，17，44

Bellow, Saul 索尔·贝娄，72

Benda, Julien 朱利安·班达，136n75

Bengal 孟加拉，42

Benghazi 班加西，38

帝国权威的档案

Benjamin, Walter 沃尔特·本杰明, 46, 76

Bentham, Jeremy 杰里米·边沁, 33

Berger, John 约翰·伯格, 12, 54, 114n27

Berlin, Isaiah 以赛亚·伯林, 9, 18, 21, 54, 58, 61—62

Berlin Wall 柏林墙, 13

Bernal, J. D. J. D. 贝尔纳, 29, 32

Bérubé, Michael 米歇尔·贝吕贝, 114n28

Bevin, Ernest 欧内斯特·贝文, 29

Biopower 生命权力, 6—7

Birnbaum, Norman 诺曼·伯恩鲍姆, 55

The Black Book (Pamuk) 《黑皮书》（帕慕克）, 3

Black Orpheus: as a disciplinary mechanism 作为一种惩戒机制的《黑琴师》, 12, 59; 其对于冷战的重要性, 9; 作为一种新的表述方式, 21; 其来源, 59; 其监管的权力, 59—60; 其复制的权力, 21; 其沉默, 65; 其翻译, 60; 其跨国主义, 60

Blackett, P. M. S. P. M. S. 布莱克特, 30

Blackmur, R. P.; on aesthetics and the culture industry R. P. 布莱克默关于美学与文化产业, 66; 关于美国例外主义, 67—68; 关于不断变化的民族体验的结构, 68; 关于海外"美国化"的后果, 67; 对于外国的批判和包容, 68; 作为《透视美国》的编辑, 67, 70; 其帝国焦虑, 73, 126n89; 关于美国的帝国责任, 68; 103; 关于知识分子和国家, 50; 关于现代性、帝国和想象, 68; 对于美国的描述, 68; 对于跨国经历的描述, 67

Blackmur, R. P., works: "The Economy of the American Writer" R. P. 布莱克默的作品"美国作家的经济", 66; "编者短评", 68; 《狮子与独角兽》, 49—50; "地下墓穴的逻各斯", 49—50; "趋向一种妥协", 67—68

Bloch, Marc 马克·布洛赫, 3。也见 *longue durée*。

Bloomsbury group 布卢姆斯伯里团体, 53

Blunden, Edmund 埃德蒙·布伦登, 48

Bolshevism 布尔什维克主义, 35, 42, 64, 81

Borges, Jorge Luis 豪尔赫·路易斯·博尔赫斯, 21, 56—57

Borkenau, Franz 弗朗茨·博克瑞,30,57

Boston Symphony Orchestra 波士顿交响乐团,13

Bowie, David 大卫·鲍伊,24

Braden, Tom 汤姆·布雷登,13

Braudel, Fernand 费尔南·布罗代尔,3。也见 *longue durée*。

Brazil 巴西,9,12,38

Bread and Wine(Silone)《面包和红酒》(斯隆),26—27,62

Brecht, Bertolt 贝尔托·布莱希特,76

British Contributions to Arabic Studies(Lewis)《英国对阿拉伯研究的贡献》(刘易斯),48

British Council 英国文化协会,9;与正在变化的公众作家功能,9;作为对文化控制的一种结合,48;其圣化的权力,21;协调作家运动,19—20;其成立,47;与情报研究处,20,37;作为控制的新方式,20;其沉默,20;对于控制和文化统治的战略,47—48;其跨国主义,19,47—48

British empire 大英帝国,20,21,29—35,37,41—42,44—46,60,62,88—89;对《动物庄园》的改编,37—40;其反共产主义的焦虑,37;其正在变化的帝国行为的基础,8,12,34;其殖民政策,30,34;与美国的对比,47;其使用的非殖民化语言,35;战后与美国帝国的结盟,8,12;其修辞,31,34,46;其重新确立的控制战略,29—31.也见 imperialism。

British Foreign Office 英国外交部。见 Information Research Department (IRD)。

British Guiana 英属圭亚那,44

British Honduras 英属洪都拉斯,44

British Marxism 英国马克思主义,33,89

Brown, Ivor 艾弗·布朗,48

Brzezinski, Zbigniew 兹比格纽·布热津斯基,70

Burke, Edmund 埃德蒙·伯克,38

Burma 缅甸,36,38,44

Burmese Days(Orwell)《缅甸岁月》(奥威尔),24

Burnham, James 詹姆斯·伯恩哈姆,64

Butler, Judith 朱迪斯·巴特勒,115n5

Byron, George Gordon 乔治·戈登·拜伦,48,177n39

帝国权威的档案

Cadernos Brasileiros 《巴西笔记》,9, 12

Caillois, Roger 罗杰·凯洛依斯,57

Cairo 开罗,37, 43, 48

Cambridge University 剑桥大学,84

Camus, Albert 阿尔伯特·加缪,17—18, 35, 52—54

Cantril, Hadley 哈德利·坎特里尔,77

The Captive Mind (Miłosz),《禁锢的心灵》(米沃什),24

Cardoso, Fernando 费尔南多·卡多索,123n22

Caribbean Voices (BBC) 加勒比之音(BBC),9

Carruth, Hayden 海登·卡鲁斯,67, 70

Casanova, Pascale: on the consecration of Borges 帕斯卡尔·卡萨诺瓦关于博尔赫斯的神圣化,56;对后殖民批评的批判,4—5, 111n12;对"世界文学空间"的定义,4, 45;关于"翻译为主流语言"的作用,56—57;关于翻译者的作用,45;由其推动的统一的文学进化理论,4, 21, 135n63

Castro, Fidel 菲德尔·卡斯特罗,14

Caudwell, Christopher 克里斯托弗·考德威尔,33

CBS (Central Broadcasting Corporation) CBS(中央广播电台),77

CCF 文化自由代表大会。见 Congress for Cultural Freedom。

Central Intelligence Agency: Allende government overthrown by 被中央情报局颠覆的阿连德政府,14;由其制作和修改的《动物庄园》的动画片,43—45;其暗杀卡斯特罗的企图,25;由其运营的文化自由代表大会,1, 11, 13, 17, 43, 51—53, 60;由其在刚果支持的隐秘行动,14;由其提出的国家安全话语,15;不按法律程序谋杀尼赫鲁的企图,14;不按法律程序谋杀苏加诺的企图,14;与法菲尔德基金会,69;与知识分子,18, 21—22;由其操纵的意大利选举,14;与1947年的《国家安全法》,13, 16;由其在危地马拉执行的对政府的罢免,14;其体现的权力的病态,13, 14, 15;其所借用的体现在司法话语中的权力,15;其使法律暂停适用,13—15;在法律暂停适用的隐藏中表现的权力真空,15。也见 Freedom of Information Act。

索　引

Césaire, Aimé　艾梅·塞泽尔, 60, 65

Ceylon　锡兰, 38

Chaplin, Charlie　查理·卓别林, 30

Chateaubriand, François-René de　弗朗索瓦—勒内·德·夏多布里昂, 88

Chiaromonte, Nicola　尼古拉·乔洛蒙蒂, 57—58

Childe, V. Gordon　V. 戈登·柴尔德, 30

Chile　智利, 14

China　中国, 8, 36, 38 40, 43

Chinese（language）　中文（语言）, 38, 40

Chisholm, George　乔治·奇泽姆, 99

Chomsky, Noam　诺姆·乔姆斯基, 7, 22, 7728

Church Committee Hearings　教会委员会听证会, 14

Churchill, Winston　温斯顿·丘吉尔, 38

CIA　中央情报局。见 Central Intelligence Agency。

CIA v. Sims　中央情报局诉西姆斯一案, 16, 113n25

circulation: changes spaces of　传播空间的变化, 51; 作为控制的形式, 3, 9, 48; 其持续性和重复性, 48; 其实力, 3; 作为其目标的公众作家, 10; 作为空间的再分配, 51; 作为跨国文化的结构领域, 56; 其速率, 9, 57

A *Clergyman's Daughter*（Orwell）　《牧师的女儿》（奥威尔）, 24

Clifford, James　詹姆斯·克利福德, 133n8

Clinton, Bill　比尔·克林顿, 15

Cloak and Gown（Winks）　《斗篷和长袍》（温克斯）, 1, 11

Cobbett, William　威廉·科贝特, 89

Coetzee, J. M.　J. M. 库切, 3

Cold War: and anticommunism　与反共产主义的冷战, 8; 与区域研究, 18; 与万隆会议, 35, 53, 65; 与非殖民化, 9, 13, 23; 其话语, 8, 52, 103; 教育与之, 18; 其认识论, 8, 18, 103; 与人文实践, 18, 52; 与想象的地域, 20; 《一九八四》对之的重要性, 24, 46, 52; 其机构的激增, 8; 其间的知识分子, 10, 52; 其间的语言研究, 10; 以及由此对知识分子的动员, 9; 其间的修辞, 20, 52; 与第三世界, 20, 52; 与极权主义想象, 8, 18, 24—25, 28, 46, 52, 115n7; 与"世界文学", 8—9, 28, 52—54, 56—58, 59—60, 64, 95, 103

帝国权威的档案

The Cold War and the University（Chomsky）《冷战与大学》（乔姆斯基），111n28

Cold War Civil Rights（Dudziak）《冷战民权》（杜齐亚克），53

Cole, Jonathan 乔纳森·科尔，136n75

Colombia 哥伦比亚，38

Colombo 科伦坡，38

colonialism 殖民主义，8，20，24，32，35，36，38，39，45，47，85，90，99，137n76；与反殖民话语，31，32，34

Columbia University 哥伦比亚大学，69，73，74，102

Cominform 共产党和工人党情报局。见 Communist Information Bureau。

Coming Up for Air（Orwell）《上来透口气》（奥威尔），24

Comintern 共产国际。见 Communist International。

Communazis（Stephan）《联邦调查局监视的德国流亡作家》（斯蒂芬），74

Communist Information Bureau（Cominform）共产党和工人党情报局（Cominform），11，53，64

Communist International（Comintern）共产国际（Comintern），36，74

Communist Party of Great Britain（CPGB）英国共产党（CPGB），28，33

comparative literature: as a discourse distinct from geography 作为一种不同于地理学话语的比较文学，100；帝国地理中的源头，99，100；被其掩盖的重叠的历史，100；与世界文学，2

confession, and discourse of ex-communism 表白以及前共产主义的话语，64

Congress for Cultural Freedom（CCF）: artistic and cultural practices advanced by 由文化自由代表大会（CCF）推动的艺术和文化实践，11；得到其强化的态度，53—54，12；中情局对其的资助，1，11，13，17 43，51—53；其神圣化的力量，17，53，58；被其边缘化的把持异议者，17；被其拒绝认可的美学与政治学之间的划分，17；被其占据的世界文学的主流形式，8—10，17—21，51—60；其出现，11；与人文主义，12，58，103；由其对公众作家的动员，9，12，17，22，56；其表述的形式，10，12，18，56，59；其对话语的限制，54，58；被其掩盖的资金来源，17；其征服的策略，57—58；被其利用的文化复制技术,17—19,21,59;其翻译实践,10,20—22,56—59;由其支持的跨国想象,9,19—22,45,51,52,56—58,63

Congress for Cultural Freedom, works: *Black Orpheus* 文化自由代表大会的作品《黑琴师》,9,12,21,59—60,65;《巴西笔记》,9,12;《笔记》,9,11,19,20,51,56,57—59;《邂逅》,1,9,11—12,13,19,20,21,42,51—58,59,60,61,65,69,72,103;《论坛》,9,12,81;《对话》,21,51,59;《自由》,21,51,59;《月份》,9,12,19,20,21,42,51,52,57—59,69;《证据》,9,12,19,21,42,51,52,57,58,59,69;《象限》,9,12;《探索》,9,12,21,51;《思想界》,59;《团结》,51;《当前时刻》,9,12,19,20,21,42,51,52,58,59;《过渡》,9,12,20,21,51,59,60,65

conjunctures: definition of 对同时发生的事情或情况的定义,100;作为对权力的诠释,100;其对认识论的影响,18;二战后帝国权力的同时存在,8,12,17,34,45,46,47;作为对态度和参照系结构的强化,13,18,49,59;在"第三频道"与文化自由代表大会之间,6;冷战时期在作家与表述模式之间,9,18

Connolly, Cyril 西里尔·康诺利,17,19,51,55,56,58

Conrad, Joseph 约瑟夫·康拉德,47,89,105

contrapuntal criticism: apprehension of overlapping histories and experiences 对重叠历史和经验的理解的对位批判,98,99,100;定义,4,89;作为根植于地理意识中的理解模式,100;世界文学作为其欧洲中心模式的一种,2;世界文学与对位批判,2

Convegno(Rome) 《会议》(罗马),51

Coombs, Douglas 道格拉斯·库姆斯,47

cosmopolitanism 世界主义,2,9,34,98,99,106,109n5;作为其障碍的美国例外主义,68;奥尔巴赫关于之,94,98;由"世界"文学研究对其形成的挑战,4,10;作为对位批判,4;其滥用,3;与新自由主义,3;语文学根源,99;作为移位,3,94。也见 discrepant experiences。

Council for Democratic Germany 民主德国议会,74

帝国权威的档案

counterinsurgency 平叛,5—7

Counterinsurgency Guidance Source 《平叛指导资料》,5

The Country and the City（Williams）《乡村与城市》（威廉斯）,89

CPGB 英国共产党。见 Communist Party of Great Britain。

Crick, Bernard 伯纳德·克里克,26,28

Criterion 《标准》,51

criticism 批评,12—17,22—23,67,90,101。见 secular criticism。

Croce, Benedetto 贝内德托·克罗齐,56—57

Crossman, Richard 理查德·克罗斯曼,29,37;《败北之神》,62,64

Crowther, J. G. J. G. 克劳瑟,32

Cruz, Juana Inés de la 胡安娜·伊内斯·德拉克鲁斯,54

Cuadernos: changing conditions of cultural transmission 《笔记》:正在改变的文化传播的条件,19;中情局对其的资助,11;其神圣化的力量,58;作为惩戒机制,12;其对冷战的重要性,9;其管制的实力,58;其复制的实力,19;作为文化统治的一种结构,51;其翻译,56;其跨国主义,56—58

Cuba 古巴,14,47

cubism 立体主义,114n38

Culture and Imperialism（Said）《文化与帝国主义》（萨义德）,4,89,91,99,111n21,126n89,133n20,

Culture and Society（Williams）《文化与社会》（威廉斯）,51

Cultural and Scientific Conference for World Peace 争取世界和平文化和科学大会,32

Cultural Capital（Guillory）《文化资本》（盖尔利）,4

culture industry 文化产业,66—67,94

culture: as camouflage for power 作为权力掩饰的文化,4,17—18,32,50,54,56,64,104;其转播的力量,2,39;其定义,57;其决定因素,8,18,61—62;其惩戒机制,13,57,60—61;作为替代的地方,106;其异质性,4,57;其对帝国的质询,4,12,17,45,46,47,48,49,52;权力与之的交织,12,49;作为传播的模式,45,49,58,59,60,61,62;民族的,45;其重叠的方面,2,4,100,102,104,133n20;权力与文化的对象化,5,7,8;占据统治

地位文化的结构,68;与体制,138n86

Curtius, Ernest Robert 恩斯特·罗伯特·柯歇思,91

Cyprus 塞浦路斯,44

dada 达达主义,114n38

Damas, Léon 莱昂·达马斯,60

Damrosch, David 大卫·达姆罗什,109n4

The Dance of the Forest (Soyinka) 《森林之舞》(索因卡),59

Dante, Alighieri 阿利吉耶·但丁,51;奥尔巴赫关于之,93—94;其人物形象的方法,93—94

The Darker Nations (Prashad) 《更黑暗的民族》(普拉沙德),20

Darkness at Noon (Koestler) 《中午的黑暗》(凯斯特勒),62

Darlington, C. D. C. D. 达林顿,30

Davison, Peter 彼得·戴维森,26,116n16

Day-Lewis, Cecil 塞西尔·戴—刘易斯,17, 29, 53, 62

De l'Allemagne (Paris) 《斯塔尔女士的德国》(巴黎),2

Dean, Vera 蔚拉·迪恩,29

Dear Parent and Ogre (Soyinka) 《亲爱的家长和食人魔》(索因卡),59

Death in Venice (Mann) 《威尼斯之死》(曼),138n86

The Decline and Fall of the Lettered City (Franco) 《文化城市的没落》(佛朗哥),50

decolonization: defined as devolution 被定义为权力转移的非殖民化,35;与没有解放的独立,50, 60;以及与冷战的裂隙,1, 9, 10, 11, 12, 21, 23, 46, 126n89;其表述的模式,18, 46, 50, 60, 126n89。也见 colonialism。

democratic criticism 民主批判,17,23

Description de l'Égypte 《埃及记述》,6

Deutscher, Isaac 伊萨克·多伊彻,29, 30

Dialectic of Enlightenment (Adorno and Horkheimer) 《启蒙辩证法》(阿多诺与霍克海默),22, 75, 79, 80, 83, 95

dialectics, Adorno's critique of 阿多诺对辩证法的批判,86;其欧洲中心主义,100;萨义德对黑格尔的辩证法模式的否定,100—101;其时间基础,100

Dimock, Wai Chee 宋惠慈,110n12

Diop, Alioune 阿利翁·迪奥普,85

Discipline and Punish (Foucault) 《纪

律与惩罚》(福柯),88

discourse 话语,59,88—89,100,102

discrepant experiences 不一样的经验,2,4,9,94,98—99,102

displacement 位移,94,106,109n5

Dissent 《异议》,55

dissenting practices : marginalization of 异议行为的边缘化,8,20—21,32,54,90,114n28,136n75;《一九八四》与异议行为能力的丧失,28;为异议行为提供的机会,107;异议行为的社会先决条件,28,32

The Divine Comedy（Dante）《神曲》(但丁),41,93—94

Dōbutsu nōjō, (Keisuke) 《动物庄园》(长岛圭佑),43

Doctor Faustus（Mann）《浮士德博士》(曼),51

Dominance without Hegemony（Guha）《无霸权的统治》(古哈),88

Dominican Republic 多米尼加共和国,47

Dover, Cedric 塞德里克·多佛,29—30

Driberg, Tom 汤姆·德赖伯格,30,188n52

DuBois, W. E. B. W. E. B.杜波依斯,53—54

Dudziak, Mary 玛丽·杜齐亚克,53

Dulles, John Foster 约翰·福斯特·杜勒斯,13,54

Durkheim, Émile 爱米尔·涂尔干,33

Duthuit, Georges 乔治斯·达苏伊特,51

Dylan, Bob 鲍勃·迪伦,24

East Germany 东德,53

East Indian Division of the BBC 英国广播公司东印度分部,61

Eastern Europe 东欧,36,48,53

Eckermann, Johann Peter 约翰·彼得·埃克曼,1

Eco 《生态》,2

Edinburgh Review 《爱丁堡评论》,2

Egypt 埃及,43,67,90;《动物庄园》在埃及的传播,38;拿破仑对埃及的征服,6

Eisenhower, Dwight D. 德怀特·D.艾森豪威尔,13

Eliot, T. S. , T. S. : on British Council T. S. 艾略特关于英国文化协会,48—49;与中央情报局,1,109n1;与文化

自由代表大会,1;关于文化规划,49;其无线电广播,49;洛克菲勒基金会与之的安排,50—51,66;由其广播的"第三频道",49,61

Éluard, Paul 保罗·艾吕雅,52

empiricism 经验主义,76,78,80,81,82,83

Empson, William 威廉·燕卜荪,62

Encounter（London）: anticommunism of 反共主义的《邂逅》（伦敦）,52,53;与布鲁姆斯伯里,53,54,55;与不断变化的人文实践环境,52;中央情报局对其的资助,11,13,17 43,51—53;其神圣化的力量,9;作为一种惩戒机制,13,54;其对冷战的重要性,9,12;作为新的表述模式,19—20;其源头,52;其控制的实力,53,54,57;其复制的实力,19,21;其沉默,12,53,54;其翻译,9,20;其跨国主义,56

Enlarging the Change（Fitzgerald）《扩大变化》（菲茨杰拉德）,51

Enlightenment 启蒙运动,79—80

Eritrea 厄立特里亚,38

Essays in Criticism（Cambridge）《文艺批评》（剑桥）,52

ethnography 人种学,5—7

eurocentricism 欧洲中心主义,12,73,85,99—100。也见 imperialism; orientalism。

Europe 欧洲,2,10,12,13,29,36,49,63—64,68,69,80,92,94

Executive Order 12958（Clinton）12958 5号行政命令（克林顿）,14—15;作为对例外状态的掩盖,15;与权力的不确定性,15;作为对不存在事物的一种权力,15;基于真空状态下的国家权力,15;作为一种例外状态,15;与不确定的领域,15;作为无动于衷的领域,15

exile: Adorno's experience of 阿多诺的流亡经历,73,76,80;奥尔巴赫的流亡经历,91—93;布莱希特的流亡经历,76;流亡的环境,90,106;世界主义与流亡,94,98—99,106;埃斯勒的流亡经历,76;海因里希·曼的流亡经历,76;萨义德对于流亡的概念化,90,94;萨义德的流亡经历,90;赖特的流亡经历,65

La experiencia de Guatemala（Gorkin）"美国戏剧和危地马拉的经验"（戈肯）,57

Fabian Society 费边社。见 Fabianism。

Fabianism 费边主义,31,33

Faith, Reason, and Civilization（Laski）《信仰、理性和文明》(拉斯基),37

Fanon, Frantz 弗朗茨·法农,12,54,60,118n70,125n57

Faulkner, William 威廉·福克纳,17,18,45,49,57,63,64,66

FBI 联邦调查局。见 Federal Bureau of Investigation。

Febvre, Lucien 吕西安·费弗乐,99,135n63。也见 *longue durée*。

Federal Bureau of Investigation: anticommunism of 联邦调查局的反共产主义,74;地方主义,74;对法兰克福学派的监视,74—76

Federal Republic of Germany 德意志联邦共和国。见 West Germany。

Fergusson, Francis 弗朗西斯·弗格森,51

Fiedler, Leslie 蕾斯莉·费尔德,17,53,55,58

figura 《形象》,92—93。也见 Auerbach, Erich。

Figural Realism（White） 《比喻的现实主义》(怀特),92

Finland 芬兰,29

Fischer, Ruth 露丝·菲舍尔,37

Fitzgerald, Robert 罗伯特·菲茨杰拉德,51

Flaubert, Gustave 古斯塔夫·福楼拜,73

Ford Foundation 福特基金会,9,20,50,67

Forster, E. M. E. M. 福斯特,48

Forum（Vienna） 《论坛》(维也纳),12,81

Foucault, Michel: *Archaeology of Knowledge* 米歇尔·福柯的《知识考古学》,88;关于生物权力,5—6;《纪律与惩罚》,88;关于东方主义的话语,89;关于东方主义的外在性,89;关于传播的模式,56;关于东方主义作为知识和权力的一种愿望,88;东方主义的稀有性,89;萨义德与之的不同,89,133n11;其理论局限性,89

Four Quartets（Eliot） 《四首四重奏》(艾略特),59

France 法国,9,12,13,19,21,27,42,51,52,61,64,65,67,71

Franco, Francisco 弗朗西斯科·佛朗哥,36

Franco, Jean, *The Decline and Fall of the Lettered City* 《文化城市的没落》

（琼·佛朗哥）,50

Frankfurter Schule und Studentenbewegung（Kraushaar）《法兰克福学派与学生运动》（克劳斯哈尔）,131n78

Franklin Press 富兰克林出版社,67

Free Germany Movement 自由德国运动,74

Freedom of Information Act：history of 《信息自由法》的历史,14；其所暗示的幻象,15；作为档案研究的工具,12—13；对其的司法解释,16；克林顿政府关于之的12958号行政命令,14；由《国家安全法》对其赋予的限制,16；作为例外的状态,13,14,15,16；其象征性的权力17；与权力真空,15,23

Freud, Sigmund 西格蒙德·弗洛伊德,73

Furet, François 弗朗索瓦·菲雷,135n63

furioso 《狂人》,1,109n1

futurism 未来主义,114n38

Fyvel, Tosco 托斯科·费维尔,54,58

Galsworthy, John 约翰·高尔斯华绥,47

García Márquez, Gabriel 加夫列尔·加西亚·马尔克斯,3,49

Geisteswissenschaften, as secular philology 作为世俗语文学的世俗语文学,102

Geneva Conventions 《日内瓦公约》,28

geography：absence of unity in 地理学统一性的缺乏,106；与比较文学同时存在,99；作为学术性的学科,99；作为移位,106；与历史主义,99,100；地理学的帝国视野,99—100；地理学恒久性的缺乏,101；关于地理学权力的投射,99；作为人类社会活动的地带,100,104；其转换,101；作为对其认识的世俗性,102

German Democratic Republic 德意志民主共和国。见 East Germany。

German Romanticism 德国浪漫主义,2

Germany 德国,33,83,91—92,94

The Ghost of Stalin（Sartre）《斯大林的鬼魂》（萨特）,12

Gibb, H. A. R. H. A. R. 吉布,88

Gibson, Richard 理查德·吉布森,72

Gide, André 安德烈·纪德,73

Ginsberg, Allen 艾伦·金斯伯格,1

globalization 全球化,3,10,66,104,109n6,138n77

293

帝国权威的档案

Globe, Le 《环球》,2, 117n30

The God that Failed (Grossman) 《败北之神》(格罗斯曼),37, 62, 64

Goethe, Johann Wolfgang 约翰·沃尔夫冈·冯·歌德,1, 2, 8, 95, 96, 97, 109n5, 117n30。也见 Weltliteratur。

Goethe and World Literature (Strich) 歌德与世界文学,1—3。

Gold Coast 黄金海岸,44

Golding, Louis 路易斯·戈尔丁,32

Goldmann, Lucien 吕西安·戈德曼,84—85

Gollancz, Victor 维克多·戈兰茨,30

Gombrowiscz, Witold 维特尔德·贡布罗维奇,125n53

Gorkin, Julián 朱利安·戈尔金,57

Gould, Glenn 格伦·古尔德,88

Gramsci, Antonio 安东尼奥·葛兰西,33, 87, 88, 39, 99, 101

Graphs, Maps, and Trees (Moretti) 《图表、地图和树木》(莫雷蒂),4, 135n63

Graves, Robert 罗伯特·格雷夫斯,54

Greece 希腊,35—36

Greenberg, Clement 克莱门特·格林伯格,51

Grisewood, Herman 赫尔曼·格里斯伍德,61

Grossman, Henryk 亨利克·格罗斯曼,74

Guantánamo Bay Detention Camp 关塔那摩湾拘押营,27

Guha, Ranajit 拉纳吉特·古哈,88

Guillén, Nicholás 尼古拉斯·纪廉,54, 60

Guillory, John 约翰·吉勒里,46

Gurland, Arkadij 阿尔卡迪·古尔兰,75

Habermas, Jürgen 尤尔根·哈贝马斯,85, 101

habeas corpus 《人身保护法》,27

Hafez, Abbas 阿巴斯·哈菲兹,37

Halas, John 约翰·哈拉斯,43, 44

Halberstam, David 大卫·哈伯斯塔姆,115n7

Hardy, Thomas 托马斯·哈代,89

Heaney, Seamus 谢默斯·希尼,3

Hegel, G. W. F. G. W. F. 黑格尔,100—101, 105, 135n66

hegemony 霸权,36, 46, 89, 101。也

见 Gramsci, Antonio。

Herder, Johann Gottfried von 约翰·哥特弗雷德·赫尔德,95

Hikmet, Nâzim 那齐姆·希克梅特,54

Hill, Christopher 克里斯托弗·希尔,26

historicism: Auerbach on 奥尔巴赫关于历史决定论,95;作为辩证的理解方式,99;其动态,93;其忽略,99;其可能的结局,95;其前提,93;其范围,93;其世俗基础,96,98;其时间方面,97;其地域盲区,96;其时代的统一,93;其普世主义的主张,93;维柯关于之,97

history: asymmetries with literature 与文学不对称的历史,101;与对位批判,4;其非领土化,4;与错位,90;其移位,106;世界认识论问题,137n76;其基本教育说和欧洲中心主义的观点,2,95,100;其形象和宗谱的概念,92;对其地理政治性的认识,99;作为人造的,10,92,101;隐含于现代性中,106;对其档案的调查研究,22;与文学的不可调和,101;书面的,45,57,58,91,100;作为多重的相互作用的世界,106;作为世界的东方主义,137n76;其相互重叠的方面,4,9,100,102,104;就像被语文学家揭示的那样,106;作为人类活动的世俗领域,101;沉默作为其可能性的条件,13—17;其记录豁免于国家档案,14,106—107;其时间假设,93;统一的书面表述,4,85,97。也见 historicism, philology。

History and Class Consciousness(Lukács)《历史与阶级意识》(卢卡奇),79

Hitchens, Christopher 克里斯托弗·希钦斯,26,116n20,116n21,116n24

Hitler-Stalin Pact《苏德互不侵犯条约》。见 Molotov-Ribbentrop Pact。

Hiwar(Beirut)《对话》(贝鲁特),21,51;与 T. S. 艾略特的隶属关系,59;变化着的人文实践环境,52;中情局对其的支持,51;其神圣化的力量,21;与传播的力量,59;与重新分配的力量,59;作为文化统治的结构,51;其跨国主义,59

Hobsbawm, Eric 埃里克·霍布斯鲍姆,54

Hoggart, Richard 理查德·霍加特,115n2

Holocaust 大屠杀,82,92,94

Homage to Catalonia(Orwell)《向加

泰罗尼亚致敬》(奥威尔),24

Homer 荷马,6,91

homogenization 均质化,51—54,58—59,61—62,71,95,97

Hook, Sidney 悉尼·胡克,44,63—64

Hoover, J. Edgar J. 埃德加·胡佛,74—76

Horizon (London) 《地平线》(伦敦),19,51

Horkheimer, Max: connections to CCF 马克斯·霍克海默与文化自由代表大会的关系,81;对学生和反战运动的批判,84;《最低限度的道德》给其的献词,76;《启蒙辩证法》,79—81;在美国的流亡经历,74;联邦调查局对其无法理解,75—76;联邦调查局对其的监视,74—75;战后对其的妥协,80;自我审查,81

Hourani, Albert 阿尔伯特·胡拉尼,59

How New York Stole the Idea of Modern Art (Guilbaut) 《纽约如何盗窃现代艺术的理念》(吉尔伯特),11

Hudson Review 《哈德逊评论》,51,55

Hugo of St. Victor 圣维克多的雨果,98—99

Hulme, T. E. T. E. 休姆,33

Human Terrain System Project 人文地域系统计划,5—7

humanism: aesthetics and 美学与人文主义,107;与冷战,22,103—104;与民主,103;与否定的辩证法,22,86,95,105—107;其对立的分析,104—106;正统,103—104;其语文学基础,86,106;一位现代主义者的可能性,102—105;作为抵抗,86,102,104,106—107;作为世俗的,86—87,91;与对历史的看法,92—93,96,106—107。也见 late style;philology。

Humanism and Democratic Criticism (Said) 《人文主义与民主批判》(萨义德),22,91,102—107,111n21,137n75,138n77

Hussein, Taha 塔哈·侯赛因,59

Huyssen, Andreas 安德里亚斯·胡塞恩,109n6,117n30,138n77

hybridity 混合状态,2,4,102,104

Illuminations (Benjamin) 《启迪》(本杰明),46

imaginary geographies 想象的地理,20,99

索　引

immigrants, in America　美国移民,106

imperial sublime　壮丽的帝国景象,73

imperialism　帝国主义,2,4,34,35,36,47,47,48,53,85,100—105;英国与美国的对比,34,47;与文化的交汇,5,7,8,17—20;与非领土化,45,46;与反共产主义的话语,34;其语言,50;与转移的模式,12,17,34,49;新的与经典的,34;与非政府组织,55;作为对文化空间的占领,20;作为权力的投射,52;作为统治的战略,47,48,49;作为文化统治的结构,51;美国与之,47,50—58

India　印度,19,37—38,44,48,53,57

Indochina　印度支那,37,44

Indonesia　印度尼西亚,14,37,44,65

Information Research Department (IRD): anticommunism of　反共产主义的情报研究处,34;与中情局的安排,43;与变化的公众作家的功能,20;作为一种殖民惩戒机制,40;其权力的扩散,38;其所表达的帝国野心,29,31;被其转移的帝国权力,34,36,37;其合并的权力,37,38;其重新设计的对伊朗的干预,34;《动物庄园》的本土化,38,39;其所组织的《动物庄园》的迅速翻译,37;其对反殖民主义的抵抗的重新编码,34;其所实施的统治战略,34;作为翻译地带,37,42;作为文化(错误)翻译的地带,34,36

intellectuals: censorship of　对知识分子的审查,54;面临的挑战,18,45,50,86,104—107;其变化的公共角色,9,12,20,45,47,49,51,57;与冷战,20,22,50;其一致性,56—65;与民主批判,23,49,51;其领域,105;与帝国,45—50,56—58;与流亡,80;文学的全球化与之,45—48;其人文实践,22;与其所采取的孤立的反抗行为,136n75;其所占据的位置,20,47—48,51,58;其责任,23,50,136n75;其沉默,11,20—21,50,53—54,58;国家征服,11—12,20,22,25,26,27,48,49,50,52,58;其技术与实力,10—18,21,57,58;其传播,47,49,53,57;其跨国基础,56,57,58

international literary domain　国际文学领域,3,9,18,57,58

investigational criticism　调查性批判,10,22,23,27

Iran　伊朗,34,37,42—43,131n78

帝国权威的档案

Iraq　伊拉克,5,6,7,43,105

Ireland　爱尔兰,29,35

Isherwood, Christopher　克里斯托弗·伊舍伍德,17,53

Ishiguro, Kazuo　石黑一雄,3

Islam　伊斯兰国家,8,36,38,46,88,123n5

Israel　以色列,131n78

Istanbul　伊斯坦布尔,91,94,95,99

Italian Communist Party　意大利共产党,26—27,109n1

Italy　意大利,14,19,33,36,57,65,67

The Jackson Five (Halas and Batchelor)《杰克逊五兄弟》(哈拉斯与巴彻勒),43

Jahn, Janheinz　雅内兹·雅恩,60

Jamaica　牙买加,44,48,60

James, C. L. R.　C. L. R. 詹姆斯,51,54,76,

Jameson, Fredric　弗雷德里克·詹姆森,66,86,117n30

Japan　日本,19,39,43,50,57

Jarrell, Randall　兰德尔·贾雷尔,51

Jaspers, Karl　卡尔·贾斯珀斯,17

Javaherkalam, Ali　阿里·加瓦卡姆,37

Jelenski, Constantin　康斯坦丁·杰伦斯基,125n53

Jiyu (Tokyo)《自由》(东京),21,51,59

Jolas, Eugene　尤金·若拉,51

Jones, Daniel　丹尼尔·琼斯,48

Joseph Conrad and the Fiction of Autobiography (Said)《约瑟夫·康拉德与自传体小说》(萨义德),87

Josselson, Michael　迈克尔·乔塞尔森,52

Joyce, James　詹姆斯·乔伊斯,51,138n86

Kafka, Franz　弗朗茨·卡夫卡,15,73

kamishibai　纸芝居,39

Kandinsky, Wassily　瓦西里·康定斯基,114n38

Keep the Aspidistra Flying (Orwell)《保持叶兰繁茂》(奥威尔),24

Keisuke Nagashima　长岛圭佑,43

Kennan, George　乔治·凯南,19,24,34,36

Kenya　肯尼亚,44,48,57

Keynes, John Maynard　约翰·梅纳

德·凯恩斯,33

Kiernan, Victor 维克多·基尔南,36,54

Kirwan, Celia 西莉亚·柯文。见 Information Research Department (IRD)。

Kîs, Danilo 丹尼洛·契斯,56

Kissinger, Henry 亨利·基辛格,90

Kittler, Friedrich 弗里德里克·基特勒,122n138

Koestler, Arthur: Adorno's critique of 阿多诺对阿瑟·凯斯特勒的批判,81;作为战后文学形成的中心,17,21,58;其一致性,21;与文化自由代表大会,9,17;《中午的黑暗》,62;被前共产主义的矛盾所困扰,62,64;与斯彭德的经验形成对比,62;《败北之神》,64;其国际认可,21,58;在《月份》中,57;64;翻译的规律性,58;其在1950年代上升至主导地位,58,62,64;翻译作为其世界性,17;其跨国化,9,17,21,58

Kołakowski, Leszek 莱谢克·柯拉柯夫斯基,33

Kolhosp tvaryn (Ševčenko) 《动物庄园》(舍甫琴科),41

Korea 韩国,42

Koteliansky, Samuel 塞缪尔·科特连斯基,54

Kristol, Irving 欧文·克里斯托尔,12,52,55

Krout, John 约翰·克劳特,69

Krugman, Paul 保罗·克鲁格曼,27

Labour Party (British) 工党(英国),32—33,37

Lacerda, Alberto de 阿尔维托·拉塞尔达,38

Lamartine, Alphonse de 阿尔封斯·德·拉马丁,88

Lampedusa, Giuseppe Tomasi de 朱塞佩·托马西·德·兰佩杜萨,101

Lane, Edward William 爱德华·威廉·雷恩 88

Larbaud, Valery 瓦列里·拉博,45,59

Laski, Harold 哈罗德·拉斯基,30,37

Lasky, Melvin 麦尔文·拉斯基,42,58,81

Lasswell, Harold 哈罗德·拉斯韦尔,78—79

Late Marxism (Jameson) 《晚期马克思主义》(詹姆森),86

late style: constitutive of oppositional humanism 晚期风格:对抗人文主义的

重要组成部分,106;其所设置的困难, 105;作为否定的领域,107;理解其作品的徒劳无益,105;人文主义作为对其迫切需求的认识,106,107,136n75;其作品的不完全,106;受其限制的语文学领域,107;被其否定的所有物的统一体,105;其未解决的斗争,105。也见 humanism;philology。

On Late Style（Said）《论晚期风格》（萨义德）,105

Laughlin, James　詹姆斯·劳夫林, 67,70

Lawrence, D. H.　D. H. 劳伦斯,34

Lawrence, T. E.　T. E. 劳伦斯,88—89

Leavis, F. R.　F. R. 利维斯,51,54

Lebanon　黎巴嫩,57

Lectures on Negative Dialectics（Adorno）《关于否定辩证法的演讲》（阿多诺）,105

Leeper, R. A.　R. A. 利珀,47

Left Book Club　左派图书俱乐部,30

Lessing, Doris　多丽丝·莱辛,54

Lévi, Sylvain　西勒万·列维,88

Lewis, Bernard　伯纳德·刘易斯, 48,122n5

Lewis, Sinclair　辛克莱·刘易斯,63

Lewis, Wyndham　温德姆·刘易斯,33

The Liberal Imagination（Trilling）《自由的想象》（特里林）,69

liberalism　自由主义,73

Libya　利比亚,42

Lindsay, Jack　杰克·林赛,52

The Lion and the Unicorn（Blackmur）《狮子与独角兽》（布莱克默）,67—68

Litauer, Stefan　斯特凡·利特尔,30

literature: aesthetics and　美学与文学, 4—5,27,69;其观众,3—4,28;其变化,45,51,122n138;作为自由主义的领域,73;与帝国,66;其全球化,2,3, 40,48,59;其地区,60;与历史的否定的辩证法,95,97—98。也见 *Weltliteratur*。

literary historiography　文学史料编纂学。见 history。

literary prizes　文学奖项,11,58

little magazines　小杂志,51—52

Living in the End of Times（Žižek）《生活在时代的尽头》（齐泽克）,10

"The Logos in the Catacomb"（Blackmur）"地下墓穴的逻各斯"（布莱克默）,50

Logue, Christopher　克里斯托弗·罗

格,54

London Magazine 《伦敦杂志》,52,56

The Lone Ranger（Halas and Batchelor）《独行侠》(哈拉斯与巴彻勒)43

longue durée "长期",4,135n63

Lowell,Robert 罗伯特·洛威尔,17,66

Lowenthal,Richard 理查德·洛文塔尔,57

Lukács,György：Adorno's polemic with 阿多诺与捷尔吉·卢卡奇引发争论的评论,81；其整体性的概念,79；威廉姆斯的发现,89；对启蒙辩证法的影响,79；抵抗苏联对匈牙利的政治干预,80—81；萨义德对其的批判,100；与其辩证法的时间基础,100；关于其文学历史的普遍体系,8

Lukács,György,works：*History and Class Consciousness* 捷尔吉·卢卡奇的作品《历史与阶级意识》,79；"我们时代的现实主义",81；《小说的理论》,100

Lüthy,Herbert 赫伯特·吕谛,58

Lycurgus 莱库古,6

MacDiarmid,Hugh 休·麦克迪尔米德,29—30,52

Macdonald,Dwight：attack on American popular culture 德怀特·麦克唐纳对美国流行文化的抨击,54；试图沉默,54；关于美国文化自由委员会董事会,44；与文化自由代表大会对"美国！美国！"的审查,55；对美国帝国的批判,55；奥威尔与之,29；对其的支持,55；作为《邂逅》的临时编辑,54

Mace,Borden 博登·梅斯,44

Mackinder,Halford 霍尔福德·麦金德,99

MacNeice,Louis 路易斯·麦克尼斯,56,62

Madariaga,Salvador de 萨尔瓦多·德·马达里亚加,58

Major,John 约翰·梅杰,25

The Making of the English Working Class（Thompson）《英国工人阶级的形成》(汤普森),33,54,88

Malaya 马来亚,34,37—38

Mann,Golo 戈洛·曼,57—58

Mann,Heinrich 亨利希·曼,74

Mann,Thomas：American postwar interest in 托马斯·曼对美国战后的兴趣,50—51；与《浮士德博士》,51；其在美国的流亡,74,76；参与文化自由代表大会,18；作为一名现代主义者,

301

138n86；其所占据的多重公共职位,9；对其的反复翻译,17；在普林斯顿关于文学批评的研讨会上作为"文化复兴"的主题,51；其跨国复制,58；其"世界性"56,57—58

The March of Time（Halas and Batchelor）《时代进行曲》（哈拉斯与巴彻勒）,43

Marcuse,Herbert 赫伯特·马尔库塞,74

Mariners, Renegades, and Castaways（James）《水手、叛徒与漂流者》（詹姆斯）,54

Maritain,Jacques 雅克·马里丹,51

Marshall,John 约翰·马歇尔,50,66,7

Martin,Kingsley 金斯利·马丁,30

Masses, Classes, Ideas（Balibar）《民众、阶级、思想》（巴利巴尔）,115n7

Massignon,Louis 路易斯·马西隆,88

Mbari Writers Club Mbari作家俱乐部,59

McCarthy,Mary 玛丽·麦卡锡,21,53；"美丽的美国人",71；关于美国对核战争的漠视,71；关于美国的商品拜物主义,72；《看法》与《邂逅》的投稿者,53；对于波伏娃的《美国纪行》的回应,72；特里林对其的控制,71

McCarthyism 麦卡锡主义,70

McCloy,John 约翰·麦克罗伊,81

McFate,Montgomery 蒙哥马利·麦克法特,111n22,111n23

Menzel,Wolfgang 沃尔夫冈·门泽尔,2

Mikardo,Ian 伊恩·麦卡多,29

Mill,John Stuart 约翰·斯图尔特·密尔,33

Miller,Perry 佩里·米勒,67

Mills,C. Wright C. 赖特·米尔斯,54

Miłosz,Czesław 切斯瓦夫·米沃什,18,21,24,57

Mimesis: The Representation of Reality in Western Literature（Auerbach）《摹仿论：西方文学中所描绘的现实》（奥尔巴赫）,91—94,99,103

Minima Moralia（Adorno）《最低限度的道德》（阿多诺）,22,76,80

Miyoshi,Masao 三好将夫,39

modalities of articulation 表达的方式,47,56—57,96；与变化的公共作家的作用,18；其定义,45；其出现,18；众多的,18；其跨国主义,22

The Modern Epic（Moretti）《现代史

诗》)(莫雷蒂),4

modernism 现代主义,19,45,51,102,105,109n1,112n3,114n38,126n89,136n75,138n77,138n86

modernity 现代性,10,22,67—68,80,92,105—106,126n89

modernization 现代化,19

modes of literary replication: definition of 对文学复制模式的定义,21

Molotov-Ribbentrop Pact 莫洛托夫—里宾特洛甫条约,31,62

Monat, *Der*: Adorno's contribution to 阿多诺对《月份》的贡献,81;其反共产主义,52,53;与变化的人文主义实践的环境,52;中情局对其的资助,12,51;其神圣化的力量,9;其协调和管理的力量,53,54,57;作为一种惩戒机制,13,54;其对于冷战的重要性,9,12;作为表达方式,19—20;由其提供的多重跨国位置,58;作为使卢卡奇名誉扫地的平台,81;各种发行的力量,59;其复制的力量,19,21;《一九八四》的连载,42;其翻译,9,20,42;其跨国主义,56;美国军方对其的资助,42;作者的"世界性",57;作为占领区,42;作为翻译区域,42

Moore, Leonard 伦纳德·摩尔,40—42

Moretti, Franco 佛朗哥·莫雷蒂,4,135n63

Morley, Iris 艾里斯·莫利,30

Morocco 摩洛哥,19

Moscow Trials 莫斯科审判,31,62

Mossadegh, Mohammad 穆罕默德·摩萨台,34

Motherwell, Robert 罗伯特·马瑟韦尔,114n38

Mounier, Emmanuel 埃马纽埃尔·穆尼埃,29

Mufti, Aamir 阿米尔·穆夫提,94

Murdoch, Rupert 鲁珀特·默多克,25

"Murti-Bing" (Miłosz) "安宁丸"(米沃什),57

Murray, John Middleton 约翰·米德尔顿·默里,54

Mussolini, Benito 贝尼托·墨索里尼,26

Nabokov, Nicolas 尼古拉·纳博科夫,52,127n96

Napoleon Bonaparte 拿破仑·波拿巴,6

National Defense Education Act 《国防

303

教育法》,18,104

National Security Act of 1947 1947年的《国家安全法》,13—16

National Security Directive (NSC—4) 国家安全委员会(NSC—4)指令,65,125n72

National Security Directive (NSC—10) 国家安全委员会(NSC—10)指令,1,52

Native Son (Wright) 《土生子》(赖特),72

Nazism 纳粹主义,82—83,91—92,96,99

Negara Binatang (Suriatna) 《国家动物》(苏里阿特纳),37,119n90

negative dialectics: absence of reconciliation in 否定的辩证法中调和的缺失,86,105;作为艺术品,85;作为对非同一性的认识,105;与黑格尔否定之否定的对比,103;根植于其实践中的萨义德式的人文主义,86;其世俗基础,89

Negative Dialectics (Adorno) 《否定的辩证法》(阿多诺),86

négritude 非洲裔黑人特征,60,65

Nehru,Jawaharlal 贾瓦哈拉尔·尼赫鲁,14

Neogy,Rajat 拉加特·内沃基,59—60

neoliberalism 新自由主义,3

Neruda,Pablo 巴勃罗·聂鲁达,12,52,114n27

Nerval,Gérard de 热拉尔·德·奈瓦尔,88

Neue Rundschau (Berlin) 《新评论》(柏林),51

Neumann,Franz 弗朗茨·诺伊曼,74

Neumann,Robert 罗伯特·诺依曼,30

New Criticism 新批判主义,50

New Directions 《新方向》,67

New Folio 《新开本》,51

New Reasoner 《新理性人》,54

New Signatures 《新签名》,48

New Statesman 《新政治家》,30

New Writing and Daylight 《新写作和日光》,51

Nietzsche,Friedrich Wilhelm 弗里德里希·威廉·尼采,75—76,87,90

Nigeria 尼日利亚,44,48,57,59,60

Nine 《九》,52

9/11 "9·11",27,104,136n75,137n75

Nineteen Eighty-Four (Orwell) 《一九八四》(奥威尔),45—46,57;艾奇逊

关于之的意义,43;对其的改编,24—25,27;英国政府在其翻译版权方面进行投资,42;其所遭遇的文本条件的变化,45;被其所推广的对于集权主义的集体想象,24;其传播的决定性因素,28,45;其所维持的认知变形,26,46;凯南关于之,24;与世界文学的机制;米沃什关于之,24;《月份》对其的连载,42;对其的翻译所带来的关于文学史料编纂的新需求,45;其在文化方面所强加的理论束缚,26—28

The Non-Jewish Jew(Deutscher) 《不是犹太人的犹太人》(多伊彻),30

Norway 挪威,19,40,42

Nouvelle Revue Française(Paris) 《法国小说评论》(巴黎),51

O'Casey,Sean 肖恩·奥卡西,29

Odierno,General 奥迪纳尔上将,5

Odyssey(Homer) 《奥德赛》(荷马),91

Office of Special Projects (OSP) 特别项目办公室(OSP)。见 Central Intelligence Agency。

O'Flaherty,Liam 连姆·欧弗拉赫提,29

Ogden,C. K. C. K. 奥格登,33

Ondaatje,Michael 迈克尔·翁达杰,3

Open Government Act 《政务公开法案》,25

"Operation Camelot" "卡米洛行动",111n26

The Opposing Self(Trilling) 《持反对意见的自我》(特里林),69

orientalism: discourse of 东方主义话语,19,102;其外在性,89;作为跨学科的机制,6,88,89;军事化,6—8;其稀有性,89

Orientalism(Said) 《东方主义》(萨义德),4,6,87—91,99,102,104,133n11

Orwell,George: affiliation with British Foreign Office 乔治·奥威尔与英国外交部的隶属关系,29,30;与《月份》的联系,42;其反共产主义,29,32,33;名单背后明显的意图,30;与情报研究处一同安排其作品的翻译,37—38,40,41;作为对情报研究处有价值的人,40;其所代表的英国知识分子对于苏联的态度,33;与情报研究处联合宣称反对,26;其作品的现代改编,24—25;关于情报研究处与其联系的争论,26;以其为代表的"世界"作家的文化决定因素,25,40;其所表达的对于《动物农场》俄语翻译的热情,41—42;其本质,29;其疾病,40;关于爱尔兰作家,29;关于伊萨克·多伊彻,30;关于J. B. 普里斯特利,30;其局限性,27—28;"秘密共产党员和共党同路人"名单,28—30;其所写的"秘密共产党员和共党同路人"的笔记本,28;外国翻译者政治联盟表达了对其的关注,21,40;其所造成影响的影响,24—25;俄国流亡者与其的亲密关系,41—42;集权主义作为其抽象的想象,24

As Others See Us(Visson) 《像他人那样看我们》(维森),63

Out of Place(Said) 《乡关何处》(萨义德),90

Oxford University Press 牛津大学出版社,37

Padmore, George 乔治·帕德莫尔,30—32

A Painter of Our Times(Berger) 《我们时代的画家》(伯格),12

Pakistan 巴基斯坦,38,44,48

Palestine 巴勒斯坦,43,59,90

Pamuk, Orhan 奥尔罕·帕慕克,3

Panama 巴拿马,47

Panikkar, K. M. K. M. 潘尼迦,53

Pareto, Vilfredo 维尔弗雷多·帕雷托,33

Parker, Ralph 拉尔夫·帕克,30

Partisan Review(New York) 《党派评论》(纽约),63

peace 和平,11,20,32

Perspectives(New York) 《看法》(纽约),9,20,67,69—72

Peru 秘鲁,38

The Phenomenology of the Spirit(Hegel) 《精神现象学》(黑格尔),100—103

Phillips, Morgan 摩根·菲利普斯,32

philology: Auerbach's conception of 奥尔巴赫的语文学概念,91,93,95,97—98;其实践的变化条件,96,98;其古典传统,91;其共同事业,96;作为理解非同一性的义务,105;世界主义作为其条件,98;对语言学的沉默的发掘,106;其历史主义,95—96;其必要性和紧迫性,96;晚期风格作为其实践的领域,107;其隐晦表达的语言学的沉默,106;在其实践中间接揭示出的话语的非同一性,106;其战后危机,96;在人文主义中的角色,22,86,94。也见 humanism;late style。

索 引

"Philology and *Weltliteratur*"（Auerbach）"语文学与世界文学"（奥尔巴赫）,8,91,94,95—100

Pletsch,Carl 卡尔·普莱奇,38

Podhoretz,Norman 诺曼·波德霍雷茨,25

Poland 波兰,42,69

Politics and Letters（Williams）《政治与书信》（威廉斯）,24

Pollock,Frederick 弗雷德里克·波洛克,74

Pollock,Jackson 杰克逊·波洛克,114n38

Popper,Karl 卡尔·波普尔,82

Portugal 葡萄牙,42,69

positivism 实证主义,22,76,78—79,80,82—83

Possev（Limburg）《播种》（林堡）,41—42

postcolonial criticism 后殖民主义批判,4—5,100,138n86

postcolonial studies 后殖民主义研究,2,87

Potsdam Accords 《波茨坦协定》,39

Pound,Ezra 埃兹拉·庞德,52

power: circulation of 传播的力量,2,3,9,10,48,51,56,57; 其连贯性,57; 与其表达的惩戒性技术,2,10,13,18,45,46,47,50,56,59,63,78,96; 其传播,57; 其发行特征,7; 作为其归域而统治,50,57; 其整体经济,28,89; 作为对其实践的治理,35; 其传播的层级,9; 其吸收,2,45,137n76; 其激烈循环,48,57; 发挥其作用的知识,6; 语言交流作为其场所,57; 对其的再处理,50,64; 对其的重新部署,57; 被其神圣化的体制,9,21,45,56; 其规律性,17,31,57,58; 其重复性,17,32,58; 作为其归域的空间再传播,37,50,57; 其传播机制,9,64

The Predicament of Culture（Clifford）《文化的困境》（克利福德）,133n8

Prensa,La（Mexico City）《新闻报》（墨西哥城）,38

Présence Africaine（Paris）《非洲存在》（巴黎）,60,65

Preuves（Paris）: anticommunism of 反共产主义的《证据》（巴黎）,52; 与人文实践变化的环境,12,52; 中情局对其的资助,12,51; 其神圣化的力量,21; 其协调和管制的力量,53,54,57; 作为一种惩戒机制,13,54; 其对冷战的重要性,9,12; 与对理查德·赖特的

帝国权威的档案

控制,57;作为表达的模式,19—20;其所提供的多重跨国位置,58;其复制的力量,19,21;其翻译,9,20,42;其跨国主义,56,59;其作者的"世界性",57,58,59

Priestley, J. B. J. B. 普里斯特利,29,30,31

Princeton Radio Research Project 普林斯顿广播研究项目,76,78,81,83;其帝国的方面,79

Princeton Seminar in Literary Criticism 关于文学批评的普林斯顿研讨会,51,103

Prison Notebooks(Gramsci) 《狱中笔记》(葛兰西),99

Pritchett, V. S. V. S. 普里切特,48

Pritt, D. N. D. N. 普里特,31。也见 Fabianism。

propaganda 宣传,20,25,37,38,41,43,78

Prose Literature since 1939(Hayward) 《1939年以来的散文》(海沃德),48

psychological warfare 心理战,43。也见 Congress for Cultural Freedom。

public writers: changing conditioned experienced by 公共作家所经历的变化

条件,10,12,18,20,47,56;其机构性的动员,20;其边缘化,12,54—56;其无线电广播,18,21—22;其跨国主义,9,18—21;意料之外的接待地点,57

Quadrant(Sidney) 《象限》(悉尼),9,12,21,51

Quest(Mumbai) 《探索》(孟买),12,51

Rabearivelo, Jean-Joseph 让—约瑟夫·拉贝亚里韦卢,60

radio, Adorno on 阿多诺关于广播,18,61,77;其对作者的吸引,62;其所塑造的认知结构,78—79;其神圣化的力量,21—22;其扩张,18;其所发展的通用模式,60;乔治·奥威尔关于之,61;通过接近其而使知识分子被驯化,79;以赛亚·柏林关于之,61;其所构成的收听习惯,61;其所塑造的文学实践,62;其所创造的主观性的新模式,60;其所实施的政治控制,78;其所重新定义的知识分子的位置,22,62;其所构建的退化的收听,77;其制作的具体特征,18,77;T. S.艾略特关于之,61;"第三套节目"作为其新的阶段,20;其跨

国主义,20,62;其对第二次世界大战的合法化,62

Rahv, Philip 菲利普·拉甫,24

Ramakrishna, Janamanci 加纳曼西·罗摩克里希纳,37

Ramparts 《堡垒》,12

Ranaïvo, Flavien 弗拉文·那维奥,60

Rao, Raja 雷杰·饶,57

Read, Herbert 赫伯特·里德,17,48,51,58

Realism in Our Time(Lukács)《我们时代的理性主义》(卢卡奇),81,86

reconciliation 和解,84,86,103,105

Reflections on Exile(Said)《关于流亡的思考》(萨义德),91,99—101

Renan, Ernst 欧内斯特·勒内,88

Retour de l'U.S.S.R(Gide)《回到苏联》(纪德),64

Revista de Occidente(Madrid)《欧美评论》(马德里),51

Richards, I. A. I. A. 理查兹,33

The Road to Wigan Pier(Orwell)《通往威根码头之路》(奥威尔),30,33

Robbins, Bruce 布鲁斯·罗宾斯,109n5,132n3,134n31

Robeson, Paul 保罗·罗伯逊,29,32

Rochemont, Louis de 路易斯·德·罗谢蒙特,43—44

Rockefeller Foundation 洛克菲勒基金会,20,50—51,66,76,78—79,103

Rodden, John 约翰·罗登,24

Romulo, Carlos 卡洛斯·罗慕洛,35

Rosenberg Trial 罗森堡审判,53

Rosenthal, Lecia 莱西娅·罗森塔尔,136n75

Rougement, Denis de 丹尼斯·德·鲁日蒙,53,114n33

Rubin v. CIA 鲁宾诉中央情报局,12,14—16

Rulfo, Juan 胡安·鲁尔福,9,17,57

Rushdie, Salman 萨尔曼·拉什迪,3

Russell, Bertrand 伯特兰·罗素,33,37,57,58

Russian Repatriation Commission 俄罗斯遣返委员会,41

Sackville-West, Edward 爱德华·萨克维莱—沃斯特,61

Sacy, Sylvestre de 西尔维斯特·德·萨西,88

Said, Edward: and Adorno 爱德华·萨义德与阿多诺,90,105;美学与政治,

105；其反体制的批判,88；关于奥尔巴赫,90—91,94,95,99；关于本达的知识分子概念,136n75；关于美国变化的环境,104—106；关于康拉德的《黑暗之心》,89；关于对位批判主义,4,89,91；历史主义的批判,99,102；关于但丁,94；对于世俗批判主义的定义,95,101—102；关于不同的体验,9,102；关于作为非同一性的移位,106；关于作为抵抗的权力的阐释,100；解放计划,88,89；关于认知的变形,45；其流亡,90；关于福柯对于《东方主义》的贡献,88—89；关于《东方主义》的基础,87—89；其地理意识,90—91,99—101,106；关于葛兰西的地理意识,101；关于霸权对于东方主义持久性的重要性,88；关于人文主义和世俗语文学,102；关于人文主义者对于沉默的激活,107；关于想象的地理,101；关于晚期风格作为抵抗的领域,107；关于卢卡奇和时间,100；关于美国的现代性,100；否定的辩证法作为语文学实践,106；关于非统治性的知识,86,89；关于东方主义作为一种占据主导地位的跨学科的机制,89；东方主义作为理论的语文学,102；关于重叠的历史,4, 100,102,104,133n20；关于抵抗,90,100,104,106；关于世俗批判主义,89,94—95,101—102,107,111n21,133n21；关于世俗历史,94,101—102,105,138n86；关于沉默,88,105,106,107

Said, Edward, works: *Culture and Imperialism* 爱德华·萨义德的作品《文化与帝国主义》,4,89,91,99—100,102；《人文主义与民主批判》,87,92,102—107；《约瑟夫·康拉德与自传体小说》,87；《东方主义》,4,87,89,90,102,104；《关于流亡的思考》,91—93,99—101；《世界、文本与批评家》,89—91,94

Salazar, António de Oliveira 安东尼奥·德·奥利维拉·萨拉萨尔,40

Sartre, Jean-Paul 让—保罗·萨特,12,54

Sasangge(Seoul) 《思想界》(首尔),59

Satchmo Blows Up the World (Von Eschen)《大嘴引爆了世界》(冯·埃申),11

Saudi Arabia 沙特阿拉伯,38

Saunders, Frances Stonor 弗朗西斯·斯托纳·桑德斯,1,11,12

Saville, John 约翰·萨维尔,54

Sayigh, Tawfiq 陶菲克·萨伊,59

Schlesinger, Arthur 阿瑟·施莱辛格,52

Schwartz, Delmore 戴尔默·施瓦茨,51

Scotland 苏格兰,29,35

Scrutiny 《审查》,52

secular criticism 世俗批判主义,87,89,91—97,101—102 105,107,111n21,133n21,138n86

secular history 世俗历史,94;其所导致的对共享而不同的体验的认识,102;移位作为对其认知的条件,105;《形象》作为其概念,92;人类活动作为其领域,101;在对其理解中可见的过去、现在和将来之间的相互联系,101;对其整体的潜在认知,102

secular world 世俗世界,4,92,94,96,101—102,105

Senghor, Léopold Sédar 利奥波德·塞达尔·桑戈尔,60,65

Seton-Watson, Hugh 休·塞顿—沃森,53—54,57—58

Ševčenko, Ihor 伊霍尔·舍甫琴科,41

Shaw, George Bernard 萧伯纳,29,31,47

Shelden, Michael 迈克尔·谢尔顿,28

Sierra Leone 西拉·莱昂内,44

Silone, Ignazio: *Bread and Wine* 伊格纳齐奥·斯隆的《面包和红酒》,27;处于战后文学组成的中心,17,58;与奥威尔的对比,26—28;其一致性,21;与文化自由代表大会,17,53;奉献,21,45;其前共产主义,62,64;与斯彭德形成鲜明对比的经验,62;与《败北之神》,64;与反共产主义话语的持续性,64;作为警方的线人,26;在1950年代上升至统治地位,62,64;其跨国化,9,21,45,58,62,64—65

Silone Prize 斯隆奖,26

Sinclair, Upton 厄普顿·辛克莱,56

Sinhalese 僧伽罗人,38

Sitwell, Edith 伊迪丝·西特韦尔,48,53—54

Skotsky Khutor (Struve) 《动物庄园》(司徒卢威),41,121n116

Smith, Neil 尼尔·史密斯,123n22

Smith-Mundt Act 《史密斯—蒙特法案》,66

Smollett, Peter 彼得·斯莫利特,38

Socialist Asia (Rangoon) 《社会主义亚洲》(仰光),3

帝国权威的档案

Society Must be Defended（Foucault）《社会必须捍卫》（福柯），6

Solidarity（Manila）《团结》（马尼拉），51

Solon 梭伦，6

Soueif, Ahdaf 艾赫达芙·苏维夫，3

South Korea 韩国，39

The Southern Question（Gramsci）《南方问题》（葛兰西），101

Soviet Union：attempts to distribute *Animal Farm* in 试图在苏联发行《动物农场》，41；英国知识分子对其的同情，33；被其镇压的东德罢工，53；知识分子对其的幻灭，62；其对匈牙利的政治干预，54；对其见解的发明，34，42，44，114n38；情报研究处在与之竞争中利用奥威尔，37—43；凯南对其的表现，36；卢卡奇对其的不满，81；在苏联的莫斯科审判，31，62；《一九八四》作为其想象的现实，24；广播战争的目标，79；东方主义以及对其的美式理解，36；普里斯特利对其的批判，31；普里特对其的评价，31；对其的表现，11，34；萧伯纳对其的理想化，31；在与之斗争中所采用的社会科学，79；斯大林在其境外的有限的野心，36；集权主义作为对其抽象的概论，46；对其的比喻，31；美国为控制其所用的文化战略，11；美国与之对抗的心理战，43—44；乌托邦作为对其错误的认识，31。也见 anti-Communism；Cold War。

Soyinka, Wole 沃莱·索因卡，3，54，60，65；《森林之舞》，59；《亲爱的家长和食人魔》，59

Spanish Civil War 西班牙内战，36，62

The Spanish Cockpit（Borkenau）《西班牙驾驶舱》（博克瑞），30

specialization 专门化，73，91，106

Spender, Stephen：affiliations with Bloomsbury Group 斯蒂芬·斯彭德与布鲁姆斯伯里团体的隶属关系，53；关于美国的战后帝国身份认同，64；作为美国中情局的一个有价值的人，13；作为具有统治地位的战后文学组成的中心，17，58，62，64；斯蒂芬·斯彭德作为《邂逅》的联合编辑，11，13，52—53；与文化自由代表大会，1—17，53；其一致性，21；以及对美国战后文化的防御，53，63；其前共产主义，62，64；与凯斯特勒和斯隆的经验的对比，62；与《败北之神》，64；其国际认知度，21，58；奥威尔对其特征的描述，29，31；与对反共产主义话语的坚持,64;《1939年以来的诗歌》,48;关于战后欧洲—美国的分歧,63—64;作为《自由信息法》请求的主题,12—16;其跨国化,21,58;关于"西方"文明,63—64;《世界中的世界》,55,62。也见 Congress for Cultural Freedom;*Encounter*。

Sperber,Murray 穆雷·斯珀伯,25

Spitzer,Leo 利奥·施皮策,51

Spreading the Word（Coombs）《传播全世界》（库姆斯）。

Sri Lanka 斯里兰卡,38,48

Stalin,Joseph 约瑟夫·斯大林。见 Stalinism。

Stalinism 斯大林主义,31,36,44,56,71,73

Stanton,Frank 弗兰克·斯坦顿,74

State of Exception（Agamben）例外状态（阿甘本）,15

Steinbeck,John 约翰·斯坦贝克,63—64,70

Stephan,Alexander 亚历山大·斯蒂芬,72

Strachey,John 约翰·斯特雷奇,30

Strich,Fitz 菲茨·斯特里奇,109n2,109n3

Struve,Gleb 格列布·司徒卢威,41,121n16

student movement 学生运动,83—85,131n78

Sudan 苏丹,38

Sukarno 苏加诺,14

surrealism 超现实主义,114n38

Swift,Jonathan 乔纳森·斯威夫特,120n102

Swingler,Randall 兰德尔·斯温格勒,52

Tamil 塔米尔,38

Tanganyika 坦噶尼喀,48

Tate,Alan 艾伦·泰特,51,124n40

Taylor,A.J.P. A.J.P.泰勒,29

Taylor,Charles 查尔斯·泰勒,54

Tempo Presente（Rome）:anticommunism of 反共产主义的《当前时刻》（罗马）,52,53;与人文主义实践的变化环境,52;中情局对其的资助,12,51;对其力量的神圣化,9;对其协调和管制的力量,53,54,57;作为一种惩戒机制,13,54;对冷战的重要性,9,12;其所提供的多重跨国位置,58;作为新的表达模式,19—20;其源头,52;复制的

力量,19,21;其沉默,12,53,54;其翻译,9,20;其跨国主义,56

Thayer, Charles 查尔斯·塞耶,42

The Theory of the Novel(Lukács) 《小说理论》(卢卡奇),4,100

Third Programme "第三套节目",9,20,49,61;与英国文化自由协会的隶属关系,61

Third World 第三世界,85;其冷战的源头,38;与不结盟运动,53;作为冷战的客观存在的区域,20

Thomas, Dylan 迪伦·托马斯,54

Thompson, E. P., contrasted with Williams E. P.汤普森与威廉姆斯的对比,54;《邂逅》对其的边缘化,54;《英国工人阶级的形成》,33;《新理性人》,54;关于战后欧洲,34。也见 British Marxism。

Times of India 《印度时报》,38

To the Lighthouse(Woolf) 《到灯塔去》(伍尔夫),91

Toller, Ernst 欧内斯特·托勒,53

Toptaş, Hasan Ali 哈桑·阿里·托帕斯,3

totalitarianism 集权主义,2,8,18,24,44,46,52,103,115n7

Totalitarianism and the Modern Conception of Politics(Halberstam)《集权主义与政治的现代概念》(哈伯斯塔姆),115n7

Toynbee, Philip 菲利普·汤因比,55—56,58

transfer of imperial authority: and anticommunism 帝国权力的转移与反共产主义,33;与《大西洋宪章》,47;其文化模式,12;其复制的重要性,17;以及对公共作家的动员,17,47;其传播模式,17,45;涉及其战略和技巧,17

Transition(Kampala): as consecrating circuit 作为神圣化线路的《过渡》(坎帕拉),59;作为一种惩戒机制,12,59;与《邂逅》杂志,59;其对于冷战的重要性,9;作为一种新的表述方式,21;其源头,59;其管制力量,59—60;其复制的力量,21;对《非洲存在》的出现的呼应;其沉默,65;其翻译,60;其跨国主义,60

transitions 《过渡》,51

translation: asymmetries of 翻译的不对称性,10;其变化的环境,45,58—59;其决定性因素,3,9,28;与全球化,10;其合法化的力量,3,45,58;其新模式,

45,58—59；文化力量,5—8；作为"世界作家"的产品,3,56—57；其"复制"的共时方面,20—21,58；与跨国主义,22,56,58；速度,10,21,45,57；与"世界文学",3,45

The Translation Zone（Apter）《翻译区域》（阿普特）,28,94

transnationalism 跨国主义,56—58,69,138n77；联盟与隶属关系,9,47；联盟和动员,9,20,48,56—57；与知识分子,9,20,56,58；与文学,28,47—52,57—58；与复制模式的关系,9,19,21—22,42,45,50,57；其时间性,21,57—59

traveling theory 旅行理论,3,110n18

Treason of the Intellectuals（Benda）《知识分子的背叛》（本达）,136n76

Trevor-Roper, Hugh 修·特雷弗—罗珀,62

Trilling, Lionel 莱昂内尔·特里林,9,17,54,57,58；与前线机构的隶属关系,68；关于美国的例外主义,63,72；其反共产主义,63,73；作为《看法》的编辑,67,70；关于海外批评家的作用,69—70；其反自由主义,71；其帝国的焦虑,73；被其占据的多重位置,69；关于国家认同,63,72；对美国的表现,70；关于斯大林主义和法国文化,71；其跨国主义,69,72；美国政府对其的支持,68—69

Trilling, Lionel, works："Editor's Commentary" 莱昂内尔·特里林作品"编辑评论",69—71；《逃亡者的聚会》,63；《自由的想象》,69；《持反对意见的自我》,69；"精神分析纲要",69

Trinidad 特立尼达,30

Trotsky, Leon 列夫·托洛茨基,114n38

Trouillot, Michel-Rolph 米歇尔—罗尔夫·特鲁约,3

Tucci, Niccolò 尼科洛·塔斯,57

Turkey 土耳其,39,91,94

Tzara, Tristan 特里斯坦·查拉,52

Uganda 乌干达,44,60

Ukraine 乌克兰,42

Ulysses（Joyce）《尤利西斯》（乔伊斯）,138n86

U. N. Convention Against Torture 《联合国反酷刑公约》,27

Uneven Development（Smith）《不平衡发展》（史密斯）,123n22

帝国权威的档案

United Nations 联合国,53,58

United States：Anglo-American occupation of Afghanistan 美国：英美对阿富汗的占领,5—7,105;美国的反共产主义,8,22,36,50,64,74;对其无疆界的焦虑,68;对其的文化认同,50,53,64,68,73;作为对其相互理解的模式的世界文学的去支配化,5—7,15,96;由其采用的主导形式,20,47,51,56,78;其同质化,104—107;对其的帝国焦虑,63,73;其帝国的一致性,11,12,50,53,63;其帝国权力,11,12,17,47,73;其知识分子,18,21,22,49,50,53,55,58,61,63—64,68;其对伊拉克的入侵,5—7,105;作为武装冲突策略的东方主义的军事化,5—7;其表达的模式,2,10,12,18,45,46,47,50,56,59,61,78,96;对其的官方叙述,104,106;其反对派知识分子,27,88,90,107;移位之地,68,73,106;对其的表现,54,63—64,68—72;其抵抗,15,28,40,86,89,90,100,104,106,107,136n75;其所采用的统治战略,5,12,20,47,50,63,66;其对异议者的镇压,8,20,21,52,53,54,55,56,64,114n28;其跨国主义,56,57,58,59,63,69,106,138n77

United States Department of Defense 美国国防部,5,69

United States Department of State 美国国务院,42,69

United States Information Agency（USIA） 美国新闻署（USIA）,20,68—69

Universities and Empire（Simpson）《大学与帝国》（辛普森）,114n28

University of Chicago 芝加哥大学,78

The Unnamable（Beckett）《难以命名者》（贝克特）,105

Uruguay 乌拉圭,39

USIA 美国新闻署。见 United States Information Agency。

U'Tamsi,Felix Tchikaya 菲利克斯·契卡雅·塔姆西,60

Vico,Giambattista 詹巴蒂斯塔·维柯,87,88,92,95 97—98。也见 philology。

Vietnam 越南,85,111n28

Visson,André 安德烈·维森,63

Voice of America 美国之音,42

Voices《声音》,88。见 Orwell,George。

316

Volney, Constantine 康斯坦丁·伏尔尼, 88

Vossler, Karl 卡尔·沃斯勒, 91。也见 philology。

Wagner, Geoffrey 杰弗里·瓦格纳, 55

Wagner, Richard 理查德·瓦格纳, 88

Wain, John 约翰·韦恩, 54

Walcott Derek 德里克·沃尔科特, 3

Wallerstein, Immanuel 伊曼纽尔·沃勒斯坦, 111n28

Warburg, Fredrick 弗雷德里克·沃伯格, 37

Warner, Rex 雷克斯·华纳, 48, 56

The Waste Land（Eliot）《荒原》（艾略特）, 52

Watson, Adam 亚当·沃森, 34, 40

Weber, Max 马克斯·韦伯, 79

Weil, Felix 菲利克斯·韦尔, 54

Wellek, René 雷内·韦勒克, 51

Weltkultur 世界文化, 3, 5, 28, 95, 117n30

Weltliteratur: abstract theories of "世界文学"的抽象理论, 2; 其美学领域, 105; 奥尔巴赫关于之, 8, 94, 95—98; 文化自由代表大会对其的影响, 8; 对其的语文学研究的挑战, 98; 其改变的地域, 95, 100; 其冷战条件, 8; 其传播的文化环境, 3, 22; 其翻译的文化决定因素, 22, 28; 其辩证发展, 96, 101; 其进化理论所揭示的不同经验, 4; 作为其决心的经济力量, 28; 其模式的侵蚀, 96; 其末世论概念, 97; 其欧洲中心主义, 2, 95; 其现存模式, 3; 作为消失的表达的虚假实现, 95; 其虚假的统一, 3, 106; 其所暗示的对于种族灭绝的恐慌, 97; 其德国唯心主义, 95—96; 作为其威胁的全球化, 95; 歌德对其的定义, 1—2, 8; 其所要求的历史的思考方法, 96; 作为其特殊性的人类历史, 98, 101; 作为对其理解的互相交错的历史, 102; 其潜在实现所必需的传播模式, 3; 作为其歌德理想的互相理解的模式, 1—2; 其现代性, 106; 其新自由主义的幻象, 3; 被其模糊的新的地理现实, 100; 其非同一性, 106; 作为东方主义的计划, 4, 5; 作为历史过渡的一个阶段, 2; "语文学与世界文学", 8, 91, 95—98; 致力于对其研究的语文学, 96; 其多元化和多样性, 106; 在其抽象模式中的政治解脱, 4; 其充满疑问的关系, 28; 在其统一化的模式

中被暂停的世俗历史,3,101;世俗人文主义作为对其的语文学研究,97;沉默作为其可能性的现存条件,10,13,107;在其占据主导地位的概念中的时间假设,2,100—101;世界文化作为其全球条件,3,5,28,95,117n30

West Germany 西德,42,57,80—82;战后对其占领的盟军控制委员会,62,82

What Europe Thinks of America (Burnham)《欧洲如何认识美国》(伯恩哈姆),64

What Is World Literature? (Damrosch)《何为世界文学》(达姆罗什),4

White,Hayden 海登·怀特,92

The White Man's Duty (Padmore)《白人的责任》(帕德莫尔),31

Who Paid the Piper? (Saunders)《谁为吹笛者付费?》(桑德斯),1,11,12

Why Communism Must Fail (Russell)《为什么共产主义必然失败》(罗素),37

Wiggershaus,Rolf 罗尔夫·威格斯豪斯,75

Wiley,Arthur 阿瑟·威利,62

Williams,Raymond 雷蒙德·威廉斯,54;关于文化传播的不对称性,126n82;《乡村与城市》89;关于《邂逅》的出现,52;关于乔治·奥威尔,33;关于像陷阱一样的方法论的突破,89;关于文化传播的多重地点,125n52;关于文学中的表现、形式和缺失,89;其浪漫主义,89

Winks,Robin 罗宾·温克斯,1,11,109n1

Wittfogel,Karl 魏复光,74

Woolf,Virginia 弗吉尼亚·伍尔夫,47,52—54,56;《到灯塔去》,91

world history: Auerbach's historicist view of 奥尔巴赫对于世界历史的历史主义观点,93,98;其辩证综合体,99;对其研究的潜在的欧洲中心主义的假设,93;对其"总体"的潜在认知,97

world literary space 世界文学空间,4,5。也见 Casanova,Pascale。

The World Republic of Letters (Casanova)《文字的世界共和国》(卡萨诺瓦),4,21,45,46,56,111n21

world systems theory 世界体系理论,4,135n63

The World,the Text,and the Critic (Said)《世界、文本与批评家》,89—90

World War II 第二次世界大战,8—9,12,18,21,51

World within World（Spender）《世界中的世界》（斯彭德），55，62

worldliness 世俗性，94，99；101，106—107。也见 secular criticism。

The Wretched of the Earth（Fanon）《全世界受苦的人》（法农），60

Wright, Richard 理查德·赖特，17，21，54，57；其增选，64—65；《败北之神》，72，125n71；与《非洲存在》，65

Yeats, William Butler 威廉·巴特勒·耶茨，46，56—57

You Must Set Forth at Dawn（Soyinka）《黎明时出发》（索因卡），63

Young, Edgar P. 埃德加·P. 杨，30

Yugoslavia 南斯拉夫，36，65

Zilliacus, Konni 柯尼·希力亚克斯，29，54

Zinoviev, Grigory 格里戈里·季诺维也夫，31，54

Zionism 犹太复国主义，25，131n78

Žižek, Slavoj 斯拉沃热·齐泽克，10

图书在版编目(CIP)数据

帝国权威的档案:帝国、文化与冷战/(美)鲁宾著;言予馨译.—北京:商务印书馆,2014
(国际文化版图研究文库)
ISBN 978-7-100-10606-1

Ⅰ.①帝… Ⅱ.①鲁… ②言… Ⅲ.①世界文学-现代文学史-文学史研究 Ⅳ.①I 109.5

中国版本图书馆 CIP 数据核字(2014)第 151445 号

所有权利保留。
未经许可,不得以任何方式使用。

帝国权威的档案
帝国、文化与冷战

〔美〕安德鲁·N.鲁宾 著

言予馨 译

商 务 印 书 馆 出 版
(北京王府井大街36号 邮政编码100710)
商 务 印 书 馆 发 行
北京鑫海达印刷有限公司印刷
ISBN 978-7-100-10606-1

2014年8月第1版 开本700×1000 1/16
2014年8月北京第1次印刷 印张 21$\frac{1}{4}$

定价:48.00元